30堂中国女性创新创业公开课

中国女企业家协会 编著

新华出版社

图书在版编目（CIP）数据

30 堂中国女性创新创业公开课 / 中国女企业家协会编著 .
北京 : 新华出版社 , 2020.8
ISBN 978-7-5166-5321-0

Ⅰ . ① 3… Ⅱ . ①中… Ⅲ . ①女性 – 企业家 – 生平事迹 – 中国 Ⅳ . ① K825.38

中国版本图书馆 CIP 数据核字 (2020) 第 165702 号

30 堂中国女性创新创业公开课

作　　者：中国女企业家协会

责任编辑：张　谦　　　　装帧设计：今亮后声 HOPESOUND pankouyugu@163.com

出版发行：新华出版社
地　　址：北京石景山区京原路 8 号　　　　邮　　编：100040
网　　址：http://www.xinhuapub.com
经　　销：新华书店、新华出版社天猫旗舰店、京东旗舰店及各大网店
购书热线：010-63077122　　　　中国新闻书店购书热线：010-63072012

照　　排：今亮后声 HOPESOUND pankouyugu@163.com
印　　刷：北京鑫益晖印刷有限公司
成品尺寸：170mm×240mm，16 开
印　　张：26.75　　　　字　　数：410 千字
版　　次：2020 年 12 月第一版　　　　印　　次：2020 年 12 月第一次印刷
书　　号：ISBN 978-7-5166-5321-0　　　　定　　价：78.00 元

在“双创”浪潮中彰显“她力量”

习近平总书记在2020年7月主持召开的企业家座谈会上指出，“创新是引领发展的第一动力，企业家创新活动是推动企业创新发展的关键”。改革开放以来，一大批有胆识、勇创新的企业家茁壮成长。其中，女性创业者以及女企业家的崛起引人瞩目。根据2015年中国发展研究基金会发布的题为“中国女性创业：释放增长新机遇”研究报告表明，中国女企业家已占企业家总数的1/4左右。她们既是改革开放的受益者，也是改革开放的奉献者。越来越多的女性创业者和女企业家在国家经济建设和社会发展中发挥了重要作用，做出了巨大贡献。

中国女企业家协会作为“大众创业，万众创新”的重要平台，汇聚了许多优秀的女性创业者和女性企业领导者。协会经过30多年的发展，已有团体会员130家，直接个人会员1600余名，全系统会员总数3万余名。一直以来，协会始终秉承“服务于国家经济社会改革发展大局，服务于女企业家及其企业，维护女企业家的合法权益，促进女企业家守法、自律”的宗旨，充分发挥女企业家与政府、社会各界之间的桥梁纽带作用，致力团结、引领女企业家，通过创新创业，创造财富并回馈社会，凝聚企业家精神，彰显“她力量”。

这股“她力量”，自强不息、团结奋进，通过发挥“爱国敬业、遵纪守法、创新创业、服务社会”的企业家精神，不断创造财富并回馈社会，给人带来新的希望。这股“她力量”，充满了激情，依靠自己的智慧、才华、勤劳、汗水，浇灌出自尊、自信、自立、自强之花，以行动建功新时代，以奋斗创造美好生活，在祖国改革发展的伟大事业中实现自身发展，在人民创造历史的伟大奋斗中赢得出彩人生。

投身经济建设主战场，促进经济社会繁荣发展，有她们；稳定和扩大就业，助力精准扶贫，有她们；爱心奉献回报社会，履行企业社会责任，有她们；坚持创新驱动，以全球化视野谋发展，有她们；肩负事业与家庭双重责任，在社会和家庭中发挥独特作用，有她们。

此次由中国女企业家协会和新华网共同出版的《30 堂中国女性创新创业公开课》，旨在探寻女性成功创业的内在规律，通过创业创新典型标杆的示范效应，营造更加积极健康的女性创业环境。全书图文并茂，满载正能量，通过讲述来自全国各地遍布不同领域的 30 位优秀女企业家多姿多彩的“双创”故事，集中展示了新时期女企业家怀揣梦想、自强不息、开拓创新、坚韧不拔、勇于担当的群体风貌，有助于激励和鼓舞更多的女性创业者发挥自身优势和特长，更好地融入“大众创业，万众创新”的浪潮，让人生更出彩。

借此书出版之际，我要衷心感谢为了祖国繁荣昌盛，为了人民生活更加美好，风雨无阻、永不停歇、奋勇向前的女企业家姐妹们！我为你们骄傲！

是为序。

中国女企业家协会会长 李说

2020 年 7 月

释放女性创新创业潜力，加快经济恢复

以女企业家为代表的女性创业者是创新创业大潮中崛起的一股重要力量。调查显示，中国女企业家约占企业家总数的25%，其中个体和私营经济中的女企业家占总数的40%以上，她们领导的中小型企业的盈利面占97%以上，在我国GDP增长贡献率中占有相当比例；新兴市场中有30%的小微企业由女性创办，中国互联网领域创业者中女性占55%。在全球范围疫情尚未得到全面控制，各国都面临着抗疫情、稳经济、保民生的艰巨任务的当前，讲好女企业家们的创新创业故事，助力女企业家们稳步成长壮大并带动千千万万更多创业者，进而为中小企业纾困解难、加快经济恢复，具有重要的现实意义。

分析可以发现，以女企业家为代表的女性创业者，大多集中在时尚、服装、家政、食品、餐饮、酒店等消费服务领域开拓，并且具有天然优势。另外，她们还善于利用互联网等先进信息技术，依托网络跨越“性别鸿沟”，带领团队扬长避短、坚忍不拔、奋勇前进，不断创新“线上 + 线下”商业模式，为经济发展、人民群众生活变得更美好贡献力量。

今年消费因疫情受到较大冲击，成为经济恢复的薄弱环节。基于网络数字技术的新业态新模式，支撑了新型消费逆势快速发展，且潜力巨大。打通制约经济增长的消费堵点，鼓励市场主体加快创新，更大释放内需，增强经济恢复性增长动力，是做好当前各项工作的重要突破口。

在发动消费这个重要引擎方面，在推动新型消费扩容提质方面，以女企业家为代表的女性创业者完全可以有更大的作为。为进一步激发女性创业潜力，推动女性创业升级增效，让少数女性的成功撬动更多女性的成功，让无数“不可能”变为“可能”，为服务经济蓬勃发展注入源源不竭的动力，新华网、中国女企业家协会联合策划打造了《30堂中国女性创新创业公开课》。

创新很难，创业更是九死一生。书中30位女企业家现身说法，开讲披荆斩棘创业历程、分享创新创业体会、畅谈创新创业中的酸甜苦辣……备受煎熬时，是梦想照亮她们前行的路途，是创新牵引她们从一个高峰跃升至又一个高峰。她们身上蕴含的这种识变求变应变的韧性，攻艰克难、乘风破浪的勇气，在危机中育新机、于变局中开新局的能力，在后疫情时代显得极其宝贵，非常值得学习和借鉴。

在波澜壮阔的创新创业大潮中，新华网是重要的记录者，也是发挥特殊作用的参与者。作为传媒属性的互联网文化企业，近年来新华网着力探索前沿技术在传媒领域的应用，不断创新传播理念和发展模式，打造赋能平台。比如，开设专业频道和《双创群芳谱》专栏，宣传国家创新创业政策方针理论，为大众创业加油，为万众创新喝彩，尤其为女性创新创业营造良好舆论氛围；比如，搭建中国创业创新博览会交流协作招商引资引智平台，为女企业家创新创业成果交流、展示、推广、转化开设专区；比如，携手产业领军者打造《双创群芳谱》等精品IP，赋能创业企业及创业者。本书就是这一IP内容的深化版。

开卷有益，一本好书会影响人的一生。本书图文并茂、内容丰富、资料翔实、正能量充沛，是不错的励志佳作。相信打开后，读者会被感动、被激发、被升华。

是为序。

新华网党委常委、副总裁、董事 申江婴

2020年9月

创业成功有密码：
《30 堂中国女性创新创业公开课》的启发

后疫情时期，全球经济开始进入一种增长方式改变、增长速度下调的状态。现在许多人思考最多的问题恐怕是企业如何活下来？创业者如何随需而变，创造属于自己的未来？

阅读本书收录的女企业家创业故事后，也许会给迷茫中的你一些启示和方向感。她们用生动的创业实践揭示了一些朴素道理：起点在于方向、过程在于选择、结果在于坚韧。当遇上难以克服的困难的时候，当认为已经不行的时候，恰恰是重新思考方向的时机；过程中存在危机，这也许是冬尽春来的信号，以危机为机会，选择一寸、坐实一寸，就能变危局为新局，就能从眼前的危机中开辟出新天地；面临困难、化解难题，考验个人的心态、信心、眼光、勇气、定力等，只有坚韧者才能获得最终的辉煌……

书中女企业家是在我国改革创新大潮中涌现出来的优秀女性代表。她们出生年代不同，有 50 后、有 60 后、有 70 后，来自不同地域、从事不同行业，但她们身上散发出来的精神特质一脉相通，她们都有豪气和细腻。她们中的每一位都有一个内涵丰富、令人肃然起敬的精彩奋斗故事，每个故事都很振奋人和激励人。尽管有的创业顺利一点儿，但大多数是吃过苦中苦的。她们今天成功光环的背后，经历着太多常人想象不到的艰辛、付出、煎熬与拼搏。创业成功有没有规律？创业成功可不可以复制？走进她们的故事，我们能得到诸多启迪。

创业目标明确。施燕上大学时就暗下决心，立志从事环保科技事业。毕业后，她进入了环保行业，之后在 20 多年的创业中从来没有离开这一领域。从创业伊始一直到现在，周袁红十余年来只做一件事：为您找到好阿姨。书中女企业家们一路走来，能取得今天这样的成绩，跟她们目标聚焦、专注不无关系。

做到持续创新。夏华认为，企业家永远在创业的路上，永无止境地创新和探索，是成功的重要秘诀。燕君芳顺应潮流，敢为人先，以颠覆传统营销模式的创举，积极培训，建立起充满朝气和活力的电商、微商专业化团队，通过网络和现代移动通信平台，积极拓展大众市场。与时俱进，发展创新，使得本香集团在激烈的市场竞争中屹立潮头。

遇挫坚持不懈。千锤百炼始得金，每一次质的突破，都来自无数次的砥砺奋进。遇到困难，永不言弃，是女企业家们的又一共同特点。其中，最典型的要数薛荣，她九次创业失败，越挫越勇，从零开始，在家政界创造出“圆方奇迹”。

工作充满激情。没有谁能随随便便成功。几十年来为衣而“痴”，苑永萍常常凌晨三点起床，学习到五点，每天只睡不到四个小时。瞿金叶在不断挑战中实现人生追求，信奉“天道酬勤”，坚持“奋斗快乐”，相信只有不断挑战自我、用心经营才能实现精彩人生。燕君芳曾创下五天五夜只睡五小时的纪录。她说：“所有的困难对我来说都是礼物。”

翻开此书，能触动读者的何止这些！如果你正在创业路上，如果你想了解创业成功的真谛，如果你还在为这一生应如何度过而上下求索……这本书确实值得一读。

是为序。

中国科学院大学经管学院教授 吕本富

2020 年 5 月

目录

01／

追梦路上，匠心打造丽服

夏华和依文集团

她，始终如一地用匠心打造中国时尚，让中国工匠精神代代相传；她，不断把中国民族品牌和传统工艺呈现在国际舞台上，让中国手工之美影响世界。她在服装行业创业 26 年，从未错过任何一个风口。在她看来，企业家永远在创业的路上，永无止境地创新和探索，是成功的重要秘诀。

她就是夏华，中国服装行业领军人物，现任依文集团董事长，依文·中国手工坊创始人、中国女企业家协会副会长、中国企业家俱乐部理事、正和岛副董事长、中国服装协会副会长，曾荣登《福布斯》2011 年度“全球时尚界 25 华人”榜，先后被评为“最具影响力的企业家”“中国经济女性年度人物”“中国商界风云人物”“中国企业十大女性卓越管理创新人物”“影响百姓经济生活的十大企业家”“中国十大营销风云人物”“中国时尚 20 年功勋人物”“中国商界女性年度人物”“中国魅力榜知性之魅人物”。

看准风口，爱心开拓品牌

夏华曾是中国政法大学的学生，毕业后留校任教。1994 年，她鼓起勇气，看准风口，放弃了当时优越的地位和待遇，决心“下海”。她从商场的售货员做起，逐步摸索商场经营之道，慢慢驾轻就熟，同年创立了北京依文服饰有限公司，大胆启用格子面料和色彩亮丽的花呢面料设计制作“靓丽人生”花色西装后，成功赚得创业之路的第一桶金，由此拉开了引领时尚男装潮流的盛大帷幕。

依文企业集团自 1994 年成立以来，逐步发展壮大，至今已逾 26 年，相继创建了依文（EVE DE UOMO）、诺丁山（NOTTING HILL）、凯文凯利（Kevin Kelly）、依文中国（EVE CINA）等高级服装品牌，业务范围扩展到民族文化挖掘、文化创意、产业互联网等领域。凭借着夏华无所畏惧的大胆创意、颠覆传统的情感营销及深厚的人文关怀，依文企业毫无悬念地成为中国服装领域的翘楚。

目前依文企业全国已拥有 500 余家店面，企业年销售额达数十亿元。集团旗下品牌相继获得“中国驰名商标”“北京市著名商标”“北京十大时装品牌金奖”“中国服装品牌年度大奖”等殊荣，曾代表中国服装品牌企业远赴巴黎参展，并为中非国际论坛北京峰会、2002 年申奥、2008 年奥运会、新中国成立 60 周年盛典、新中国成立 70 周年盛典等重大盛事设计制作服装。之所以取得如此令人瞩目的成就，夏华认为，这得益于女性的天然优势：女性懂得爱，明白爱与包容。正如学习是一种能力，爱也是一种能力，而且是最原始的能力。正是拥有这种优势，让她能体贴顾客的需求，从而使企业能打造出越来越受欢迎的产品，不断开拓依文集团的光明前景。

寻找绣娘，推广传统工艺

在中国的大山深处，有这样一群人，她们不识字，也没有任何草稿，她们唱着歌，把传承了千年的“图腾”和“密码”一针一线地描画在一件件美丽的盛装上。这里既有女人的爱与期待，也记录了她们的历史和传说，她们被称作“绣娘”。而让这些从未走出大山的绣娘们过上“养着鸡、养着鸭、背着娃、绣着花也能养活自己养活家”的幸福日子的人，不是别人，正是夏华。

十几年前，依文集团开始在国际上崭露头角。如何在服装中植入中国美学？这成为夏华一直思考的问题。作为北京服装领域领军企业掌门人，夏华走进大山，试图从少数民族传统手工艺中寻找灵感，尝试运用创意来改变深山绣娘的命运。为此，她带领团队不断穿梭于大山之间，一个村子一个村子地去发现手艺，建立博物馆；一户人家一户人家地寻找绣娘，打造工坊。终于，在 2017 年的北京中国国际时装周上，依文集团首次将流传千年的布依文化带上国际舞台。美如梦境的时装秀伴着绣娘们织布机“嘎吱嘎吱”的节奏缓缓上演。这场时装秀赢得业界高度评价，不仅因为依文开创了“互动时装秀”先河，更因为传统工艺时尚展现的服饰之美带给人心灵的触动。

十六年间，依文团队不断寻找、记录、研究、传习，作为依文集团的核心业务之一的中国手工坊积累了丰富的手工艺大师资源，建立了最完备的中国手工艺者和手工艺元素纹样数据库。截至目前，线上数据库平台已经录入 13000 多名绣娘信息、5000 余种纹样信息。丰富的纹样元素正在成为产品设计的创意源泉，技艺娴熟的手工艺者正在为联盟企业提供强有力的传统工艺支持。隐于纹样中的世界，承

深山绣娘奶奶和年轻的传承人

载着千年的情感，诉说着世代的传说，让世界为之惊叹。夏华和她的团队为全球的设计师和深山里的绣娘们搭起了一座桥梁，让他们得以共同缔造传统与时尚的碰撞之美。

此外，依文·中国手工坊在偏远山区建造了 1200 余座绣梦工坊，通过对偏远山区绣娘家庭工作环境的改造，对绣娘订单化生产能力的培训，将散点式的生产模式统筹起来，实现灵活生产、统一管理、精准扶贫。夏华女士希望通过自己和团队的共同努力，改变更多人的命运，让深山里的绣娘们过上更好的生活。

与时俱进，致力技术创新

在过去的十几年里，夏华走进大山，带着绣娘一边展示传统美学，一边摸索如何用商业手段解决传统手工艺面临的问题。经历了迷茫、困惑，当发现被整理、挖

一场场民族文化时装秀惊艳国际时装周

掘、创新后的手工艺产品恰好能满足现代消费者的动机、场景、个性化需求的时候，夏华找到了传承和发扬中国传统手工艺的商业模式。

身在服装行业，面对新技术革命的快速发展，依文集团难以避免地受到互联网和大数据的冲击。然而夏华凭借独特的洞察力和企业家锐利的眼光，看到了“集合智造”的可能。她发现，在产业升级过程中，传统企业越来越不像企业，因为打工的人越来越少，而合伙的人越来越多。于是她召集来自亚马逊、谷歌、阿里巴巴、腾讯、京东的一批年轻的互联网人，集合传统服装产业的工厂，以技术为核心驱动，以创新为目标，推动智能工厂改造。

放眼未来，公司将产品设计、工厂生产、门店销售向社会开放，集合社会资源，组成服装制造业的生态圈，将各方资源有机整合，从而为中国的消费者奉献最好的产品和购物体验。夏华说：“我愿意把钱直接花在消费者身上，不是买眼球，而是去走进他的灵魂。”正是在这种“硬广花钱不如为消费者花钱”的朴素理念指导下，公司坚持去除中间化、让利给消费者，贯彻落实“互联网 +”战略规划，将最先进的互联网技术与中国的服装制造业结合起来，以技术变革促进服装产供销变革，成功地推动了制造业的转型升级。

自 2018 年 4 月 23 日新零售概念被提出以来，新零售领域的各大产业争先恐后试水变革，本土服装业也不例外。在夏华看来，新零售的核心在于“动机”“场景”以及“体验”，三者缺一不可。基于这一理念，夏华开创了“深山集市”模式。作为中国民族手工艺的市场化平台，“深山集市”已经帮助上万名手工艺传承者的产品走出大山、走进都市、走向国际市场。仅仅在两年里，深山集市相继在北京、上海、西安、成都等地开集，助力上千家少数民族中小企业实现市场化、时尚化、国际化、产业化转型。

夏华带领深山绣娘走向国际

十六年间，依文团队的脚步远涉贵州、云南、内蒙古、甘肃、青海、西藏等地，让上万名绣娘的手艺能够走出大山，让都市消费者遇见民族匠人坚守的美学价值，让越来越多的人了解传承千年的工艺之美。

在夏华看来，企业家最重要的品质就是利他。既成全自己，也成全他人。她觉得创业者和企业家很大的区别就在于梦想和格局。创业那一瞬间，每个人都基于自己的梦想。一旦创业带领一群人出发的时候，就要把个人梦想转换成团队梦想，格局自此变大。

创业二十六载，夏华慢慢明白，基于自己的创业是很难持久的，而基于他人的创业会更长久，因为一群人会提供更多的创新力和创造力，而这正是企业的核心竞争力所在。

夏华深刻认识到："在这个时代，你会发现创新已经不是按年度来算，已经是按月份来算，按周来算，每一天都有很多了不起的企业开始影响世界、开始崛起。每一天也有很多英雄倒下，有很多中国的品牌企业开始一点点地被淡忘。"因此，

爆品集市线下实景

她一直致力于不断提高依文集团的创新力，只有这样，才能永远立于时代潮新头，不会被掀起的巨浪压垮。

夏华坚信自己所在的行业永远是朝阳行业。面对每一次“死亡质疑”，依文集团都活过来了，而且用五年时间从品牌企业变成了生态企业。再大的冲击也只是逼着依文活得更好，变得更健康、更有力量。

心怀善意，积极回报社会

在夏华的理念中，企业使命、愿景和价值观至关重要。一个企业，如果能够承担起社会责任，在行业中树立榜样地位，与社会形成价值共振，并以此为终极奋斗目标，那么这个企业就是时代最需要的企业。

企业能在社会上做多少非刚性要求的公益活动，取决于企业的公德心和经济实力，这既是企业的境界所在，也是企业最珍贵的无形资产。只有公益心与商业手法形成双核驱动，才能让商业文明持续繁荣。

因此，自依文成立那天起，夏华就一直积极投身于社会公益事业，努力践行自己的社会责任。

深山集市

走出大山，走进都市

从 2004 年开始，依文每年拨款 10 万元用于治理阿拉善地区的沙漠化，帮助当地居民改善生存环境。

汶川地震发生后，她第一时间号召企业家和知名人士齐心协力，帮助同胞重建家园，依文人向灾区捐赠 400 余万元，为灾区人们及时送上温暖与关怀。

依文集团每年都向十几所希望小学提供援助，圆无数孩子上学的梦。此外，依文人资助平凡英雄陈淑秀遗孤 12 岁小宇阳一直到大学毕业。

夏华还组织并带头参加保护鲨鱼、拒吃鱼翅的活动；与中国民间公益机构无障碍艺途（WABC）合作推出一系列公益活动，并将活动收益的一定比例用于资助脑部残障人士的免费艺术潜能开发课程。

2016 年，天津达沃斯论坛期间，依文集团举办慈善时装秀，并捐出拍品拍卖，善款全部捐赠给贫困山区的孩子。

2020 年初，新冠肺炎疫情暴发后，夏华第一时间组织员工筹集捐赠了价值 120 万元的防疫物资。了解到国家正在号召扩能改造保障医疗物资供应，她带领团队克服了缺厂房、少资金、缺急需生产所用的原材料等各种考验，仅用 19 天时间就成功改造了 10 万级无菌净化车间，开辟出防护服与隔离衣生产线，完成了转产扩能，为保障疫情期间的医疗物资供应做出了贡献。

在企业公益活动中，依文人从未缺席。夏华曾经将自己比作丝绸，它光滑、柔软、细腻，正符合她这样一位独具魅力的女企业家形象。

夏华始终以她博大的公益情怀造福众人，也得到了社会上的诸多好评，依文集团也越来越为消费者所喜爱。

智慧管理，行稳致远

关于企业管理，夏华有自己独特的看法和体会。2018 年 4 月，她在一次演讲中说："中国企业一大半是被说死的，根本不是干死的。"

2000 年，在依文公司刚做广告的时候，不少广告公司找到她，提出在黄金时段推出广告，广告费 400 万。夏华从心里升起一股劲儿，决然地拒绝了广告公司。她不相信这些表面文章，而要把这个钱直接花在顾客身上。

这种理念指导她开创了"集合智造"模式。后来，依文事业蒸蒸日上，夏华自省她当初的选择是正确的。她说："我今天活下去的很重要的一个原动力，是我年复一年地把钱花在该花的人身上。"每一分钱，都化成了点点滴滴的回报。

在夏华看来，管理者最大的使命就是点燃别人，你有多大能力，你能点燃多少人，决定你能干多大事儿。她用自己的实力和女性企业家的独特智慧积极地树立公司形象，希望每一名依文人都认可自己的工作职责，认真地采取行动去完成职责，并自觉承担工作后果。每一名依文人都带着拼搏精神完成工作，把个人的快乐、成功的意义与企业的发展联合起来，勇攀高峰，收获喜悦。每一名依文人都能关注新技术、新方法和新产品，挑战传统的工作方式，推陈出新，在服务、技术、产品和管理等方面追求卓越，进行突破性创新。透过依文这些年的发展，我们看到每个依文人都在努力践行着职业精神，专注打造每一件精品。

作为头顶"中国服装行业领军人物"光环的卓越企业家，夏华对成功有着清醒的认识：火只是一阵子，再大的荣耀也是一阵子，而活着却是一辈子的事情。花开花谢，潮涨潮落，成功并不能延续一辈子，浮浮沉沉才是不变的规律。

有鉴于此，面对事业，她并不急于求成。因此，她会选择在人们都追赶潮流的时候走进大山，去倾听那些封存在一针一线中的古老传说，去探寻藏在大山深处不为人知的中国传统手工之美。期间，她曾犹豫、困惑、迷茫，但最终还是坚持下来。那些令世人惊艳的手工艺品终究不会被湮没，而是得到了广泛的认可与赞叹。

对于夏华来说，只要默默努力，耐心等待就好。夏华不在乎自己的企业火不火，重要的是让企业一辈子有尊严地活在消费者的心里，多少人没有关系，一点一点来，总有一天会成功。

从心出发，素履以往

夏华凭着一股闯劲儿，一手缔造了依文集团，并带领依文团队引领中国男装潮流，一步一步建成自己的时尚帝国。正是那份无惧未来的勇气，改变了她的命运，让她看到不一样的天地。

谈到自己的创业心得，夏华强调要“从心出发”，听懂自己内心的声音，干自己想干的事儿。坚持很难，但如果是真的热爱这份事业，就会在每次想要放弃的时候重新燃起激情，支撑着自己一点一点走下去，相信前路总会有光。

夏华说：“小时候，每次过年母亲都会拼接干净被单给我做花衣服，小朋友们都觉得很美，像变魔术一样，那时候我就觉得有一天我也要成为那个美的魔术师，于是一个服装梦在我心中悄然生根。”小时候的梦想并没有随着时间的流逝而消失，而是像一粒种子深深地埋在心里，只待时机一到，便破土而出。虽然创业不易，但由于对服装的热爱，夏华不但克服了重重困难，还顽强坚持下来，并且越走越好。

与此同时，夏华也在努力扮演好自己的家庭角色。她一直认为，在创业的路上，男性和女性的性别差异没有那么大，每一个成功的女企业家其实都是雌雄同体的。而女性的困难还包括如何处理工作与家庭的关系。夏华每次下班的时候都要照一下镜子，提醒自己回家了，就不再是董事长，而是丈夫的太太、孩子的妈。“入得厂房，下得厨房”，夏华用心去体验生活。

1994 年，夏华的第一次创业是为了实现幼时心中的梦想。尽管当老师的那段时光让她觉得美好，但当她一次次流连于服装商店时，那颗梦想的种子不断被催发，最终她决定辞职，放弃教师这个“铁饭碗”，选择“下海”，去打造属于自己的时尚王国。再回首，她庆幸当时的自己拥有那份勇气，去开辟另一番未知前路的领域。

夏华近照

第二次创业是从都市走进大山，寻找绣娘，改变了一群人的命运。然而当时做手工坊的时候，很多企业家都劝夏华做企业要冷静，好不容易干了那么多年，从农村干到都市，干到时尚企业，现在又干回大山了，这是一件危险的事。但夏华脑中却只有一个想法，她只想把中国的传统美学观念通过服装传达出去，让都市读懂大山，让未来读懂过去，让世界读懂中国，她是这么想的，也是这样做的。事实证明，夏华的坚持是对的，手工坊的名声冲出了国门，奔向了世界。

而对于夏华来说，第三次创业是和无数年轻企业家们站在时代的浪潮上创一份更大的业。夏华相信，未来依文还有很长的路要走，无论走多远多久，她从来没有忘记过自己的初心——做一个中国品牌。这也是依文这么多年一直坚持中国手工的原因。手工文化是依文的底色。只有用自己的文化做支撑，才能在国际舞台上更有底气，才会赢来别人的尊重。

结 语

夏华最喜欢的一句话是，“每个不曾起舞的日子，都是对生命的辜负”。不管面对事业还是生活，她永远显得那么神采奕奕、精神抖擞。心里的阳光照进来，连灰尘都有了方向，正是这样积极阳光的心态，伴随着夏华走过创业的风风雨雨，迎来依文一个又一个辉煌时刻。

追梦的脚步永远在路上，过去的时代依文没有错过，未来，夏华将与依文人一起，奔向星辰大海！

夏华创业历程

- 1994 年 北京依文服装服饰有限公司成立，创建“EVE（依文）”品牌
- 1997 年“EVE（依文）”品牌被评为中国增长速度最快的男装品牌
- 1998 年“EVE（依文）”品牌被评为中国市场最受消费者欢迎的优质产品
- 1999 年“EVE（依文）”品牌被评为中国市场畅销品牌与消费者满意产品
- 2001 年“EVE（依文）”品牌荣登“北京亿元商场销售排行榜”男装榜首品牌，荣登北京市市场销售冠军宝座
- 2002 年“EVE（依文）”品牌被评为中国最受消费者欢迎的十大男装品牌、连续四年无投诉产品、用户满意产品；创建“KEVIN KELLY 凯文凯利”品牌
- 2005 年 3 月 28 日 依文品牌在 500 余家企业中一举夺得“中国服装品牌年度大奖创新大奖”
- 2007 年 7 月 12 日 在北京窗口行业职业装设计大赛决赛暨颁奖典礼上，依文职业装设计团队一举将金银两项大奖全部收入囊中，同时被评为北京职业装定点生产企业
- 2009 年 依文企业被认定为国家级“高新技术企业”
- 2011 年“EVE DE UOMO”（男西服类）荣获 2010 年度北京时尚热销服装品牌营销金奖；诺丁山（男西服类）荣获 2010 年度北京时尚热销服装品牌
- 2012 年 2 月“EVE CINA”首登伦敦时装周
- 2013 年 6 月 依文服饰股份有限公司荣获 2012 年度服装行业百强企业称号
- 2014 年 依文集团获中国行业影响力品牌；夏华荣获中国品牌建设影响力人物奖；依文集团中式礼服“清明上河图”荣获 2014 金点设计奖
- 2015 年 10 月 依文集团携手北京服装学院等成立“中国手工之美——中国手工艺术研究中心暨全球设计师联盟”
- 2016 年 依文获得北京市企业社会责任履行承诺单位；依文获得北京旅游商品大赛铜奖
- 2017 年 依文创客空间获得丰台区众创空间的称号
- 2019 年 3 月 夏华荣获“全国巾帼建功标兵”称号；依文众承手工坊文化（北京）有限公司荣获“全国巾帼文明岗”称号
- 2019 年 11 月 第五届全球企业家生态论坛在北京举行，夏华获得首届“杰出社会企业家奖”荣誉称号；“2019 中国全零售大会”在青岛召开，夏华荣获“全国连锁业杰出女性金牡丹奖”

传统与时尚的碰撞，民族与现代的对话

02/

家政促幸福，党建聚人心

薛荣和圆方集团

她，九次创业失败，越挫越勇；她，从零开始，在家政界创造出“圆方奇迹”；她，把探索非公企业党建工作新模式当作主业，成为“网红书记”；她，积极投身社会公益事业，被称为“薛妈妈”。

她就是薛荣，中国家政行业代表人物，郑州圆方集团党委书记、总裁，中国女企业家协会副会长；曾获全国三八红旗手标兵、河南省劳动模范、全国优秀党务工作者、“改革开放 40 年百名杰出民营企业家”等一百多项荣誉；先后当选为河南省第八次党代会代表、郑州市第十四届人大代表、中国共产党第十九次全国代表大会代表、中国妇女第十二次全国代表大会代表。

创业屡受挫，救母做保洁

作为 1977 级大学生的薛荣，在当时可谓是真正的“天之骄子”。毕业后她被分配到机关单位，捧起了让旁人羡慕的“铁饭碗”。然而，1989 年，不甘于平淡生活的她放弃了“铁饭碗”，应聘到一家酒店当客房部经理。

天有不测风云。1990 年，由于酒店经营不善，需要减员增效。酒店总经理让薛荣拟一份客房部下岗名单，她对 300 多个员工的情况进行考察之后，呈上的下岗名单上只写了一个名字——薛荣。

递交下岗名单时，她想自己下岗应该能很快找到新工作，而同事们可能比较困难。然而，出乎意料的是，她多次应聘却屡屡遭拒。受挫之余，她决定自己创业。

1990 年到 1994 年间，薛荣承包过千亩鱼塘，饲养过 300 多只宠物狗并出版《宠物狗的饲养和疾病防治》，开过饭店、家电门市部、美容院、饮料厂、建材门市部等等，先后九次创业，但都以失败告终。对于创业的艰辛，她深有体会。在开建材门市部期间，有一次，她接到一车水泥的大单，因运货时间延长，又恰逢下雨，约请的搬运工都已离开，但必须按时卸车，没有人帮忙，她只好一个人卸车，到最后，全身都是水泥，哭着靠在水泥袋边睡着了。这并不是因为薛荣比别人更能吃苦，为了生存，再苦的活她都得干。

之后发生的一件事，对薛荣的创业之路产生影响：她债台高筑时，婆婆重病转院，医院通知不交医药费就停药，兄弟姐妹的钱凑起来还不够，一家人一筹莫展。薛荣非常不甘心做子女的没钱而让老人生命终止。从此，她改变了对创业的看法。以前创业还想着做体面活，要当厂长、经理，面对现实她觉得：务实更重要。

下岗失业后创业承包鱼塘

正是在医院护理婆婆期间，薛荣看到了保洁行业的商机。“那时谁能看上保洁公司？但是为了母亲，为了家，必须干。”她借来 3 万块钱，带领 16 个下岗姐妹干起了保洁。

果断加高效，相机奔强大

找薛荣干活的人很多，但她毕竟只是个“光杆儿司令”（个体户）。有一次，她与另外三人花两天时间将一层写字楼打扫得干干净净，对方十分满意，结账时却说需要她开具发票，否则无法支付 200 元劳务费。虽然几经努力拿到钱，但这次经历使她意识到：不开公司，很多业务没法接。这迫使她筹建公司。

1994 年 5 月 18 日，薛荣创办的“郑州圆方美洁公司”挂牌成立。她从新闻里得知，新落成的省广播电视大楼装修接近尾声。她想，装修完毕，应该需要保洁去打扫。第二天，她找到广电大楼后勤负责人商谈业务。对方要求她拿出计划书。她赶到书店，买来 6 本书，连夜翻阅并写出一份长达 21 页的计划书和一份近 2000 字的清理方案。她的高效能干令对方吃惊，双方达成协议。随着业务的顺利开展，她终于掘到了创业以来的“第一桶金”。

河南广电大厦一单初战告捷，薛荣勇气大增，对企业未来发展充满信心和憧憬。接着，她连续拿下河南医科大学、银基商贸城数个大合同，员工士气高涨，企

1994 年创立圆方美洁公司

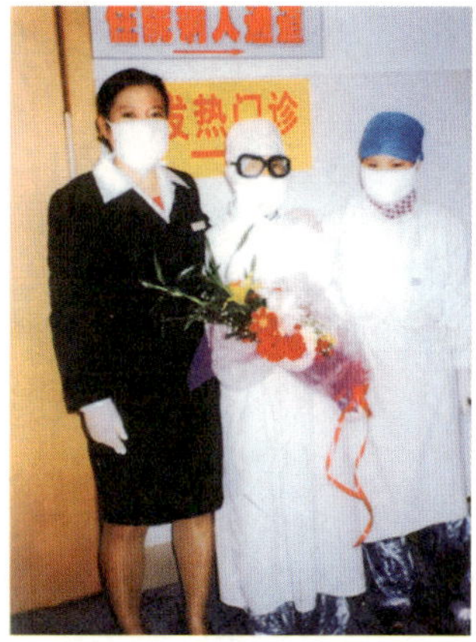

2003 年“非典”时期薛荣看望员工

业声名鹊起。

因保洁行业进入门槛低，2002 年后，各种规模的家政公司如雨后春笋般在郑州出现，相互竞争压价。薛荣果断采取了两个应对措施：一是跑马圈地，你价格低我比你更低，迅速占领市场；二是加快在郑州以外设立分公司的步伐。在她的率领下，圆方的业务网络迅速扩展到北京、上海、江苏、安徽、山东、陕西、黑龙江、新疆、重庆、湖北、湖南、广东等十九个省市区。

如果说 1990 年是薛荣人生中刻骨铭心的一年，那么，2003 年是圆方集团最为刻骨铭心的一年。“非典”期间，当面临生与死的考验时，很多家政公司从服务单位撤离，薛荣意识到这正是公司发展的绝好机会。她自己到收治“非典”病人的郑州市传染病医院做保洁，甚至累倒在病房里。在她的带领下，圆方员工不仅坚守住了原有阵地，还接手了其他家政公司放弃的阵地。这样，“非典”成为家政行业之“危”，但成就了圆方的发展之“机”。

如果说，早期抢占市场是做“大”的策略，它给圆方带来业务“量”的积累以及管理队伍的培养和壮大，那么，2009 年圆方羽翼渐丰后的“精兵简政”，则是其“做强”的战略。如何做强？第一，坚决砍掉那些没有利润或有利润但风险较大的项目；第二，积极发展利润率较高的项目，如雪绒花母婴护理、医院陪护等。

圆方集团总部大楼

薛荣“精兵简政”无疑是成功的。2010 年，圆方在全国的 32 个分公司创造出非凡业绩，圆方集团正式成立。2014 年，圆方集团凭借涉及多个领域、具有独立法人地位和拥有专业社会分工的一批子公司，初步形成了一个大型现代化企业集团的模式。

如今的圆方集团，在薛荣的带领下，在圆方人的努力下，已发展为涵盖“综合后勤服务、人力资源服务、专业母婴服务和高端健康投资”四大业务集群的大型综合服务业集团。集团年产值近 30 亿元，员工人数 6 万余人，正向“成为世界领先的综合服务集团”的愿景稳步迈进。

管理促发展，党建聚人心

圆方集团的成功，得益于管理层的正确决策，也离不开企业二十多年来不断创新的管理实践。

在现场管理优化方面，圆方引进了先进的“8S”管理制度，鼓励员工学习各种新的技能技巧，以满足个人及公司发展的需求；定期召开会议，让员工分享工作经验，以达到互补、互利，创造共赢，提升整体竞争力与应变能力；提高员工内部外部客户服务的意识。

2017 年参加党的十九大

在基础管理方面，圆方推广了五项管理、目视管理和积分制管理，使员工干起工作来有目标、有方法、有奔头，奖励与惩罚同在，激励与约束并举，极大地调动了员工的工作积极性。

薛荣深知团队对于一个企业生存与发展有着举足轻重的作用，而学习培训是建设一支优良团队的重要手段之一。因此，圆方要求所有骨干员工都必须制定长期和中短期的学习目标与规划，并从时间和工作上给予支持。

圆方还组建了商学院，有计划地定期对员工开展企业文化和管理知识的培训，有选择地选拔一些中高层骨干出去参加专训，回公司后再扩大范围组织训练，收到良好效果，队伍素质明显提升。

圆方集团的企业管理中有一个突出的亮点，那就是党建工作。

薛荣非常重视圆方集团的党建事业，她认为一个企业要真正做大做强，仅靠老板的个人魅力不够，要依靠组织的力量，而最好的组织就是党组织。听党的话、跟党走，对于党建在民营企业发展中的作用，她深有体会地说："这绝不是一句空话，只有党组织的力量才能凝聚人心，才能使企业做强做大。"

对于党建在民营企业发展中的作用，她深有体会地说，党组织在为企业搭建平台、引领企业快速发展方面具有独特力量：党组织做细了就是凝聚力，做好了就是战斗力，做强了就是生产力。

在圆方，只要是党员，胸前都别着一枚党牌，上面写着："我是共产党员，平时看出来，困难站出来，危机豁出来。”圆方集团党委定下一条“铁的规定”：“业务发展到哪里，党组织就建到哪里。”随着集团的不断壮大，圆方实现了党建工作和企业发展互促双赢。

为更好地发展集团的党建事业，薛荣以身作则，创立了“薛书记有约”工作室，至今开设有“薛书记讲党史、讲党建、讲工作法”等12个栏目。她坚持每天发布一分钟左右与党建有关的微语和文字。后来，她与时俱进，不断更新传媒形式，把微党课做成短视频，又于2018年11月15日搬到抖音平台，创新普及党的知识。

薛荣的云党校深受网友喜爱。她利用网络新媒体开拓了党课教育的新平台。《新华每日电讯》《中国妇女报》《河南日报》等媒体专门对她进行了报道，她的“网红书记”称号不胫而走。

“围绕经营抓党建，抓好党建促发展”，圆方集团坚持以党建引领创新创业，以创新驱动发展，坚定理想信念，奋力谱写发展新篇章。

抗疫不退缩，圆方担使命

2003年“非典”暴发期间，圆方集团承担了全国82家医院的卫生保洁工作。冒着被感染的危险，薛荣带领圆方员工奋战一线。

2020年春，在新冠肺炎疫情发生后，圆方集团没有退缩。大年初一晚上，薛荣瞒着年近九十岁的老母亲递交了请战书。她的请战理由写得很充分，“参加过2003年的抗非典战斗，有过一个月的战斗经验”，但院方拒绝了她，原因是医院规定年逾55岁的员工不能上一线。薛荣的儿子、圆方集团党委副书记、总经理李圆方得知此事，当即代母请战，主动投入战斗。

尽管无法亲自上“战场”，薛荣并不甘心放弃，她带领圆方战疫核心协调督导组，前往北京301医院、302医院、山东菏泽中心医院、西安交大附属医院等36家定点医院，指导圆方集团的战疫工作，慰问和培训项目经理及一线员工。10天里，她四过家门而不入，横跨4省市，行程6000多公里。

当得知湖北十堰人民医院发热门诊和隔离病房保洁工作急需人员支援后，她毅

然带领圆方第三支党员突击队进驻该院新冠肺炎隔离病房和发热门诊，承担医疗垃圾收集、地面保洁、消杀防护等高风险工作，每天工作十五六个小时，不辞劳苦、不畏风险，圆满完成战疫任务。

面对新冠肺炎疫情的严峻形势，圆方集团有效调动6万多员工战疫，无一人感染，赢得上级党组织肯定和合作医院认可，为企业发展赢得宝贵的生产时间和发展空间。

自豪且骄傲，家政助幸福

2018年10月30日至11月2日，中国妇女第十二次全国代表大会在京召开。当薛荣身穿家政服走进人民大会堂参加十二大预备会时，很多代表和记者对她别具一格的着装十分好奇，问她："您是哪个民族？"薛荣自豪笑答："我是'家'族，有家一族，家政一族，我为中国家政代言！"

薛荣为中国家政代言，的确有分量、有底气。二十多年来，她不仅见证了中国家政行业的发展，而且通过多年的努力，成为中国家政行业领军者。

如今，家政服务业是社会的热门行业，但在二十多年前，家政是被人看不起的行业。为此，薛荣到处碰壁，不仅招人难、招标难，收欠款更难，但她从未放弃，一直在家政行业里深耕细作。

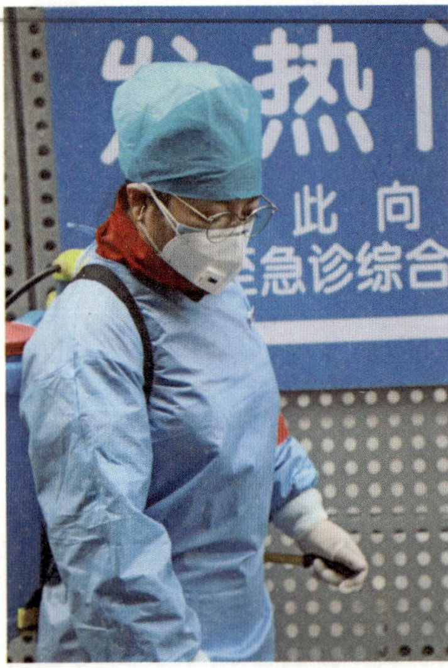

2020 年薛荣来到湖北十堰人民医院抗疫

从最初只是涉足保洁行业，到后来随着客户需求的提升，薛荣一步一步扩大公司的业务范围，以家政服务为主，延伸出月子会所，在月子会所的基础上又向上游延伸，开设妇产医院。

对于历经挫折取得的成功，薛荣庆幸自己遇到了好时机，赶上了时代发展两大浪潮：一是企事业单位后勤社会化；二是人们生活水平不断提高，家政成为刚需。

如今，随着人们生活水平的不断提高，老龄化日益加重，二胎政策的开放，老年护理和母婴护理问题更成为全社会关注的热点和焦点，家政产业强大的市场潜力和发展空间日益凸显，市场对家庭服务方面的需求也呈现出前所未有的强劲态势。家政服务业反映着社会变迁的新特征、家庭生活的新需求，行业规模持续扩大，现在已经成为“香饽饽”。

关于家政行业的未来发展趋势，薛荣骄傲地说，家政今非昔比，正在迎来春天。站在新的起点上，她信心倍增，立志要以实际行动履行社会责任，推动家政业高质量发展，为促进家庭和睦、社会和谐贡献力量。

助残兼扶贫，爱心满乾坤

薛荣始终认为企业家回报社会、反哺社会义不容辞。多年来，她一直把“干好一件事的最高境界就是向社会奉献出自己的一份爱心”作为座右铭。

2003 年，圆方成立了妇女儿童庇护中心，为一千多名妇女提供了帮扶，为 300 多名儿童提供了救助。

2018 年薛荣参加中国妇女第十二次全国代表大会

2004 年，圆方设立了爱心救助基金，开通救助热线，累计救助困难失学儿童和大学生上千名，帮扶孤寡老人、孤儿 300 多人，帮助困难职工上千人。

2006 年，圆方成立了听障人士俱乐部，组建了桃花村农家乐听障人士饭庄、桃花村红绣坊，累计安排了 300 多名聋哑人就业。

为更有效地开展帮扶助残活动，圆方集团成立了三个 NGO 帮扶机构——圆方残障人艺术团、圆方志愿者服务队、圆方残障人促进会，并做到“四保证”，即资金保证、人员保证、场地保证、计划保证。薛荣用真心换来了残疾人的信任，他们亲切地称她“薛妈妈”。

在薛荣的建议下，圆方集团成立了残障人党支部，帮助残障朋友创业、就业、婚介、培训、心理咨询等。圆方还开展“让重度残疾人走出家门，共享社会主义成果，感受天蓝地绿美丽中国”等活动，先后组织几百名重度残疾人到北京看升旗、爬长城；到青岛看大海、观日出、品海鲜；到开封赏菊花、逛古城。圆方组织残疾人参加马拉松比赛，在广场举办“感党恩、颂和谐、展自强”文艺演出等活动近百场，累计有上万残疾人参与了活动，满足了残疾人走出家门、参与社会、开掘潜力的需求。

除了助残公益事业外，薛荣还借助圆方的力量开展“精准扶贫”工作。

2016年7月，从北京参加建党95周年纪念大会、领奖归来，薛荣不顾酷暑与身体不适，立即奔赴河南省国家级贫困县淮滨、息县、新蔡等地。从7月7日至16日，历时10天，在进村入户实地调研并多次与村镇干部群众座谈、征求意见建议的基础上，根据圆方子公司“雪绒花”在母婴服务领域的品牌优势、技术优势和月嫂、家政服务业的就业形势及行业发展潜力，最终确定了圆方集团面向贫困地区、贫困家庭精准推出的免费培训——“精准扶贫星空计划”，旨在通过圆方公司向贫困家庭姐妹提供免费的技术培训，达到“就业一个人，幸福一个家，点亮一片星空”的扶贫效果。

家政扶贫“星空计划”实施以来，薛荣和雪绒花团队已先后深入滑县、淮滨县等53个县市，通过讲党建、创业励志课开展观念扶贫，通过提供免费培训开展技术、技能扶贫。扶贫先扶智，2017年援疆帮扶，她跟随妇联四进新疆、讲党课。在妇联的指导帮助下，来自中原的“雪绒花”扎根新疆哈密。

为使扶贫成效最大化，薛荣凭借身为“全国优秀党务工作者”“全国自强模范”和“助残先进”的影响力，邀约非公企业家和科研院所、大专院校的专家、学者们组成了精准扶贫战略联盟。他们一次次带资金、带技术、带理念，直接下到贫困地区、贫困家庭进行扶贫。

爱是最神奇的力量，能直达人心，触碰到最柔软的地方。薛荣用慈爱之心诠释了人生的价值，也用责任之心赢得了社会的赞誉。她常说：做一株小草，就把草叶长厚，为世界添绿；做一棵大树，就把枝叶长茂，为世界增荫。不论是一株小草，还是一棵大树，薛荣始终都在向世界传播着爱。

结语

时代在改革中进步，圆方在拼搏中发展。对于未来，薛荣表示，她将带领五万圆方人，听党的话，跟党走，心无旁骛创新创业，踏踏实实办好企业，富而思源，回馈社会，扶贫济困，多解决就业，多上缴税收，多承担社会责任，为郑州中心城市的建设，贡献圆方人的一份力量，争做出彩河南人。

薛荣创业历程

- 1994 年　薛荣带领 16 名下岗职工创办郑州圆方美洁公司
- 2001 年　公司人数达到 4000 人，成立河南圆方物业管理有限公司
- 2002 年　成立圆方党支部
- 2004 年　成立圆方党总支
- 2006 年　设立圆方爱心救助基金，成立圆方残障人促进会
- 2007 年　公司人数达到 7000 人。成立圆方集团党委；成立河南圆方人力资源管理有限公司；成立圆方商学院
- 2010 年　全国 32 个分公司创造非凡业绩；公司成为上海世博会服务供应商；圆方集团正式成立
- 2011 年　成立雪绒花公司，励志打造中国母婴服务第一品牌，为天下母婴的幸福安康而努力
- 2013 年　集团人数达到 30000 人。物业管理服务，河南省第一；人力资源服务，河南省第一；高端家庭服务，河南省第一
- 2016 年　圆方集团涉足健康产业投资，郑州万安妇产医院正式成立
- 2017 年　成立圆方非公企业商学院
- 2019 年　集团人数突破 50000 人，喜迁“圆方总部大厦”

圆方集团雪绒花家政培训学员毕业

圆方集团雪绒花家政培训学员毕业

03/

奋进者永不停息

安钟岩和北京丰顺工贸集团

仰望星空，总要寻找属于自己的那一颗；俯视大地，总会深情回首曾经走过的路。从上世纪 80 年代的国营单位青年先进典型到资产上亿元的女企业家，从企业管理者到“中国残疾人事业爱心大使”，北京丰顺工贸集团董事长、中国女企业家协会副会长、北京市女企业家协会会长、全国五一劳动奖章获得者、全国三八红旗手安钟岩走过了 30 多年的风雨历程。她是改革开放大潮的见证者，是勇于搏击、坚定奋进的民营企业家代表；她在新时代的再出发，是坚守初心、方得始终的时代同行人。她的故事传奇而引人入胜，她的精神纯粹而值得弘扬。

奋进，勇于迎接命运的挑战

奋进者总是不屈从于命运的摆布，敢于直面人生的挑战。上世纪 80 年代初，安钟岩走上工作岗位，成为北京市国营单位的青年职工。不久，她就崭露头角，不仅被评为北京市“技术过得硬标兵”，事迹被刊登在《北京晚报》上，又连续三年被评为“新长征突击手”“市级先进工作者”“优秀团委书记”等。20 岁刚刚出头就戴上如此耀眼的光环，似乎“命运之神”格外眷顾这位心灵手巧、勤奋好学、思维敏捷的姑娘。就在前程锦绣之际，命运的造化却改变了一切。因为北京市改造街道，她所在的家电维修部被拆除。有的人向单位要求调动工作，有的人在家里等待重新安排，安钟岩却在冷静地思考自己未来的人生方向。她相信，所有的汗水都不会白流，所有的努力都会有所回报，自己在公家单位干得好，闯出去也一样干得好！她果断下定决心：下海！就这样，安钟岩开始了她 30 多年经营企业的漫漫征程。

然而现实是残酷的，人出来了，脚下的路并不好走。原本按月按时发工资，现在变成了挣多少是多少，每一笔钱都要自己挣出来。面对现实的困难和挑战，很多“下海”者彷徨不前、徘徊踯躅，甚至畏惧退缩，安钟岩却偏要坚持下去。既然改变不了环境，那就先改变自己。安钟岩带领姐妹主动上门为老干部维修家电，扛着大包小裹挤火车硬座到广东进货；复印一页纸三分钱，也上门取件送件。安钟岩特别注重诚信，一诺千金，遇到客户紧急需要，夜深人静的大街上只有她骑着摩托车飞驰而过，上门送电脑耗材。追求极致的服务树立了良好的口碑，小小的生意越做越红火，带来了连安钟岩自己都未曾料到的收获。

奋进者的追求，往往超出一般的社会认知，同时也为自己带来不同凡响的起点。上世纪90年代初，安钟岩创立丰顺驾校时，别人把驾校当成点钞机，她却把驾校当成对清风正气和公平公正的追求的平台。那时，她和几个姐妹去驾校学习汽车驾驶，虽然拿到了驾照，却惹了一肚子气，更听到看到了很多令人不愉快的事情。当时驾驶员培训行业整体风气不正，吃、拿、卡、要、借等现象时有发生，为此，安钟岩和几个姐妹偏要创办一个“干干净净”的驾校，她们希望事业一帆风顺，就给驾校取名“丰顺”。然而寓意再好，也代替不了现实。成立驾校需要协调方方面面的关系，需要大笔资金投入购置车辆设备、租赁场地，还要搞基建施工，招聘人员。民营企业白手起家，办驾校难度之

从西三环丽泽桥上鸟瞰丰顺驾校花园式的训练考试场

北京丰意德工贸有限公司外景

大，连堂堂男儿都望而生畏，可想而知一位 30 岁出头的女性会面临怎样的艰难和曲折，付出怎样的心血和精力。但奋进者面前没有困难，更没有阻碍。对安钟岩来说，无数艰难困苦俱成往事，都被她踩在脚下，甩在身后，她今天奉献出来的是一个以独一无二的服务要求和服务品质赢得了无数学员赞誉的行业翘楚，奉献出来的是北京驾驶员培训行业精品服务的一个著名品牌。

如今，就连素以严格苛刻著称的德国奔驰公司，在中国市场进行反复调研遴选后，也选择了以丰顺驾校作为合作方，共同开设全中国第一家以“尊重生命，零事故驾驶”为理念的高端驾驶员培训基地——梅赛德斯－奔驰汽车驾驶学院。他们看中的，绝不仅仅是丰顺驾校现有的规模与品质，还有深深蕴藏在丰顺驾校发展历程之中的奋进文化。

对于奋进者来说，敢于直面困难，勇于战胜逆境只是刚刚开始，真正的奋进者绝不躺在功劳簿上睡大觉。驾校成功了，但安钟岩远未满足。她认为，中国人应当和欧美人一样过上高品质的生活，她把眼光放到了以时尚服装和高档家具著称的意大利。独到而敏锐的商业眼光，诚恳而老道的商业斡旋和谈判，让意大利 14 家著名家具商的产品一起来到中国的家——北京丰意德家具有限公司。在这里，亚洲最大的家具展厅、高品质的意大利家具、耳目一新的展陈方式，不仅刷新了国人对家具的认识，更吸引了源源不断的客流，当然也成就了丰顺工贸集团的第二根支柱。现在，丰意德已经在北京、成都开设了三家分店，成为国内高档家居的著名品牌。

强大信心和果断行动是奋进者最为得力的左膀右臂。与意大利家具商的交往与合作，让安钟岩领会到不少先进的理念，她发现了中国家具和装饰装修行业相较国外存在很大的差距和不足。解决问题，迎头赶上，是简单从国外引进，还是立足自己生产制造？安钟岩毫不犹豫地选择了后者。她认为，尽管商业引进的经验已经非常成熟，但迎接挑战、不断创造、持续创新，才是奋进者应该选择的道路。虽然国内门业市场已经厂商林立，但她仍然决心和伙伴们以绿色环保理念为核心，融合中国传统文化经典元素和时尚的意大利米兰风格，设计制造出一系列具有中国特色、兼融中欧之长的门业产品。

和玺木门展示厅

2003年，作为丰顺工贸集团进入21世纪的献礼，北京和玺建筑成套木作系统公司成立了，而这一年，恰恰是安钟岩正式创立丰顺驾校10周年。安钟岩对这个集设计、生产、销售于一体的门业公司倾注了大量的心血，人员的招聘、厂房的设计、厂区的美化绿化、设备的引进调试、生产的流程安排、销售网络的建立等等，无不体现出安钟岩对于高质量产品、高品质生活的追求。而高品质的设计、高品质的生产以及高品质的服务，让和玺迅速在竞争激烈的行业中站稳了脚跟并不断发展。现在，和玺已经在全国开设了一百多家门业连锁店，连续多年进入全国木门行业30强，赢得了“绿色木门”的美誉。

“天行健，君子以自强不息；地势坤，君子以厚德载物”。古老的传统浸润于当代中国人的血脉之中，奋进的精髓承载于新时代企业家精神的内核。安钟岩就是这样一步步走上了自己事业的巅峰。

奋进，点燃心中不灭的灯塔

滚滚红尘，漫漫人生，每个人的心中都有一座灯塔，以它放射出来的光芒定位坐标，指引方向。物质财富不是给奋进者的全部奖赏和唯一回报，离开了内心的光明，一个人无异于在黑暗中独行，在荒漠中摸索。

安钟岩成功了，但始终没有忘记儿时父母长辈"要做一个好人"的耳提面命、谆谆教诲。在她的内心，流淌着一股自古就在中华大地上涓涓不息的清流，那就是朴素而诚挚的正义之心、恻隐之情，她打心眼儿里希望每个人都能分享社会的进步与繁荣，每个人都能过上自己向往的幸福生活。

安钟岩对企业员工的"好"，是出了名的。为了让员工有优雅得体的装容，她为员工配发四季服装，精心设计、专门定制，冬有羽绒服，夏有 T 恤衫，春秋有皮夹克，还专门设立了理发室供员工们随时整理仪容。为了让员工得到良好的休息，她在驾校内设计了免费住宿房间，配上空调和席梦思床，统一发放床单、被罩、枕巾、枕套等床上用品，员工宿舍实行公寓化管理，专人保洁，设立洗衣间。为了保证员工饮食营养水平，她盖起了食堂，员工一日三餐免费。为了让家在远郊和外地的员工业余时间丰富多彩，她还专门留出房间，建起了图书室、活动室。每到酷暑的伏天，她都要为员工准备冰镇西瓜，这已经成为丰顺驾校夏季午间的一道带着"甜味记忆"的独特风景。她为青年员工主持婚礼，帮助解决员工急需。一次，丰顺驾校一位来自远郊的教练突发脑出血，安钟岩组织人员片刻不停立即送医，自掏腰包支付了大额住院费。由于开颅手术及时，这位教练保全了生命，他感谢安钟岩，感谢丰顺驾校这个友爱的集体给了他第二次生命。在员工的眼里，安总就是他们的"知心大姐"。

人生的升华往往就在顿悟之间。成功之后的一次怦然心动、心伤泪流让"好人"安钟岩走出了身边的"小圈子"，呼唤她去追求更高的精神境界。

安钟岩收看电视节目时，得知一位品学兼优的花季少女，因父母双双患有重病，面临即使考上大学也无钱上学的困境。而这位女孩在节目中坚强地表示，宁可不上学，也要先去打工挣钱，为父母治病。安钟岩感动得泪流满面。她为女孩的

受资助的欧阳玉倩每年母亲节都要看望她的这位“妈妈”

遭遇而流泪，为女孩的坚强而感动，那是一种在困境中的坚持，在不幸中的奋进。安钟岩毫不犹豫地拨通了节目组的电话，第二天就和女孩见了面。安钟岩说：“孩子，你放心读你的书！也放心地照顾你的父母！你的生活费和学费我来解决。”如今，这位女孩早已完成大学学业，结婚成家，成为金融界的精英，但她的心里，永远忘不了在人生最困难时给予她真情和温暖的“安妈妈”，永远忘不了人生最灰暗时“安妈妈”带给她的一束光明！

让更多的大学生走上自立自强、人生奋进的道路，是安钟岩心中的梦想。北京朝阳区建立巾帼创业就业导师团，安钟岩受聘担任创业就业导师。她多次无偿给女性创业者授课，接听创业者一对一咨询电话，毫无保留地传授自己的创业经验，帮助创业者出主意、想办法。同时，丰顺工贸集团也尽最大努力吸纳女大学生以及其他女性就业者。安钟岩多次走进中国青年政治学院、首都经贸大学等高校，给大学生创业提供具体而耐心的指导。一次，她到中华女子学院演讲，真诚希望莘莘学子努力学习，脚踏实地，以诚信赢得未来，以“有大爱、常怀感恩、回报社会”激发

安钟岩带领北京市女企业家协会奔向新征程

创业动力。听完演讲，一名九岁时罹患骨癌导致截肢的女大学生激动地表示：作为一个公益受助对象，她对安老师所做的公益、无私奉献的大爱行为特别崇敬和感动，这激励她要积极为社会做贡献，做一些力所能及的工作，将爱心继续传递下去。她动情地说："此时此刻，我多么希望能够成为您的女儿，您现在是否允许我叫您一声'安妈妈'？"当安钟岩走下讲台与这位"残疾女儿"深情地拥抱时，会场上即刻响起了热烈的掌声，每个人的眼中都闪动着感动的泪光。

人人为我，我为人人。早在上世纪 90 年代，安钟岩就成为北京市女企业家协会的会员，两年前，热心的"好人"安钟岩被姐妹们选举为第五任会长。安钟岩把服务女企业家姐妹定为自己的主要工作内容。女企业家需要什么样的连接跨越，协会就搭架什么样的桥梁，构建起上通下达、沟通八方的服务平台。北京市各级党委、政府的关心关怀和鼓励鞭策，通过这座桥传递给女企业家，女企业家们的愿望、诉求和期盼，通过这座桥传递给政府、妇联和各个部门。这座桥架到海外，延伸到欧洲、北美、俄罗斯、东南亚、东北亚、中东、中亚和世界的许多地方，在世界经济、国际商机和文明互鉴中实现融汇跨越。这座桥通往大江南北、长城内外，汇聚起各地企业家们共同促进繁荣和发展的方队和阵列。同时，安钟岩邀请各方精英给女企业家开讲座、做辅导，把北京市女企业家协会建设成一所广纳博收的学校，一所互动精进的学校，一所与时俱进的学校。在这所学校里，女企业家们可以学习理解党中央的方针政策，见识顶级经济学家的宏阔视野，聆听世界经济巅峰发出的声音，体悟人生与事业的哲理，在奋斗中吸取更加均衡充分的营养，在进取中补充更加丰富深厚的精神食粮，在成功与失败的经验教训中镜鉴并思考前进的方向。协会影响力不断增大，先后获得“全国妇联巾帼文明岗”“北京市三八红旗集体”“中国女企业家协会先进集体”“北京市企业家联合会优秀企协”“北京市 5A 社会组织”等殊荣，协会也迅速扩容，目前已经拥有近 500 名会员。

让友爱之光驱散孤独的黑暗，燃生命之烛照亮团结奋进的希望。在安钟岩看来，不但要点燃自己，还要照亮他人。正是因为她超越了自我享受的樊篱，描绘出生命的真实底色，她才拥有了更加真实而丰富的生命！

奋进，兼爱天下的诗篇

这些年，安钟岩用爱来导航，以心做翅膀，奋飞在扶贫济困、施善博爱的天空中。五年来，她个人和企业已经累计向公益事业和精准扶贫捐款捐物价值千万元，仅 2019 年以来，就近 400 万元。

残疾人是安钟岩关注的重点人群之一。丰顺驾校是公安部批准的首批培训残疾人驾驶技术的学校。为帮助残疾人实现梦想，安钟岩对学校相关设施全部进行了改造，建立了无障碍通道。为了方便残疾朋友就餐，推出送餐到桌服务，对于高位截瘫的学员，安钟岩要求教练把他们抱进驾驶室，从座驾抱回轮椅，每天抱上抱下，体贴入微，情之所至，残疾学员无不为之感动。当这批残疾学员拿到驾驶证时，他们热泪盈眶，感谢丰顺驾校让他们获得了远距离行动的自由。

安钟岩得知有一群聋哑女孩组建了残疾人艺术团，就千方百计帮助这群身残志坚的孩子们。她多次出资邀请残疾人艺术团演出节目，希望她们用自己的方式走出

九九重阳节期间，安钟岩为敬老院孤寡老人戴上漂亮的纱巾

独特的人生轨迹。在北京举行的联合国妇女署 & 环球夫人慈善大使慈善晚宴活动上，安钟岩出资赞助残疾人艺术团表演了《千手观音》节目。当参加慈善晚宴的中外人士得知这群在场上光彩飞扬的年轻女孩们都是在声音上与世界相隔绝的聋哑残障人时，内心激动、无不动容。来自联合国妇女署的官员兴奋地表示："我要邀请这些残疾女性去纽约表演，让她们把中国女性之美带给世界！"

在安钟岩的带动下，北京市的女企业家们投身公益事业的积极性日益高涨。每年的世界助残日和六一儿童节，都是安钟岩和姐妹们最为忙碌的日子，她们看望残疾人，送去慰问金和礼物；她们走访自闭症儿童抚育机构，陪同这些孩子们一起过节。2018 年，40 多位女企业家参加了安钟岩的走访慰问团，她们不但给残疾人带去慰问金和礼物，给儿童福利院和自闭症抚育机构的孩子们带去价值数万元的生活用品、玩具和食品，更带去了温暖和真情。如今，在安钟岩的倡议下，北京市女企业家协会慈善义工志愿服务总队已经正式成立，她们将用自己的行动为这个社会献出更多的爱心。

安钟岩不仅带领自己的企业，同时号召社会组织机构对延庆区胡家营村进行专项扶贫，丰富了村民的业余文化生活

在安钟岩的号召和带领下，北京市女企业家协会从 2014 年起实施关爱环卫女工行动，上演了一场经久不衰的首都女企业家和环卫女工心连心的“都市温情连续剧”。安钟岩带领百名女企业家协会会员发出倡议：只要环卫女工走到我们的门前，就一定要为她们提供休息、用餐的地方，免费热饭，送热水。天气寒冷时，女企业家们为环卫女工送去羽绒背心、手套、口罩；天气转暖时，她们又送上美丽的纱巾。安钟岩和她的姐妹们认为，城市的美丽应该与人心的美丽同步，让城市美丽的环卫女工值得尊重、值得关爱。每逢三八妇女节，她和她的姐妹们就为环卫女工安排各种各样的慰问活动。2017 年，安钟岩和她的姐妹们为环卫女工奉献了一场大型专场音乐慰问会。安钟岩亲自租订 11 辆大巴车运送 500 余名环卫女工，在中国木偶剧院与妇联、工会领导共同观看北京金璇民族管弦乐团的精彩演出，给女工们留下深刻印象。2018 年，安钟岩带领姐妹们到丰台环卫中心，不仅为 600 名环卫女工送去节日的问候，还为她们送去精美的手工皂制作磨具、贴心的纯棉礼盒和

精装女性养生杂志，并为现场的环卫女工代表送上了手工皂。

关爱老人，是中国传统孝文化的核心。安钟岩不仅自己是出名的“把婆婆当亲妈”的孝顺女儿，还身体力行在社会上推行孝文化。2017 年重阳节，她和 20 余名北京市女企业家协会的姐妹们与 200 余位老年人共度佳节。他们以“大爱重阳，孝悌天下”为主题，在幸福里社区摆开“百老宴”。秋风送爽，气氛温馨，安钟岩和她的姐妹们向老人们赠送了价值 20 余万元的血压计、食品和礼物等，还精心编排了文艺演出，为老人们送去物质和精神的双重关爱。

在延庆胡家营村，安钟岩和她的姐妹们多次累计出资数十万元，帮助建设乡贤社会服务中心，让温情充满美丽的乡村，努力解决乡村双重“失血”问题，凝聚各方人士共建美丽乡村的力量。

“打赢三年扶贫攻坚和‘万企帮万村’活动”开展以来，安钟岩一头扎进了精准扶贫活动中。她扶贫不只出财物，还身体力行，上高原、进沙漠、钻山沟、赴牧区，就是要见实情、扶真贫、助真困。她不但要在钱、财、物上帮助扶贫脱贫，还要和贫困户面对面交流谈心，了解贫困成因，扶志励志，鼓励他们摆脱贫困奔小康。她不顾年龄和身体状况，路没少跑，汗没少流，苦没少吃，有时在颠簸崎岖的山路上一开车就是一整天，不但车马劳顿，还随时会遇到滚石滑落的危险。在青藏高原，她和同伴们经历了严重的高原缺氧，头痛、呼吸不畅甚至晕厥，同时碰上地震，这些都没有阻止她到第一线去扶贫的意志和决心。在面临生命安危之时，安钟岩总是念念不忘要超额完成扶贫计划。接到南水北调对口协作地湖北竹溪遭遇冰雪灾害的求助信息后，安钟岩连夜组织物资采购和运输力量，以最快的速度送去棉衣棉被。2019 年春节假期刚过，接到河北涞源、唐县的求助电话后，安钟岩紧急筹措，用卡车把扶贫物资送到残雪未融的深山沟里。她深深懂得，扶贫绝不是简单的捐款捐物和爱的奉献，还是一场坚持不懈的奋斗。不拼搏，就难以战胜各种困难和挑战；不拼搏，更难以真正体现党和政府的扶贫态度和力度。她就像永远奔腾向前的大海浪潮，总是奔忙在扶贫的路上。许多领导和企业家都对她说：“你不是在扶贫的现场，就是在去扶贫的路上。”

安钟岩奉献爱心、助力扶贫有股韧劲儿。这些年，她扎扎实实地搞扶贫从未间断，她总是想方设法把扶贫效果放在第一位。为了帮助捐建图书馆，她三赴湖北省竹溪县，捐赠价值 450 万元的 20 万册图书。为了让和田女性感受“京和姐妹一家亲”，她两个月之内四赴新疆，在和田、墨玉、昌吉等地分别捐赠价值数十万元的生活日用品和学习文具等，还促成了“百名北京妈妈关爱百名和田儿童”活动，受到北京青少年基金会和北京妇女基金会的高度赞誉。在西藏拉萨和青海玉树，她分别捐赠了价值数十万元的食品、生活用品和学习用品。为了打开内蒙古林西县特色产品的销路、增加贫困人口收入，她先后两次带头采购 2000 斤的粉条和当地特色产品，并组织北京的女企业家共同举办义购活动，帮助当地解决销路问题。为了进一步巩固深化扶贫成果，她在内蒙古扎赉特旗为整体搬迁离开大山沟的村民捐赠了 100 套铁门和 100 套移动卫生间，还包下 10 亩地出产的粮食，每年定期收购。为了让大山里的孩子们有书读有学上，她多次前往河北涞源、康保、唐县等地，为当地的小学捐赠图书和学习用具，其中之一的山阳小学已经成为当地硬件条件最好的学校。类似的爱心活动不胜枚举。可以说，安钟岩扶贫没有条条框框，她会主动去发现那些需要帮助的人，只要是真有困难，她都会想尽办法去帮助。中国残疾人联合会聘请安钟岩担任形象大使时为她写下评语：“不拘一格做慈善，实实在在献爱心”。这正是她全身心投入扶贫事业的真实写照。

安钟岩与“深山集市”明星绣娘潘奶奶合影留念

安钟岩扶贫从不虚张声势，从不走过场，从不借着扶贫的名义做其他事情，她总是从自己的腰包里掏出真金白银去最需要的地方，扶助那些最需要帮助的人。本是在新疆墨玉搞文化扶贫，但当她得知一位男青年不幸罹患白血病时，现场掏出1万元钱救急，还热情为他联系了在北京演出创收的机会，文化扶贫捎带了“医疗救助”；本是在青海玉树捐款捐物，但她与一位考上了青海大学的藏族小姑娘才仁拉毛结上了对子，资助她到北京看天安门广场升国旗并到故宫、长城等参观，现在这位小姑娘已经递交了入党申请书，她真心希望扶贫能够“扶出”国家的栋梁；在玉树的大山里，她得知当地妇女连卫生巾都没有时，她立刻协调有关厂家捐赠800余箱卫生巾；本是去为河北唐县捐赠图书，但当她看到娃娃们翻山越岭来上学还要自带小板凳，马上将丰顺企业的两百套课桌和餐桌捐赠给这所小学；在丰台工商联组织的精准扶贫项目中，安钟岩的丰顺企业率先与河北涞源县银山口村签订了定向帮扶协议，在考察对口帮扶村时，安钟岩对白求恩纪念馆前年久失修的人工吊桥提出了捐资重建计划，并现场资助1万元修缮白求恩雕像，又为抗日小英雄王二小博物馆捐赠6万元现金，她真心希望那些贫困人口能通过学习英雄精神来摆脱贫困。安钟岩说：“我就是想通过行动让那些贫困户们知道，在这个世界上还有人在想着他们，帮着他们。祖国大家庭就是一个团结奋进的大家庭。每个人都为这个大家庭增光添彩，祖国才能欣欣向荣，迎来更加美好的明天。”她表示：“也许我们的力量微不足道，但一份份绵薄之力必将汇聚成消除贫困的巨大洪流。在党和政府的坚强领导下，在全社会的共同努力下，民营企业家们积极踊跃参与，我们一定能够打赢脱贫攻坚战这场硬仗，全面实现建成小康社会的伟大目标一定会如期实现。”

奋进，永不停下的脚步

安钟岩曾经说过：“我们强调心中有爱，更要知道爱之所向；我们强调心中有责任，更要知道责任之所施。只有这样，我们才能行有所往，为有所要。”

安钟岩在事业上浓墨重彩的成功，只不过是她帮助别人、乐善好施的绘画底色。如果说她在事业上的投入像浓烈的火焰和奔腾的海浪，那么她在给予他人、回报社会方面的所思所为更像是轻柔的月光、清淡的花香以及深深的湖水，源源不断地散发出幽幽的馨香，轻轻抚慰那些因为生活困苦而疲惫失望的心。很多人并不缺乏一颗美好向善的心，但正是像安钟岩这样以实际行动把美好的心灵传递给他人的人，才是真正让这个世界温暖起来的火焰。

现实生活中，安钟岩从未停止过观察和思考。她连续多年当选北京市的市、区两级人大代表，“履职尽责，服务人民”是她时刻怀揣在心中的八个大字。她说：“人民选我当代表，我当代表为人民。”她把平实的话语转化为向政府建言献策、为百姓分忧解难的实际行动，深入社区广泛调研。她从关注儿童到孤寡老人，从治理交通安全到整治社区环境，从农村医疗到城镇养老等等，这些年提出建议 30 多条，有的还被作为典型提案刊登在《人民日报》上。对安钟岩来说，人民代表不仅仅是荣誉的光环，更是责任的重担，只有踏踏实实履行好职责，才能无愧于人民代表的称号，才是对人民、对社会的最好回报。

走进新时代，安钟岩把目光投向更远的远方。她说：新时代总是催生新的弄潮儿，开启新征程就必须迈出新步伐。要以实际行动建功新时代，就必须听党话、跟党走，以至臻至美的追求、自我革新的精神、永不言怠的实践，不失强国之志、不失奋斗之心、不失仁善之怀，持续创新创造，踏踏实实经营，以争创经营佳绩和为扶贫攻坚做出新贡献向社会证明“巾帼不让须眉”，向世界证明中国女性的创造力和家国情怀。

结语

创业的激情、处世的热情、旺盛的精力以及做事的练达和财富的累积，都不足以诠释在安钟岩风雨人生中所发生的一切，回答不了纤弱的女子何以具有如此之大的气魄、纤小的心房何以能够撑得下如此繁多的事务、纤细的肩膀何以扛下如此这般的重任。

答案或许是她内心的家国情怀，或许是她的企业家精神，或许是她儿时“要做个好人”的心灵底蕴。然而有一点确定无疑，就是安钟岩始终没有停下自己的脚步，始终走在奋进的路上。

安钟岩创业历程

- 1978 年 9 月至 1992 年 6 月 在北京华联集团，担任门店经理
- 1993 年 6 月 创办北京丰顺机动车驾驶员培训中心，任校长
- 1994 年 6 月至今 在北京丰顺工贸集团，任董事长、总经理
- 1997 年 3 月 创办北京丰意德工贸有限公司，任总经理
- 2003 年 5 月 创办北京和玺建筑成套木作系统有限公司，任董事长
- 2014 年 梅赛德斯－奔驰驾驶学院携手丰顺驾校创办了全球第六家、亚洲第一家高端专业的驾驶培训基地。

为了响应北京市未来的产业结构布局，主动疏解招商引资，建设北京电影小镇

04/

退休创业 20 余载
打造百亿市值包装企业

记奥瑞金科技创始人关玉香

“奥瑞金”这个名字可能很多人会觉得陌生，但它却是承载着诸多知名品牌的产品载体，也是这些知名品牌发展壮大的常年合作伙伴。奥瑞金用它专注金属包装经营 20 多年的历史，谱写了一段用技术创新企业驱动发展的成功之路，而奥瑞金的创始人关玉香，更以她知天命之年开始创业的经历书写了中国女企业家的创业传奇。

胆识：退休以后踏上创业之路

人们常说，企业家要具备过人的胆识，有迎难而上的勇气和坚忍不拔的毅力，这在关玉香的创业故事中得到了充分的体现。关玉香在 1989 年从北京仪器仪表工业总公司退休。对于大多数人来说，50 岁是本该好好享受人生的年龄，但关玉香不这么想，她更希望在改革开放的时代里闯出一番天地。

1994 年，一次偶然的海南旅行，让关玉香看到了自己开始创业的机会。她注意到，当时海南地区的饮料行业发展很快，海南生产的咖啡、椰汁、芒果汁产品在国内市场很受欢迎，但海南却没有自己的金属包装生产企业，包装罐要从韩国、台湾等地进口。

改革开放为民营企业提供了充分的创业机遇。经过调研，关玉香很快借助当地的招商引资政策在海南文昌清澜开发区建起奥瑞金的第一家制罐工厂，以一条进口制罐生产线为基础，通过 16 个员工的努力，终于在 1995 年 3 月生产出奥瑞金第一个易拉罐。至今回想起来，关玉香仍然感谢海南文昌清澜开发区提供的 200 万元的融资，这是她决定开始创业之路的坚实基础。

魄力：粉末补涂开启成功大门

1995 年，泰国企业家许树标和张光利（祖籍海南文昌）在海南琼山建厂，开始在中国生产红牛饮料，并找到奥瑞金寻求合作。随着中国红牛公司的成立，红牛产品逐渐家喻户晓，红牛公司在扩大生产规模的同时，对包装罐的质量提出了更高标准，要求包装罐有粉末补涂，以达到高酸性饮料在保质期内不腐蚀包装的目的。

湖北奥瑞金包装有限公司、湖北奥瑞金饮料工业有限公司俯瞰

当时国内的金属包装公司并未批量使用这一项技术，在国外也仅有少数公司掌握。关玉香认识到，企业的生产技术必须与国际标准接轨，即使增加产品成本，也要在质量上达到红牛的高标准要求。

1997 年，中国红牛公司在北京怀柔建厂，关玉香决定跟随红牛北上，因为她始终坚信：追随核心客户是奥瑞金最好的发展选择。在客户的要求下，关玉香带领团队仅仅用了 6 个月时间就办完了创建公司的各种手续，并且完成了厂房改造、设备安装和调试等生产的全部准备工作，奥瑞金北京工厂 10 月份顺利开工。这次成功，为奥瑞金的后续发展提供了充足动力。

眼界：技术创新驱动企业发展

带领一个企业可持续成长，最需要的是企业家具备长远的眼光。关玉香始终相

2018 年 4 月，湖北奥瑞金饮料工业有限公司灌装生产线

信，创新是企业发展的动力。在别人看起来没有什么技术含量的金属罐，其实有它精彩的创新故事。

2002 年，关玉香发现奥瑞金多年来以饮料包装为主，单一的产品品类与客户结构限制了企业发展空间。当时国产番茄酱正处于高速发展的初期，70 克小包装番茄罐的减薄成为市场与技术的迫切需求。在关玉香的主持推动下，奥瑞金成立了研发机构，攻克了 DR 材在番茄酱小包装上的应用技术问题，采用 0.15mmDR 材替换 0.20mm 的原有材料。这不仅让奥瑞金在番茄酱业务上取得了成功，占领了当时 70 克小包装番茄酱出口绝大部分的市场份额，更拓展了公司的产品种类，助推公司正式进入食品包装领域。

DR 材的应用技术，一方面节约了 25% 的原材料，进而使奥瑞金的产品成本大幅降低，获得了市场的主动权；另一方面大量提高了钢铁利用效率，推动了国产制罐技术向国际化迈进。随着 DR 材应用技术的深入研发，奥瑞金现在已经实现 0.12mmDR 材在食品罐上的应用，技术水平处于国际领先位置。

2017 年 10 月 24 日，在全球制罐企业峰会上，关玉香获得“制罐者名人堂特殊贡献奖”

责任：自主研发实现安全环保

让每一个消费者能够吃上安全的食品，是每一个食品包装企业的责任，也是关玉香不断努力的目标之一。她知道，技术创新的目的不单是为了扩展企业市场规模，更是为了让产品质量得到提高，从而让客户和消费者更放心，让生产环境更加环保。

2007 年，对产品质量和环保有着严格要求的关玉香，在访问国内外各界专家后，了解到有一项覆膜铁技术已经应用到食品饮料包装领域，不但制罐过程环保，还使产品质量大幅提升。

在关玉香的推动下，奥瑞金先后在北京和上海成立技术研发中心，专门从事覆膜铁及其应用技术的研发。经过整整 5 年的研发实践，累计投资上亿元，研发团队终于实现了研发目标，公司在浙江上虞建成了国内第一家覆膜铁生产基地，形成了初期 5 万吨 / 年的覆膜铁产能，并在食品领域成功推广了覆膜铁包装。

关玉香用她的实际行动证明了国内在新材料及其应用技术研发领域不逊于国外，获得了业界的普遍认可。覆膜铁产品连续多年获得 Asia CanTech 和 Canmaker 等国际组织的大奖，奥瑞金陆续被评为高新技术企业（2009）、北京市企业技术中心（2011）、北京市高新技术成果转化示范企业（2015）、北京市设计

2014 年 4 月 11 日，广东奥瑞金包装有限公司在广东省肇庆市举行开业庆典，关玉香步入庆典会场

创新中心（2018）。由于拥有上百件专利，并且专利技术应用成效显著，公司在2011 年获得了“北京市专利示范单位”称号。

传承：企业文化推动可持续发展

企业文化一直是关玉香关心的重点，因为它是企业能够在激烈的市场竞争下保持长久竞争力的关键。在关玉香的带领下，奥瑞金开拓创新、诚实和睦、全心全意为客户和消费者服务的企业文化充分融入并体现在一系列经营和管理方式之中。

关玉香认为，做生意的人，必须具备三个条件：第一，投资不能失误；第二，要合法经营，照章纳税；第三，不能拖欠员工工资。

对待客户，关玉香秉承守信原则，在产品质量和交货时间上从不失约，以一种

2012 年 10 月 11 日，奥瑞金包装股份有限公司正式在深交所中小板市场挂牌上市

排除万难也要满足客户需求的精神，持续获得客户认可。为了提高服务质量，她开始与多家客户采用“厂中厂”合作模式，大幅减少了产品运输成本、降低土地和厂房的投资、节省管理费用，进一步强化与客户在生产现场的交流和沟通，提高客户满意度，最终达到合作共赢。公司自 2005 年以来的高速发展，正是得益于这种商业模式的推广。

对员工，她从不拖欠工资，遇到节假日提前发放薪资。为解决员工生活需求，奥瑞金每家工厂都设有食堂和宿舍，一日 4 餐全天供应，让员工在没有后顾之忧的情况下全心全意地投入到工作中。这些措施使得员工安心在奥瑞金上班，以单位为家。目前，奥瑞金的员工中一大部分工龄超过 20 年。

对合作伙伴，关玉香信守承诺，从不拖欠货款。多年来，这种相互信任得到国内外供应商、合作机构的支持。奥瑞金与部分供应商的合作长达 20 年之久，这是企业长足发展的基础之一。

关玉香一直坚持合法经营和专注实业的理念，以社会责任为先，照章纳税，累计缴纳税收近70亿元，提供就业岗位4000多人。

2012年，奥瑞金作为第一家中国包装企业在本土成功上市。新的领导和管理团队围绕“成为综合包装解决方案提供商”的战略目标，先后进入铝制两片罐制造领域、二维码智能包装、差异化创新领域。2015年，奥瑞金在湖北咸宁建成了国内最大的制罐（铝制两片罐）、灌装一站式服务工厂。同期，公司在国内首创了金属包装可变二维码生产技术和数据服务平台，实现了产品从原料到消费的全过程追溯和互联网精准营销。这项技术让包装从此不再只是一个保护和装饰产品的工具，而成为一把能够打开互联网大门的钥匙。2017年，奥瑞金抓住消费市场由“量变”到“质变”的机遇，结合多年来积累的技术成果，成立新产品事业部，开始了包装“差异化”创新之路，面向不同客户，推出几十款包装新产品，并逐步走向市场。

“实现中国由包装大国向包装强

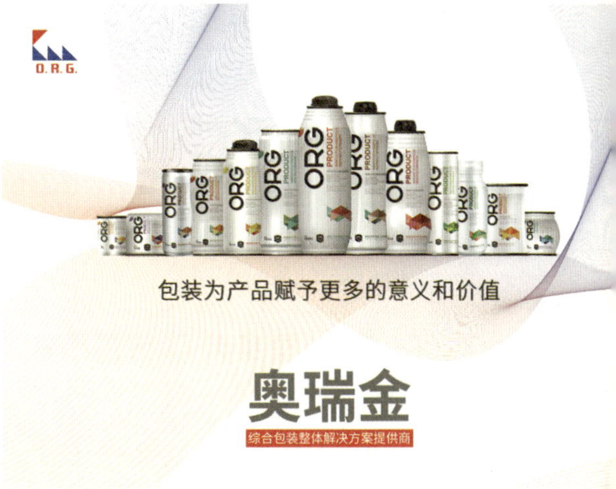

奥瑞金科技股份有限公司的创新差异化包装产品

2019年8月，关玉香在奥瑞金湖北包装生产基地观看二片罐生产线

国迈进”，这是关玉香的梦想。创业至今，经历了26年的风雨坎坷，奥瑞金已经成为拥有30多家生产基地、销售额90多亿元的现代化大型金属包装企业，在饮料、啤酒、奶粉、食品领域中，与红牛、加多宝、旺旺、露露、安利、飞鹤、伊利、君乐宝、青啤、百威、燕京、雪花、林家铺子等数百家客户进行长期合作。这让她感觉距离自己的梦想越来越近。

胸怀：积极投身公益慈善事业

作为中国改革开放后成长起来的企业家，关玉香深知企业的发展离不开国家的扶持。她始终把企业看成国家财产的一部分，认为企业家最基本的原则是要热爱自己的国家，要把国家整体利益放在第一位。因此，奥瑞金自成立以来就热心公益事业。自1997年以来，关玉香带领奥瑞金累计向希望工程、中国青少年艾滋病防治教育工程、北京市怀柔区新农村建设、四川地震灾区、南方雪灾、弱势群体捐赠现金累计超过700万元。

同时，在奥瑞金内部有一个惯例：斥资支持工厂所在地条件落后的学校，对当地学校的食堂、图书馆、厕所、体育场等进行升级改造。截至目前，奥瑞金已在全国7个工厂所在地的小学实施改造工程，为近十几个学校的贫困学生提供捐助，累计资助上百名学生。

2015年，当关玉香听说山西省大同天启镇敬老院急需改善敬老院条件时，她和女企业家协会的朋友们赶到天启镇敬老院，现场勘查养老院环境，决定出资为敬老院增设电梯、改善住宿条件。此后，关玉香一直惦念着在那里生活的老人们。2019年9月10日，80岁高龄的她来到天镇县敬老养老中心，探望老人，送去中秋节的慰问品。

2016年，当关玉香从北京同仁眼科医院了解到甘肃庆阳革命老区的老百姓被白内障困扰，许多家庭陷入“因病致贫，因病返贫”的情况时，她马上联系到北京同仁眼科医院的院长王宁利，希望能为庆阳的白内障贫困人群提供帮助。7月，关玉香安排奥瑞金副总裁高树军，配合同仁眼科医院医疗组在庆阳市环县进行了104

2019 年 9 月 10 日，关玉香赴山西大同天镇敬老养老院看望慰问老人

例白内障免费手术。在得知整个庆阳地区白内障疾病高发，但当地缺少手术所需要的医疗设备和医务工作者之后，2017 年 5 月，关玉香指导奥瑞金派出工作组，协助国家防盲办和同仁眼科医院一同实施了长期的“庆阳县级医院眼科团队培训计划”，为庆阳地区 5 个国家级贫困县培养眼科医疗团队。

看重企业的社会责任，这不仅是作为企业家的关玉香奋斗的感悟，更源于她作为女性所特有的无私大爱和对弱势群体的细心关怀。

关玉香先后获得海南省文昌市荣誉市民、中国当代包装行业优秀企业家（2001）、年度杰出创业女性（2004）、中国优秀女企业家（2005）、中国杰出包装企业家（2006）、全国三八红旗手（2006）、北京市怀柔区“五一劳动奖章”（2007）、第六届北京市“优秀企业家”（2007）、第二届北京市“优秀中国特色社会主义事业建设者”（2007）、第五届首都“巾帼十杰”（2008）、环渤海区域“杰出创业女性”（2008）、首都慈善优秀个人（2008）、香港“紫荆花杯”杰出企业家（2009）、北京市劳动模范（2010）、《制罐者》名人堂特殊贡献奖（2017）、中国包装联合会突出贡献奖（2019）等荣誉称号。

关玉香在研究 70 克番茄酱罐的减薄问题

关玉香曾任奥瑞金科技股份有限公司董事长、中国包装联合会副会长、北京市包装技术协会副会长、北京市女企业家协会副会长、北京市怀柔区女企业家协会会长、北京市怀柔区慈善协会副会长、北京市怀柔区人大代表。现任中国包装联合会参事会成员、中国女企业家协会特邀副会长、北京市怀柔区慈善协会副会长。

结 语

在关玉香的带领下，奥瑞金科技股份有限公司先后荣获中国 200 强先进包装企业、中国包装龙头企业、北京 30 强先进包装企业、北京用户满意企业、北京守信企业、北京技术先进企业。其产品马口铁三片饮料罐、食品罐，先后斩获中华包装精品、中国包装名牌产品等荣誉二十多项。

2017 年 10 月 24 日，英国《制罐者》杂志将该年度“名人堂特殊贡献奖”颁发给奥瑞金科技股份有限公司创始人关玉香，来自世界各地的包装企业代表以长时间热烈的掌声向她致敬。这是对她的创新成就的充分肯定。

关玉香相信，奥瑞金一定会通过技术创新，促进国内金属包装行业的产业升级，打造食品、饮料金属罐的世界品牌。

关玉香创业历程

- 1994 年底 在海南文昌破土兴建海南奥瑞金包装实业有限公司（原名：文昌奥瑞金制罐公司）
- 1995 年 3 月 奥瑞金生产出第一只饮料罐
- 1996 年 7 月 奥瑞金生产出第一只红牛罐
- 1996 年 奥瑞金提出“优秀的人才，优异的技术，优良的产品，优质的服务”企业目标，并作为 ISO9000 体系的质量方针
- 1997 年 4 月 奥瑞金第二次创业，兴建北京奥瑞金新美制罐有限公司，7 月正式投产
- 1998 年 ISO9000 质量体系全面启动，当年制罐产量突破 1.5 亿
- 1999 年第四季度 奥瑞金第三次创业，对北京奥瑞金新美制罐有限公司投资 7200 万元进行技术改造，当年制罐产量达 1.8 亿
- 2000 年 奥瑞金提出“包装名牌，名牌包装”质量目标口号，揭开奥瑞金品牌战略序幕
- 2001 年初 奥瑞金制订“实施品牌战略，推动网络计划，再创企业辉煌”三年规划
- 2001 年 11 月 奥瑞金成立奥瑞金制罐专家委员会，每年定期召开奥瑞金制罐发展战略研讨会
- 2002 年 奥瑞金提出“以进军食品加工业带动制罐市场的发展，以进军国际市场带动国内市场的发展”战略方针
- 2002 年 5 月 临沂奥瑞金印铁制罐有限公司注册成立，当年正式投产，并开始由生产饮料罐向生产食品罐进军
- 2003 年 5 月 奥瑞金建立“六大中心”（物资供应中心、市场营销中心、资金管理中心、质量检测中心、技术研发中心、计划生产调度中心），完成奥瑞金制罐集团管理体系的建立
- 2003 年 在西部和东部分别建立新疆奥瑞金制罐有限公司、扬州奥瑞金制罐有限公司；年底，奥瑞金产量突破 3 亿罐，达到 3.4 亿，创历史最高水平
- 2004 年 3 月 北京奥瑞金新美制罐有限公司和北京奥瑞金印刷科技股份有限公司双双通过 ISO14001 环境管理体系认证
- 2004 年 10 月 北京奥瑞金新美制罐有限公司被评为中国优秀民营科技企业，关玉香被评为中国优秀民营科技企业家
- 2005 年 11 月 12 日 湖北华彬食品工业园在湖北省咸宁市举行奠基典礼，湖北奥瑞金制罐有限公司正式兴建
- 2007 年 12 月 12 日 奥瑞金制罐北京新厂落成开业
- 2007 年 是奥瑞金制罐集团由单纯的工厂经营转化为集团经营运作模式的起始年，也是新工厂建成数量最多、扩张速度最快的一年
- 2008 年 9 月 19 日 奥瑞金与新疆中基实业股份有限公司签订战略合作协议
- 2009 年 6 月 19 日 北京奥瑞金新美制罐有限公司沙县分公司获批，注册成立
- 2011 年 4 月 奥瑞金技术研发中心通过北京市企业技术中心认定

05/

森源万里，泽施天下

施燕和森泽集团

江苏森泽集团办公大楼外景

她个头不高，说话带着浓郁的江淮官话口音，具有令人一见如故的亲和力，待人接物慷慨大方，常怀感恩之心。她性格豪爽，像北方汉子，待人热情。她工作认真，一就是一,二就是二。她说自己有“三乐”：性情乐观豁达；工作乐观进取；品格乐善好施。

她是施燕，江苏森泽集团董事长，2012 年以来，被评为江苏省三八红旗手、“最美巾帼人物”“女创业能手”等，当选盐城市人大代表、江苏省人大代表，2015 年担任中国有色金属协会硅业分会副会长，2018 年当选中国女企业家协会副会长，2020 年被评为盐城市三八红旗手、成为新华公益善举推广人。

2016 年，江苏阜宁“6 · 23”特大龙卷风灾发生后，施燕赴受灾一线捐赠物资

她所创办的江苏森泽集团先后获得“国家高新技术企业”“江

苏省民营科技企业”“江苏省名牌产品”“江苏省著名商标”“全国重点环保产品定点生产企业”“中国环保工程 50 强重点推荐企业”“2010 品牌中国环保制造行业十强品牌金谱奖”等荣誉称号。

立志环保，超前积累

施燕大学本科就读于西安交通大学电气工程专业。求学期间，她注意到：环境污染日趋严峻；环保问题成为世界各国共同面临的难题，困扰着社会经济的发展；国家不断出台推广生态保护和发展低碳经济的有关政策。于是她暗下决心，立志从事环保科技事业。

因为所学专业与环保并不相关，她常去旁听一些课程以提高相关知识储备。她还翻阅了许多中外环保理论书籍，为将来投身环保事业打下坚实的基础。

当时，国内环保行业处于起步阶段，属于冷门行业。但冷门并不意味没有前途和希望。随着全球经济的快速发展，破解环保问题刻不容缓，必须与发展相匹配。她判断：环保产业绝对是朝阳产业。

大学毕业后，1992 年 9 月到 1995 年 11 月，她在江苏正大森源集团从事工业工程烟气净化系统产品的研究和开发工作。从基层干起，她慢慢积累经验，向有经验的前辈虚心请教，逐渐摸清环保行业的运营模式，从此开始追逐一个环保梦想——森源万里，泽施天下。

投身创业，燃情奋进

施燕出生在江苏省盐城市阜宁县，在内蒙古自治区包头市读书、成长。对生她的阜宁、养她的包头，她都有很深的感情。

包头良好的自然生态环境，民众融洽和谐相处的氛围，纯朴、爽快、待人热情、真诚、爱岗敬业的民风，深深吸引她。她决定在这里创建公司。1996 年初，她在包头成立内蒙古森泽环保工程科技有限责任公司。

带客户到项目一线参观

当时，环保产品销路通畅，可她总是想让企业做到更好。夙兴夜寐、激情工作是她的常态。她经常上午在海南约见客户，晚上到内蒙古洽谈业务，各地奔波，每天工作 18 个小时以上，大部分休息时间是在汽车里、飞机上度过的。

有一次，她一边打吊针，一边与集团高层管理人员开会，会议结束，吊针打完，她立即赶乘飞机，去外地洽谈业务。在同事眼里，她要么在工作，要么在去工作的路上。

还有一次，她到马来西亚考察客户。天气十分炎热，白天平均气温在 36 度以上，一行人走在灌木丛生的山路上，藤蔓和带刺的树枝划破了她们的胳臂、小腿。途中经过一条布满石块、蚂蟥活跃的小溪，她二话没说，脱下鞋子，拎起裙子，带头涉水而过。

不辞辛劳的工作加上较高的市场驾驭能力和经营管理水平，公司在她带领下稳健发展，每年产品销售额都在 1 亿元以上，上缴利税近 1000 万元，很快成为包头市著名环保企业。

江苏森泽集团厂区

实干创新，筑就实力

“阜宁，阜宁，物阜民宁”，这句顺口溜生动说明阜宁的地域特色。家乡的水土、风物和文化传承滋养了施燕，赋予她博大的胸襟。阜宁地方政府在税收、土地方面提供较好的优惠政策，加上招商人员真诚招引，都促使她决定回到阜宁，进行第二次创业。

在内蒙古包头发展 12 年以后，2008 年下半年，施燕毅然回到家乡阜宁，注册并投资创建江苏森泽环保工程科技有限公司，并迅速发展成为阜宁最大的环保工程企业。

施燕选择立足阜宁，除有回报和感恩故乡的意愿外，还考虑到阜宁是全国著名的环保滤袋产业基地，素有“阜宁滤料甲天下”的美誉。这为森泽公司的发展提供了得天独厚的地利条件，并带来更大机遇。实践证明，这一投资决策明智而正确，公司得以跨越式发展。在创业路上，阜宁是助推她事业迅猛开拓的福地。

以江苏森泽环保科技工程有限公司作为母公司，江苏森泽集团于 2010 年 11 月 18 日成立，下辖江苏森泽环保工程科技有限公司、江苏中能环保工程科技有限公司、盐城森泽玻璃纤维滤料有限公司、江苏森泽电气制造有限公司、江苏森泽风电设备制造有限公司、北京技术中心等六个直属企业。业务涉及多种大气治理工程，研发、提供多种粉尘、烟气净化成套设备和金属结构件及非标设备的设计、制造、安装、服务。

施燕常说，实干是实干家的通行证，空谈是空谈者的墓志铭。只有行动才能开辟未来的路，实干才是立身之基、建功之道。她把大量心血和投资用在技术创新上，以求真的态度下踏实的功夫，引进新技术，采用科学流程，消化吸收和自主创新多项国内领先的工业烟气治理技术，并坚持工作在研发第一线。她主持研发的相嵌式双级旋风除尘器、新型静电除尘器、多吸口粉尘快速处理装置等获得 9 项国家专利，开发适销对路的滤料滤袋产品 30 多个。她带领团队努力在创新、创优上提升集团市场竞争力和企业活力，并不断取得丰硕成果。

目前，集团已通过 ISO14001 国际环境管理认证以及 GB/T28001 职业健康安全体系认证，拥有环保工程国家二级专业承包施工资质，为国家高新技术企业，先后获得“全国重点环保产品定点生产企业”“中国环保工程 50 强重点推荐企业”“2010 品牌中国环保制造行业十强品牌金谱奖”“江苏省民营科技企业”“AA 级守信用重合同企业”等荣誉称号。集团主产品“森泽牌”矿热炉烟气净化系统及加密装置连续多年荣获“江苏省名牌产品”和“江苏省著名商标”称号。

森泽集团管理的核心理念是“以人为本，规范经营”。为了将所有员工的目光聚焦在集团利益上，消除小团体现象，使员工配合更加合理高效，施燕改良了集团管理模式：董事会是集团最高领导决策层，下面是集团高层、子公司领导，集团中层、子公司中层，集团员工。集团董事会对集团高层、子公司领导实行直线式管理模式，并下达集团决策。集团高层、子公司领导执行决策，若遇到问题、困难，直接向董事会反映，如需协同则由董事会协调解决。各子公司、各部门之间实行矩阵式管理模式，建立起横向联系、纵向沟通、平衡利益的管理体系，形成一个集团整

到国外实地调研，寻求合作

体和统一合作的团队。集团高管团队都从一线员工中选拔，要经过各种考验，凭借实绩提升。这是一个团结奋进的团队，也是一个与集团、员工同呼吸共命运的团队。

在她的带领下，森泽集团稳定有序发展，现在是江苏省唯一生产 33000KVA 以上大功率矿热炉烟气净化除尘设备和配套生产加密装置的企业，是中国有色金属协会硅业分会副会长单位，是中国铁合金协会、中国电石工业协会会员单位，为中石化、中国大唐集团、鄂尔多斯化工集团等大型企业集团战略合作供应商单位，在全国同行业中竞争实力强劲。

森泽集团的目标是在不远的将来，由国内大气治理领域的领先企业成为全球大气治理领域的领军企业。“森源万里，泽施天下”是集团的核心文化，“科技为本，质量至上，诚信敬业，追求卓越”是森泽发展的永恒主题。施燕秉持“为用户创造价值，为社会创造效益，为企业创造未来”的经营理念，坚持“质量第一，用户至上，持续改进，日益创新”的质量方针和“从每件小事做起，努力让用户感动”的服务宗旨，以净化环境为己任，以回报社会为根本，使集团处于良性运行态势。

放眼全球，走出国门

有声音在呼唤，要“走出去”，走向更为广阔的天地。随着经济社会的发展，全球大环境的变化，施燕认识到，企业国际化步伐必须加快。把集团发展融入全球市场体系，这是顺应时代发展潮流的必然选择。而要想成功打开国外市场，则要不断开拓新品，提高产品功效，让产品得到更多客户认可。

“走出国门”是施燕制定的重要发展战略。从 2011 年开始，她先后到过欧美、东南亚和非洲等国家，通过结识国外企业家，在交流中相互借鉴、互取所长，建立起友好关系，为集团产品走出去打下基础，并以开放性的思维，力求开拓更广阔的合作领域。

那时，集团海外市场“小荷初露”，具有广阔的空间和市场。施燕坚持世界眼光、国际标准，发挥本土优势，致力于在开放的国际经济大舞台中不断融入、超越、发展、共赢，增强参与全球对话的能力。

她认识到，要使公司在国际上有竞争力，必须在产品上创优争先，在产品个性化、差异化上下功夫，不仅要追求好，还要追求不同，应努力实现生产经营的专一性，实施以精品为基础的品牌发展战略，做到“人无我有，人有我新，人新我特”，新品迭出，始终坚持开发新品引领市场。

集团依托国内众多科研院所的大力支持，在密闭矿热炉煤气治理方面不断完善技术和工艺，在吸收德国鲁奇、RAGGAL 和奥地利 AEE 的半干法烟气脱硫技术的基础上，形成带有专利技术的有自主知识产权的半干法脱硫技术。集团工程部安装、施工经验丰富，特别是在大功率矿热炉烟气净化处理方面，形成独具特色的技术。

在对外交流中，集团出访人员对照国际标准生产产品，带着产品参加各国环保产品展销会，认真学习取经，积极推介中国环保产品，寻求商机，拓展国际市场，

参加中国－芬兰企业论坛

给马来西亚 OM 公司负责人讲解产品生产情况

扩大出口规模。

近年来，集团先后在国内冶金、化工、电力、建材等诸多行业承揽大型大气治理和配套改造工程 120 多项，承揽了贵州阳光万峰 2×30MVA、新疆东方希望 4×33000KVA、内蒙古创源 4×33000KVA、马来西亚 OM 公司 16×25500KVA 工业硅等大型环境治理工程 110 多项，产品涵盖全国 20 多个省市区，还远销韩国、泰国、马来西亚等东南亚国家，享有较高声誉。

多重角色，统筹兼顾

施燕常常满怀激情地忘我工作，以至于无暇顾及家庭。有天晚上，她出差返回家里，正在上小学的儿子跑到她面前，眼泪汪汪地拉着她的手说：“妈妈，我想你，想得我都不想进这个家门了，反正到家也总是见不着你！”当时，她深深感

国外客户到公司展览馆参观

到心痛自责。确实，她已有 22 天没回家。从那以后，她注意兼顾事业与家庭，不再忽视自己的家庭角色，而这种角色在某种程度上深化了她对于女企业家身份的思考。

施燕一直认为，企业家是企业的核心。实现企业文化，企业家要发挥核心作用。企业家精神最关键的是坚持、创新和责任。

她非常敬佩华为总裁任正非，从其创业历程总结出以下启示：一是人要有一种创业干事的情怀，一种执着追求的精神，认准目标就坚持奋斗；二是要敢于抓住发展机遇，敢于面对各种困难与挑战，在机遇中发展自己，在困难中强大自己；三是要注重引进人才，从一线选拔人才、培养人才，人才是事业兴旺发达之本；四是要时刻居安思危，要不断创新，不断推出新品、精品，勇立潮头。她把这些总结转化为人生实践和企业管理内核。

作为女企业家，无法避开性别角色和身份定位。施燕认为，女性创业具有三大突出优势：女性心比较细、精打细算，有利于管理企业；女性善于沟通，便于在业务交往中交流、合作；女性对企业一般是柔性管理，以柔克刚，容易统领团队。当然，女性创业也有软肋，比如女同志生理和心理上不如男同志刚强，又要兼顾家庭，因此女同志干事业要比男同志多一份坚持、多一份辛苦。

为促进女性创业更好融入全国乃至全球创业创新统一大市场体系，她结合自身创业经验，提出三点建议。首先，做好企业人才的培养。企业的“企”字，上面一个人，下面一个止，“有人为企、无人则止”，人才是企业发展非常重要的战略性资源，要培养人才，更要留住人。第二，搞好校企合作，将高校的科研成果转换为企业的生产力，产校研深度融合，同时也为企业提供人才、智力和技术支撑。第三，通过协会创业联盟走出去，相互借鉴，互取所长，以开放性的思维，开拓更广阔的合作领域，增强参与全球对话、竞争的能力。

她不忘用自己的行动，在各种场合展现作为女企业家的优势，并为培养更多优秀女企业家不吝分享经验，提供指导，奉献心力。

施燕积极参与各项社会公益活动。2020 年新冠肺炎疫情暴发后，她积极响应政府号召，在各地防疫物资紧缺的情况下，克服各种困难，多方筹措物资。2 月 14 日自行组织车辆运送 5 吨酒精、200 套防护服、2 万只医用口罩等防疫物资支援武汉；随后又捐赠了 49000 只医用口罩，为打赢疫情防控阻击战贡献自己的绵薄之力。

下一目标，瞄准上市

施燕认为，不论是从 GDP 占比还是地方财政支出占比角度来看，当前我国环保产业在国民经济中的占比仍处于较低水平。环保产业还有较大发展潜力与空间，但也面临更大挑战。从环保产业的分类上看，经过多年发展，目前粉尘、烟气治理较为成熟，产能释放比较大。这对生产粉尘、烟气净化成套设备的公司提出了严峻的挑战。面对市场的优胜劣汰，实力雄厚的品牌集团将在新一轮洗牌中继续强势，森泽集团不可避免会遇到强劲的对手。

2018 年 7 月，国务院印发《打赢蓝天保卫战三年行动计划》，对未来三年国家大气污染防治工作进行部署。对森泽集团而言，这是一个机遇，但同时面临行业新出现情况的挑战，比如各类环保企业如雨后春笋般涌现，原来做炉子的、搞化工设备的厂家也纷纷来挤占这块市场，这就难免泥沙俱下、鱼龙混杂。此外，有的企业不顾质量，价格砸破成本线，搞恶性竞争。

近几年来，由于市场的变化，竞争越来越激烈，十年前只有两三家同行企业，现在已发展到几十家，价格竞争已达到白热化的程度，利润空间愈来愈小，残酷的市场环境考验着每一个公司。

面对这些挑战，施燕坚持以质取胜，坚决不打价格战，坚持以合作代替竞争，实现合作共赢。她和集团高层冷静分析行业形势，顺应市场变化的大趋势，及时调整营销思路和方略，准确把握行业发展动态，主动出击，通过各种渠道，捕捉项目信息，外拓市场，内抓质量，在产品设计开发和优化产品结构上创新，在投标和商务洽谈过程中，精心谋划策略，反复完善投标方案，提高设备在投标中价格的竞争力，努力为顾客提供高性价比的精品。

经过多年发展，森泽集团已形成一定规模，有自己的优势产品。目前虽然集团还没有上市进入资本市场，但施燕正积极强化集团管理，规范生产经营，规范集团财务，从各方面做好上市的前期工作，争取在不远的未来能够实现这一目标。借助“资本 +”力量，壮大集团发展规模，提升环保产品的研发能力，加快其他业务发展步伐，实现多元发展战略，实施员工股权激励机制，让投资者分享集团发展的红利。

结语

被中国女企业家协会评为“杰出创业女性”

专注“森源万里，泽施天下”目标，经过 20 多年摸打滚爬，施燕带着激情和责任，用实干、拼劲、专注、创新、智慧，将事业版图从内蒙古包头逐渐扩展至江苏阜宁乃至全国 20 多个省市区，并走向海外。她率领森泽集团在环保领域砥砺前行，书写出无愧于时代、无愧于自己和乡土的创业史、奋斗史，让人生流光溢彩，让生命蕴藉华美。

施燕深知，森泽集团前行的道路既平坦又坎坷。未来，她仍将与森泽集团的员工们一起，昂扬进取，奋发有为，为让森泽集团跻身于世界一流企业之林，在大气治理、环境净化、生态保护等方面做出新的更大的贡献。

施燕创业历程

- 1996 年 1 月 创立包头市森泽环保科技有限责任公司
- 2008 年 6 月 创立江苏森泽环保工程科技有限公司
- 2010 年 11 月 创立江苏森泽集团
- 2014 年 获得“最美巾帼人物”“女创业能手”称号
- 2015 年 获得“践行新时期阜宁精神先进典型 · 最美巾帼人物”荣誉称号
- 2015 年 获得首届“苏商金茉莉双创之星”荣誉称号

出席女企业家国际高峰论坛

06/

敢为天下先，爱拼才会赢

万绿城集团董事长包爱明

长着一张娃娃脸，温柔的眉眼极富亲和力，细腻的声音里透着企业家的干练与自信，工作作风雷厉风行。经过十几年的奋斗，她将万绿城集团打造成西部民营企业中的翘楚，引领企业在“双创”领域脱颖而出，同时不忘服务地方社会。她是谁？她就是万绿城集团董事长包爱明。

包爱明身兼数个社会职务，荣获了多项荣誉。她是贵州省第十二届人大代表、第十三届人大代表，中国妇女第十一次全国代表大会代表、第十二次全国代表大会代表，中国女企业家协会副会长，贵州省女企业家协会第四届理事会会长、第五届理事会会长。先后被授予“全国三八红旗手”“全国巾帼建功标兵”“全国妇女创先争优先进个人”“全国杰出创业女性”“贵州改革开放 40 周年贵商功勋人物”“贵州省三八红旗手”“贵州省最美女企业家”以及“贵州省第五届创业之星”等荣誉称号。这种种荣誉、高光时刻是她在筑梦之路上辛勤耕耘的见证。

不图安逸爱折腾

包爱明出生于福建省尤溪县联合镇。尤溪是千年古县，朱熹故里，被誉为“闽中明珠”。朱熹的儒学经义福泽千年，对包爱明的人格形成和品质塑造方面有着重要的影响。包爱明家门前有一片绮丽壮美的联合梯田，被联合国粮农组织认定为“全球重要农业文化遗产”。尤溪勤劳刚强的民风为她朴实的性格平添了一股不折不挠的韧劲儿和脚踏实地的干劲儿。

包爱明家中共有六个兄妹，上有爷爷奶奶，父母都是农村教师，微薄的工资根本不够养活一家十口人，还需要在土里刨食才能勉强填饱肚子。包爱明小时候就由父母带着到田中玩耍，长大后就帮助父母分担农活。无论是翻地、锄草还是浇水、施肥，个子娇小的包爱明都是一把好手。结束一天的劳作回到家中，包爱明还会主动做家务，奶奶和母亲按照祖传的“南山婆膳食”教导兄妹六人煮饭做菜，一家人都来比拼厨艺，虽然不过是农家的粗茶淡饭，但异常可口。

小时候，父亲常常给包爱明他们讲述朱熹“重义轻利”的故事。在村里，包家是出了名的热心肠，一向秉承“与人为善”“仁孝为先”的家风家教。在这样的家

包爱明在贵州省女企业家协会第五次会员代表大会上当选贵州省女企业家协会第五届理事会会长

风熏陶下，包爱明知道了什么叫作“积善之家，必有余庆；和睦之家，必成大业”。

1992 年 7 月，21 岁的包爱明毕业于福建交通学校。作为优秀毕业生的她，按照当时的政策可以分配到省直单位。包爱明想到家中的父母和兄妹，想为家乡父老做一些力所能及的事情，最终放弃了在省城工作的宝贵机会，自愿选择回到尤溪县交通局上班，2003 年通过公务员考试到国税局工作，成为六兄妹里唯一吃公家饭的干部。

从 1995 年开始，在“爱拼敢赢”的闽商精神激励下，包爱明的几位兄妹在尤溪县城开办了小微企业，开启了从事养殖业和餐饮服务业的生涯。包爱明在工作之余，常常为兄妹们出出主意、想想办法。凭着诚实守信和用心执着，兄妹们的生意经营得红红火火。包爱明的日子过得舒适。然而，“安适的山寨很容易埋葬憧憬，丰沛的泉眼很容易滞留人生。”她意识到，真正有价值的人生应该激流勇进、披荆斩棘，而不是在安逸平淡的日子里磨平应有的激情。

2008年，包爱明毅然辞去公务员的职位，放弃优越的工作待遇，决定下海自主创业。父母的担忧、亲友的劝阻都没能动摇她的决定。这个看似娇柔的女子，却有着坚决果断的魄力和“爱拼敢赢”的勇气。

正式下海后不久，包爱明有一位朋友到贵州省安顺市关岭县投资，项目资金有一部分是通过包爱明借的。不幸的是，到2009年，项目出现困难，朋友的钱可能暂时还不上。当时包爱明刚刚在厦门正式成立了万绿城集团，正处于急需资金投入的关键时期。

听到消息，包爱明虽然非常惊讶，但是也没有过多责怪朋友，毕竟投资就会有风险。不图安逸爱折腾的她决定到关岭仔细了解项目的建设情况，最终发现项目失败的根本原因在于经营管理上出现问题。只要能把管理理顺，把经营搞好，这个项目还可以挽回部分损失。

考察过程中，包爱明发现贵州虽然当时经济比较落后，但是资源丰富，在西南地区区位优势比较明显，加之国家西部大开发战略的深入实施和相关政策的扶持，她判断贵州将会迎来发展的黄金时期，具有很大的发展潜力。于是，包爱明决定把重心转到贵州，带领团队到贵州投资创业。

创业之路注定不会一帆风顺，如果追求安逸而畏首畏尾，只能停滞不前。包爱明面临的第一个问题就是要说服家里人。包爱明组织召开了“家庭会议”，向父母、兄妹们说出了自己的想法，当即遭到全家的反对。在酒店掌勺多年的哥哥认为，一家人在福建经营的企业得到了消费者和市场的认可，已经很顺利了，没有必要放弃已有的客户资源，去承担不可预计的风险。几位姐妹都赞成哥哥的意见。正当包爱明努力想要说服他们的时候，她先生站出来明确表示支持她去贵州实现梦想，最终她父母也同意支持她。就这样，包爱明带着全家辛苦创业积攒的资金，从福建来到贵州，准备开辟新的事业。

爱折腾并不是“瞎折腾”。包爱明对贵州进行详细调研，做好项目筹备和落地工作。2011年5月，贵州省委、省政府在香港举办“贵州·香港投资贸易活动周”。包爱明带领团队在这次活动上通过招商引资正式落户贵州安顺。

棚户区变成综合体

到安顺后没过多久，万绿城集团高价拍得西秀区黄果树大街与市府路交汇处一块 4.3 万多平方米的土地。包爱明对于在新环境投资建设新项目可能面临的困难做好了心理准备，但一些未预料到的棘手难题还是让她和团队承受了巨大的挑战和压力。

包爱明首先遇到的是项目方向的问题：如何在选择企业的经济效益和社会效益两者之间做决策？选择做商业和住宅纯房地产项目的话，资金回笼快，可以尽快实现项目预期收益目标，但如果从安顺旅游城市基础配套设施短缺的需要和安顺市民城市生活配套需要的项目来考虑，更需要她带领团队建设五星级酒店和大型购物广场等一体的城市综合体。后者属于长线投资，投资资金大，回收期很长。

在集团高层管理者会上，多位负责人不建议做综合体项目。包爱明的内心非常纠结，她想起了小时候父亲讲过的朱熹倡导“义利相济”“重义轻利”的故事。包爱明做团队的思想工作：到贵州的初心是什么 ？就是在发展企业的同时要助推地方经济社会发展。如果只是想单纯“赚快钱”，那么在福建有更多的机会。到贵州是带着一份责任心来的，就是要为地方做一点力所能及的贡献。最终她说服了大家，拍板决定做综合体，项目正式开始实施。

随着项目实施，拆迁困难阻滞项目建设进度日益成为严重的问题。整个项目计划被打乱，无法按照预期目标推进，政府部门对一些钉子户反复做工作，无数次上门谈判，但拆迁进度还是不及预期，最后还是延期了两年多才完成拆迁，导致投资成本增加，资金无法回笼，压力增大。包爱明和团队一起咬紧牙关、顶压前行，撸起袖子不分白天黑夜地干。经过艰苦的努力，把偏僻的棚户区变成了繁华的城市综合体。

万绿城集团引进了大润发超市、肯德基和上影集团，并形成战略联盟，由此提高了群众的生活质量，满足了群众追求美好生活的愿望。

万绿城综合体项目获得了极大的成功，被评为贵州省“5 个 100 工程”中先行带动示范项目，连续两年被列为全省项目观摩点。

项目既得到市民的认可，又得到政府的点赞。这让包爱明感到之前的辛苦付出都是值得的，更加坚定了她留在贵州发展的信心。

黔中崛起万绿城

经过十余年的磨砺和淬炼，万绿城集团在黔中崛起，成为投身西部创业成功的民营企业的缩影。现在集团总资产超过 30 亿元，年缴税收在 3000 万元以上，最高时曾突破 1 亿元。集团共有 20 余家子公司，旗下的品牌项目有万绿城柏兰廷酒店、万绿城铂瑞兹酒店、万绿城城市综合体等。多年来，万绿城开发的项目共带动相关产业提供就业岗位近 6000 个，取得了良好的经济效益和社会效益。

万绿城集团能取得较好成绩，离不开以包爱明为首的公司管理层的运作和努力。她能够抓住重要机遇，响应西部大开发号召，抓住贵州后发赶超的机会，为集团企业的发展创造了宝贵的“时间窗口”。此外，市场风险、资金困难等种种阻力都没能动摇她创业的决心，开拓的思维让她在波谲云诡的市场变幻中运筹帷幄，一往无前。

万绿城集团在持续经营好已有项目的基础上，把助力脱贫攻坚结合“转型升级、跨越发展”作为战略目标。2018 年开启了产业扶贫新模式，把生态特色食品产业作为最重要的突破口，统筹抓好生态农业、餐饮新零售、电子商务、营销策划等各项业务，实现了目标明确、稳步发展，逐渐成长为区域内具备较强竞争力和影响力的大型综合企业。

助力脱贫献爱心

贵州是全国脱贫攻坚的主战场。积极参与脱贫攻坚，带领老百姓摆脱贫困，过上好日子，是包爱明作为一名企业家责无旁贷的重大责任。

2018 年年初，包爱明主动申请到西秀区鸡场乡当产业扶贫“村干部”。鸡场乡是位于黔中地区的少数民族乡。下辖的鸡场社区、联兴村、新合村三个贫困村均是以布依族、苗族人口为主的传统农业村落。

走马上任后，包爱明带领万绿城集团组建专业帮扶团队，第一时间到三个贫困村访贫问苦。在走访过程中，她和帮扶团队发现三个贫困村群众都有特色种植或养殖的传统，一些绿色生态农产品很受市场欢迎，但是在产业发展方面存在两个突出问题：一是产业规模不大，销售渠道不畅，导致特色农产品发展受限；二是由于当地缺乏就业岗位，劳动力大量流失在外，剩下的贫困户内生动力不足，脱贫存在较大困难。

为破解这两大难题，包爱明和团队响应贵州省委、省政府提出的农村产业革命“八要素”，采取订单农业模式带领贫困群众大力发展生态种养，引导在外农民工返乡务工，贫困群众生产的农产品直接由集团旗下南山婆食品公司收购作为特色食品的原材料。为此，她先后投入产业扶贫资金 3458 万元，直接帮扶贫困群众 367 户、1214 人，带动当

包爱明在南山婆高标准种植示范基地查看辣椒长势

包爱明到关岭自治县上坡贡村看望受资助的博士生

地农民人均可支配收入从 2017 年的 8210 元提高到 2019 年的 11233 元，绝对值和增速均高于全省平均水平。到 2019 年年底，三个村贫困发生率均下降到 0%。

为帮助解决群众生活困难、抗击水灾和巩固脱贫成效，包爱明带领团队先后四次到鸡场乡三个贫困村以及石井村、鑫堡村开展扶贫慰问，共发放慰问资金 45.15 万元，惠及贫困群众 2089 人。因助力脱贫攻坚取得显著成绩，万绿城集团荣获全国“万企帮万村”精准扶贫行动先进民营企业，万绿城党支部先后被西秀区委、安顺市委、贵州省委授予脱贫攻坚先进党组织称号。

万绿城集团将产业扶贫的成功举措总结为产业扶贫“三动模式”，即产业驱动、产销联动、持续带动，把发展生态特色食品产业带动群众实施生态种养作为助力脱贫的发动机，把订单收购农产品实现生产销售无缝衔接作为助力脱贫的催化剂，把持续大规模带动更多群众作为助力脱贫的加速器。通过产业扶贫，既把生态农

在餐厅与留守儿童共进爱心餐

产品变成贫困群众手中持续增收的“提款机”，又将贫困群众种养的农特产品作为集团旗下南山婆食品的优质原材料，进而为全国消费者提供安全、放心、美味的食品，把贫困户、企业、消费者的需求连接互动起来，从而达到“双赢”甚至“多赢”。

实践证明，生态食品产业带动脱贫的效果非常好。以万绿城集团在旧州镇的示范基地为例，群众参与种植通过四种方式获得收益：一是流转土地每年获得收益，平均一亩地800元每年；二是参与务工，按计时工资，每小时10元，平均每天80-100元；三是万绿城农业公司盈利后，拿出纯收入的10%，直接分红给贫困户，具体分配方案由政府、合作社定；四是贫困户种植达标的辣椒，按每斤2元保底收购，每亩收入6000元。仅种植辣椒一项，按照一户农户种植5亩辣椒计算，

到万绿城生态养殖基地走访养殖户

就可帮助农户获得收入 3 万元以上。除去人工、农资等，农户每亩的成本只需要 800 元，5 亩地净赚 26000 元，收益非常可观。

2020 年，万绿城集团把助力巩固脱贫成效和助推决战脱贫作为两大任务，将产业扶贫“三动模式”进行复制推广，结合集团自身发展生态特色食品产业的需要，在帮助已脱贫县区巩固成效、防止返贫的同时，重点帮扶列入国家挂牌督战的、安顺市唯一未脱贫深度贫困县紫云自治县，建立辣椒高标准示范基地 1 万多亩，助推按时高质量打赢脱贫攻坚战。

为进一步帮助群众拓宽增收渠道，万绿城集团通过订单收购方式，在普定县收购肉兔，在关岭县收购关岭牛，在西秀区、平坝区、镇宁县、紫云县等地收购林下鸡、宗地花猪、火鸭，以及小黄姜、红皮蒜、板贵花椒等农特产品。2020 年，农产品原材料收购总金额将达 2 亿元以上。随着南山婆食品生产规模不断扩大，万绿城集团对各地农业特色产业和群众的带动效益持续增长。

2020 年年初，新冠肺炎疫情暴发后，包爱明带领万绿城集团在严格做好自身疫情防控工作、努力克服疫情对企业生产经营带来重大影响的同时，主动作为，积极协调各方资源，第一时间为疫情灾区捐款捐物，奉献爱心，连续捐赠五批善款和物资，向抗击疫情前线捐赠现金和紧缺医疗防控应急物资、南山婆食品等，总价值 430 万元，千方百计支援疫区前线疫情防控工作。

包爱明还充分发挥作为贵州省女企业家协会会长的带动作用，向全省女企业家发起爱心募捐，广大女企业家会员迅速响应，踊跃捐赠善款和物资，共计捐赠善款和物资总价值达到 894.2616 万元，为打赢疫情防控阻击战做出了积极贡献。

除了以社会团体和企业集团的名义助力脱贫，包爱明还以个人的名义资助了 350 名留守儿童、高中生和大学生。她曾到紫云县猴场小学，为留守儿童送去慰问物品；她为自己资助的女大学生提供就业岗位；她还走上高校讲台，毫无保留地分享创业经验。

赠人玫瑰，手有余香。包爱明的善举为社会留下一路芳香，也为助力脱贫、全面实现小康贡献出力量。

立足乡村促转型

近年来，国内创业大环境迎来黄金时期。包爱明认为，这主要体现在两方面：一是竞争倒逼，创新压力持续加大，传统产业面临巨大挑战，需要转型升级；二是政策支持更加完善。

顺应社会发展要求，结合“为乡村振兴作贡献，为乡亲脱贫添动力”的企业发展理念，2017 年年底，万绿城集团投资组建贵州南山婆食品加工有限公司，向生态特色食品产业进军。

此前，包爱明在关注扶贫项目推进的同时，经常实地调研。在帮扶过程中，她发现当地老百姓种植的辣椒、花椒、小红蒜、小黄姜等农产品，都是世代传承的原生种源，品质非常好，备受市场青睐。包爱明带领团队花了两年时间，从老百姓家中几斤、十几斤地收购原生态农产品种子，建立了本地农产品种子资源库，远赴海南三亚建立育种基地，推动本地优良品种南繁和提纯复壮，再把经过培育的种子带回安顺，播种在示范基地中，从种植到生产，层层严格把关，从源头上保障了南山婆生态特色食品的天然好品质。

经过两年多研发和试验，南山婆食品公司 2019 年 10 月落户西秀产业园区。2019 年 12 月第一条生产线全面建成，年产能 6000 吨以上。第二条生产线建设正在加快推进，建成后可实现年产能 20000 吨以上。2020 年 4 月，南山婆食品被正式确立为省级高成长性企业。

目前，包爱明带领南山婆食品团队已创新推出南山婆油辣椒、西红柿酸汤、香辣牛肉酱、麻辣兔肉、麻辣鸡肉、姜爆鸭、香菇鸡肉酱、杏鲍菇肉末酱等系列特色食品，深受社会各界喜爱。在销售方面，公司采取“线上 + 线下”新销售模式，依托完善的市场布局，把南山婆食品卖到全国各地，打造黔货高品质、高附加值出山的新名片。

包爱明常说，南山婆食品诞生于深化农村产业革命、决战决胜脱贫攻坚伟大实践中，为脱贫做奉献、为“三农”做奉献就是初心和使命。南山婆食品将持续做大规模、做强品牌，通过产业发展，不断增强对贫困群众的带动能力。

面向未来，南山婆食品明确了以 2020 年为新起点，按照“一年初见成效，三年再上台阶，五年全面发展”的三步走思路。第一步：用一年的时间，狠抓基地建设、产品研发、扩大产能、品牌升级、市场开拓五大工作，力争年产能达到生产特色食品 1.5 万吨以上。第二步：到 2022 年，用三年的时间，进一步扩大产品储备，推出战略性系列产品，完善线上线下销售渠道，巩固全国市场，全面进军国际市场，扩大南山婆食品市场竞争力、品牌影响力。第三步：到 2024 年，用五年的时间，推动南山婆实现全面发展，把南山婆食品打造成为全国乃至全球知名品牌。

结语

做客新华网《双创群芳谱》

女性常面临家庭与事业的两难选择，对于创业型女性，这一选择与实践更艰难。因为常年在外，工作繁忙，包爱明自觉对家庭亏欠不少，但正是因为家庭全力支持，她才能取得今天的成就。

在包爱明看来，创业成功与否与性别无关。在处理工作时，她的决策力、洞察力、思考能力丝毫不逊色于男性。日常工作中，她有意识地培养女性管理者，为女性创业及更好发展搭建平台、创造条件。

从闽中联合梯田到黔中瀑乡大地，从项目建设到产业脱贫，包爱明一路开拓前行。她满怀创业豪情，为贵州商界带来一股强劲的新风，成为扶贫路上的一道美丽风景。未来，她将带领万绿城再谱华章。

包爱明创业历程

- 2008 年 辞去公务员工作，下海创业
- 2009 年 创办万绿城集团
- 2011 年 在“贵州·香港投资贸易活动周”上通过招商引资正式落户贵州安顺
- 2017 年年底 万绿城集团投资组建贵州南山婆食品加工有限公司，向生态特色食品产业进军
- 2019 年 10 月 南山婆食品加工有限公司落户西秀产业园区。
- 2019 年 12 月 南山婆食品加工有限公司第一条生产线全面建成，年产能 6000 吨以上。第二条生产线建设正在加快推进，建成后可实现年产能 20000 吨以上

包爱明主持召开万绿城集团 2020 年度高管会议

07／

勇毅创业，心系慈善

陈琦琪和创鑫集团

她富有感染力和亲和力的笑容，恬淡而温暖，给人留下很深的印象。受家风熏陶，她以慈善为己任，坚守着企业家的社会责任与担当。她是陈琦琪，创鑫投资集团有限公司董事长、中国女企业家协会副会长、厦门市工商联（总商会）副主席、厦门市女企业家协会会长；曾获得“社会组织先进工作者”“福建省非公有制经济优秀建设者”“第五届（2013）厦门年度十大影响力人物”“2014 年度福建省三八红旗手”“厦门特区建设 30 周年厦门商界人物贡献奖”等荣誉。

荣誉证书

授予 陈琦琪 同志：

“福建省非公有制经济优秀建设者”荣誉称号

福建省人民政府

二〇一六年六月

荣获福建省人民政府颁发的“福建省非公有制经济优秀建设者”荣誉称号

追随内心，勇毅创业

陈琦琪走上创业之路纯属偶然。上世纪九十年代，中国经济飞速发展，原本在政府部门工作、端着“金饭碗”的她很不甘心就这样平淡地工作和生活。反复考虑后，没有从商经验的她毅然决定抓住“下海潮”的尾巴。她成为所在单位当时唯一辞职下海的人。身边的同事和领导都非常诧异，领导再三找她谈话，问她是否真的确定，而她没有反悔。她认为既然选择了不甘平庸，就应当追随内心的声音，努力实现自我价值。

1999 年，陈琦琪创办创鑫投资公司。创业的路途总是伴随着艰辛，她用努力将挫折化解为辉煌。她曾三十天创立一个百货商场。从招商引资到设计装修、人员培训等等，以及如何在既定时间内完成工作，她都不完全有把握，却凭着耐心和坚持，把几条工作主线安排得井井有条。每天，她最早赶到商场，最晚离开。百货商场临近开业，当获悉有外地商家临时遇阻无法如期赶来时，她立刻带上助手，连夜驱车，前往广州进货。助手们又搬又抬，没有歇息，也没有抱怨，只是因为发自内心“相信琪姐”。她的和善自信，让助手们尊敬又感激。

在瞬息万变的商场上“杀出一条血路”，笑傲人生，更需要付出比旁人更多的煎熬和考验。年轻的她心劲儿强，什么都敢做，也似乎什么都可以做得有模有样。她遵照内心的呼唤，愿意相信：没有努力成就不了的梦想。

多年来，在她内心信念的支持和多番磨砺下，创鑫集团成果丰硕，陈琦琪及其企业获得了社会广泛认可。

把控质量，调整转型

一个企业家的战略布局和眼光总是带有前瞻性的，陈琦琪也不例外。她认识到，当前中国经济已由高速增长阶段转向高质量发展阶段，创业创新大环境对企业品牌的树立、提升，以及走向国际市场等，都会产生积极推动作用。此时，利用大环境拥抱创业是明智之举。企业在不同发展阶段均有不同的特质，每个阶段有其阶段性的发展规律。

在她看来，就以房地产行业为例，不像以往房子建造起来就能赚钱，现在的房地产行业需要有配套的物业服务和设施，更加整体化。传统行业竞争优势的重点已经不在于制造，而在于售后服务。作为企业家，不仅仅需要用手去创造质量好的产品，更要用脑去周到细致地思考消费者消费后需要什么样的保障和服务。因此，她在企业未来的发展中，

2000 年开发纯别墅的高档住宅区比华丽海湾别墅，地处国家级风景名胜区

更加注重服务质量。

从 2000 年到现在，创鑫集团开发过多个房地产项目，而注重配套的高品质别墅项目，尤其受到高端客户好评。从空间布局到质量，尤其是大花园的设计，整体

2004 年，公司开发的国建东海岸纯别墅，项目总营业额人民币 3.5 亿，共 157 幢

所展现的低调舒适的感觉，是很多业主喜欢的格调。每个别墅项目建好后，她会很自然地以购买者和居住者的身份来考虑居住的内在空间和外部环境，尤其看重提升生活品质的花园。每个项目都请知名设计师来设计花园。

创鑫集团紧跟经济社会发展新趋势，随需而变，开始投资新能源产业等新领域。目前，创鑫集团在房地产开发、不动产投资领域之外，还投资于商业流通领域、百货及其配套关联行业。

拥抱电商热潮流，陈琦琪毫不犹豫地将集团业务拓展到电商行业，积极投资电商领域。

创业心得，体悟深刻

陈琦琪纵横商界多年，积累了丰富的创业体会和心得。她感受最深的是要坚定信念，终身学习。

2006 年，首家新锐精品酒楼“风月无边大酒楼”落成

2006 年 8 月，20 万平方米的乐活小镇启航

在她看来，创业的关键在信念。创造的动力以及自我价值实现的信念，能让人不断去追寻、去尝试。即使失败、受挫，信念可以引导创业者一直走下去。创业者还需要强化对于自我的认识。要尊重自己内心的声音，不要以别人的判断为主。要不断认清自己的优缺点，发现自己适合的工作。

在创业的过程中，需要接近主流，这样机会更多。以开会为例，年轻人开会都希望坐在最后一排，而在陈琦琪看来，应该坐在第一排，因为只有在第一排，才会更加接近主流，更有可能得到领导认可，才更容易获得更多机会。

创业者还需要加强自我的学习能力。而要去学习，则需要培养细心的品质，智慧往往在细微处产生。只有细心才能发现它。20 多年来，陈琦琪涉足过的领域非常多，包括商贸、实业、地产、对新兴行业的投资等。投身这些领域，她都是从头学起。她是一个善于学习的人。创业前在体制内学到的东西，对她后来的创业很有帮助。创业过程中，她从父亲那里学会如何接人待物，从丈夫那里学到先进理念。在公司的日常管理中，她常有很多感悟和思考，这源于女性的细腻和敏感。

陈琦琪十分重视时间管理。对一个创业者来说，管理好时间非常重要，而如何管理好时间是一门学问。如果把时间管理得好，不仅自己的时间多出来，变成时间的主人，而且还能把别人的时间变成自己的时间。这样，就能把团队的积极性调动起来、能力释放出来，在企业管理上可以做到更优化、更科学、更有效。

在企业管理和建设上，陈琦琪认为，打造一支具有核心竞争力的一流团队，最主要的是要做好企业凝聚力建设、企业文化建设以及企业价值观的建设。

如何把自己所从事的领域做得更专业、更专注，如何把企业跟新的技术、新的商业模式更好结合，从而让企业持续提升，这是下一步创鑫集团需要关注的重点。

作为一位女企业家，陈琦琪对于女性创业的优势和不足有深切感受。她认为，在创业中，女性对事物的细腻度及对风险的把控度会比男性更有优势。但是，女性创业需要克服“常会低头走路，不会常抬头看路”的不足。“低头走路”指女性通常只专注一个点，往往会忽略一个面；“抬头看路”是指对于政策的把控以及对于经济发展方向的判断。女性创业者应该用其所学的知识，发挥女性细心的眼光和精致的智慧，把企业推向新的高度。

带领巾帼，共展风采

2013 年 1 月，陈琦琪被选为厦门市女企业家协会会长。她积极主动为协会发展出谋献策，组织策划各类服务于厦门女企业家的活动。

近年来，厦门正向国际化大都市迈进，市委市政府倡导企业家要走出国门，开阔视野，与世界先进企业对接，提升企业的核心竞争力。陈琦琪响应市委市政府号召，先后组织近百名女企业家到东南亚、欧洲一些国家和地区参观考察，与部分世界 500 强企业进行了交流。女企业家们了解到世界一流的管理模式，增强了危机意识，开阔了视野，获得了经营理念。

深知女性创业不易的陈琦琪充分发挥协会平台作用，致力于为会员提供一个信

陈琦琪在郑明煌慈善基金成立捐赠仪式上

息通达以及整合资源进行交流的平台。2016 年 3 月，协会成为“厦门市巾帼众创基地”。为发展“创业、乐业、兴业”的巾帼众创空间，协会探索构建适应女性创新创业需求和特点的低成本、便利化、全要素、开放式的创业服务平台。未来协会将借助巾帼众创空间，为更多女性创造实现创业创新梦想的机会，让她们能够在“互联网 +”新业态中主动作为。

她还多次举办丰富多彩的具有较高审美品位和艺术情趣的联谊活动，建立了宜商宜情的商会、协会共赢平台。

在她的带领下，厦门市女企业家协会在组织架构与形式上都有所创新。

一是成立了女企业家协会艺术团。艺术团应邀出访了东南亚的多个国家，开启了当地女企业家艺术团走向国际大舞台的先例。

二是倡导人人可为的慈善理念，开展慈善公益活动。协会成立慈善公益部，志

捐建的“漳浦县实验小学中华校区”奠基仪式

愿者队伍已达 1000 名。2013 年以来，陈琦琪带领女企协姐妹们以及各界爱心人士践行着“一生一世做慈善，美丽厦门共缔造”的厦门市女企业家大爱精神。在慈善道路上持之以恒，携手共进，不断创新，先后设立女企协“三角梅”“希望小学奖教基金”“乳腺癌粉红专项基金”“自闭儿专项基金”“三角梅爱儿慈善基金”“三角梅光明基金”等三角梅系列主题基金。成功举办了 50 多场慈善公益活动，如粉红丝带系列活动、“关爱女性健康”大型中秋慈善晚会、创办女企业家希望学校等。协会还发动社会各界人士参与到慈善事业中来。

在陈琦琪的努力下，女企业家协会正向着打造把经贸与慈善完美结合、用美和艺术推动慈善、从外在美到内在美的女企业家团队的方向前进。她希望厦门女企业家协会一年一个台阶，力争在同类协会中，成为领军者。

传承宗风，心系慈善

陈嘉庚先生是厦门的精神象征。陈琦琪是陈嘉庚先生的宗孙。陈琦琪从小就常听父亲讲到陈先生生活如何俭朴，待人如何真诚慷慨，如何因见民智不开而全力发展教育来改变家乡落后状况。长大后，不论是行走在集美学村，还是在厦门大学的校园里，她都会被陈先生倾资兴学、无私奉献的精神所感染。

多年来，她感受着前辈大爱无私的家国情怀，体悟中国优秀文化内涵传承的力量。这使得她的世界观、人生观、价值观一直在向陈嘉庚先生看齐。在她看来，陈先生的贡献不单在教育方面，他的爱国精神同样适用于当今。作为陈家的孙系，她深知自己肩负的使命与责任，在努力传承祖上教诲的同时，也用最本真的善念影响更多人对于慈善的认知与作为。

长期以来，作为女企业家，陈琦琪以女性特有的大爱精神，以慈善为己任，积极行善。她认为，慈善是从身边的人和事做起。首先要有“善心”，这是做人的根本，也是一切的主观前提；其次，凭借“善言”的力量学会去宽慰、引导他人；最后，当能力足够去帮扶需要帮助的人群之时，“善举”会为自己和对方带来莫大的幸福。

2013 年 9 月 13 日，在厦门市女企业家协会的大型中秋慈善晚会上，陈琦琪与先生郑明煌正式成立厦门市慈善总会陈琦琪郑明煌慈善基金，现场捐赠 100 万元作为启动资金，另捐助 10 万元作为粉红丝带专项基金，希望帮助到更多贫困的乳腺癌患者的同时，呼吁更多成功人士加入到公益慈善的事业中来。

为了完善公司名下一个地产项目的教育资源配套，陈琦琪和公司股东们积极配合漳浦地方政府，增大投资，将原计划 24 个班的学校扩建为 36 个班的省达标实验小学。而且，她对建校资金额只设下限，不设上限。面对他人的不理解，她解释：“尽个人所能来建一所学校，是我作为教育家后代应该去做的事。”

2014 年秋季，这座拥有 6 栋教学楼、3 个排球场、3 个篮球场、塑胶跑道，以及可容纳 1800 人同时做操的操场的小学如期迎来了第一批 36 个班的学生，终于圆了陈琦琪夫妇多年的建校梦。

陈琦琪以其自身的影响力和号召力积极带领女企业家们投身社会公益事业。2014 年是厦门市女企业家协会的“公益慈善年”。她通过成立一百多人的慈善部，组建 6 个小分队，号召女企协全体会员开展不同层面的慈善活动，如关心孤寡老人、关爱自闭症儿童、关爱妇女“两癌”的“粉红行动”、助学圆梦等。

她还带领协会成立了三角梅鼓乐队、三角梅医务室，免费为农村的孩子传授鼓乐技能和医务知识等，从基础帮扶提升到素质帮扶。

2016 年，厦门市女企业家协会成立 20 周年，启动了一系列牵手爱的社会公益活动。陈琦琪认为，慈善与商务的结合是必须的，因为在这个过程当中，可以让企业有所收获，让企业更有能力做慈善，慈善和商务也可以无限循环下去。在 2016“商务品牌年”的基础上，陈琦琪把慈善和商务做了有机结合。“爱心 Mall”便是慈善和商务“牵手”的成果，这是协会会员企业探索原创品牌的平台，也是为协会提供慈善基金的平台。通过“+ 互联网”的方式，进行商务资源整合，在平台上宣传和推广会员企业的产品，同时为慈善助力。

2016 年 12 月 31 日，在厦门市女企业家协会发起并承办的主题为“迎金砖 同筑梦 牵手爱 创未来”跨年迎新慈善晚会上，协会继在复旦大学附属儿科医院厦门分院（厦门市儿童医院）设立“三角梅爱儿慈善基金”之后，又牵手厦门市眼科医院成立“三角梅光明基金”，共同致力于老人与儿童的爱眼健康公益项目，为更多社会人士带来光明与希望。

陈琦琪呼吁，做慈善非一己之力能够完成，众人拾柴才能火焰高。慈善需要一种大爱精神，需要整个社会从个人到群体的携手努力。公益需要有公益的行为，需要广而告之，需要得到社会的赞扬及肯定，才能带动更多人参与到公益与慈善之中。她设想，如果厦门有越来越多的企业家们能够本着济世的情怀，回馈社会，那么这样的善举就会融合更多的人，将厦门打造成为“慈善之城”也就指日可待。

秉承着“小善大爱，人人可为”的慈善理念，由陈琦琪带领的厦门女企业家协会将爱心留驻在厦门的街道、农村。她们关爱自闭症、白血病儿童，长期帮助弱势群体及女性乳腺癌、宫颈癌患者，捐资助学，捐建希望小学等。于社会而言，温暖永远是一种直指人心的力量。而陈琦琪和厦门市女企业家协会的企业家们，正努力以特有的女性魅力，温暖这座城市需要温暖的人。

女人本质，爱伴家人

在事业上，陈琦琪是令人敬佩的杰出女性；生活中，她却只是一个平凡而温婉的母亲。从小父母对她亦师亦友的关系、温情关怀引导的教育方式，使她受益匪浅，也有力地指导着她与儿子的相处。她特别注重跟孩子之间的平等对话和悉心交流。每每谈起大洋彼岸求学的儿子，陈琦琪的声音都变得更加柔软。她 24 小时开机的原因之一就是不想错过每一通儿子的电话。母子俩常常在电话里说得特别欢愉，大到工作学业，小到生活细节，她总是会在儿子最需要母爱支撑的时候，及时地站在他身旁，给他一个母亲所能给予的爱护与鼓励。

担任厦门市女企业家协会会长后，陈琦琪的生活节奏加快，社会活动增多，少了很多时间陪伴家人，常常连儿子的越洋电话都不能第一时间接听，让她觉得深深地歉疚。她渴望为家人做得更多，更不想在儿子的成长过程中缺失了应尽的责任。但为了在女企协的平台上更好地服务社会，她明白，自己只有更努力，才能平衡社会职责与家庭。

在她眼中，做企业只是一份工作，做女人才是本质。女企业家应该将女性的责任和使命时刻记在心中，要时刻做到孝敬父母、慈爱子女、照顾爱人、和睦亲朋。

多年来，陈琦琪从未忘记自己的女性身份，努力在平衡家庭与事业之间，实现自己不平凡的人生。

结语

50 名厦门商之骄子获表彰

作为陈嘉庚的宗孙，陈琦琪在继承了其大爱情怀的同时，尽力将其发扬光大。她敢于突破自己的舒适区，通过自己的坚持和努力在商界打下一片天地，更用自己的大爱，带领着厦门女企业家们不断与外界交流，学习先进经验，共同进步，铸就了厦门女企协在省市各商协会间的影响力与公信力。

陈琦琪不仅在商业领域做得风生水起，而且在慈善领域全身心投入。美丽不只是源于外表，更来自内心的充裕与善念。她用一颗温柔的心包容世间万物，用一双柔和的手温暖着世人。她用自己的善意和善行去感化许多人。乐善好施是家族传统，她传承美德，也延伸出更多的新理念。

陈琦琪用她的方式，成就着自己的梦想，也释放出温暖社会的力量。

陈琦琪创业历程

- 1999 年 成立厦门创鑫商贸投资有限公司
- 2000 年 首个独立开发的商品房项目落成
- 2000 年 首家物业服务公司成立
- 2001 年 公司推行信息化、无纸化作业
- 2002 年 首家精品时尚百货公司落成，并创下 30 天开设一家百货商场的纪录
- 2004 年 第一次与知名国企合作开发项目
- 2006 年 公司首家新锐精品酒楼落成，创下 35 天开办一家中型高档酒楼纪录
- 2006 年 8 月 投资开发 20 万平方米住宅项目，两年内从报建施工到销售完成，标志着公司在技术及管理上上了一个重要台阶
- 2007 年 2 月 投资成立首家生物科技有限公司；首涉科技领域，步入多元化经营
- 2010 年 5 月 入股新能源汽车超级平台
- 2013 年 集团公司成立
- 2013 年 设立慈善基金
- 2014 年 公司捐建的 36 个班省达标小学落成
- 2019 年 推行公司第二次信息化建设

2014 年参加由中国妇基会、全国妇联、厦门女企协筹举办的主题为“姐妹心连心 共筑中国梦”的爱心大编织大型系列活动

08/

传媒界的领军女将

陈岩与分众传媒集团

在现代社会，广告已与我们的生活息息相关。自改革开放以来，中国经济高速腾飞，带动了广告产业的全面爆发。它以特有的方式推动其他行业乃至整个社会经济的发展。在竞争激烈、纷繁变幻的中国广告业内，有一位领军女将，深耕广告业二十余年，被众多光环笼罩，她就是分众传媒集团首席战略官兼首席信息官陈岩。

她曾获得“中国广告40年十大广告风云人物”“全国三八红旗手”“中国杰出创业女性”等荣誉称号。由于在媒介洞察、消费者洞察、市场洞察等领域建树卓越，她被推荐担任纽约国际广告节、伦敦国际广告奖、釜山国际广告节终审评委。每一种身份的背后，都是她不懈创新和挑战自我的结果。

2016年6月，第26届全球妇女峰会在波兰华沙举行，陈岩受邀出席峰会并发表主题演讲；2017年，她应邀出席纽约广告节、戛纳国际创意节、伦敦国际广告奖三大广告行业最高国际盛

2017年6月，法国戛纳广告节，陈岩发表演讲

2017年10月，美国拉斯维加斯，分众传媒获得伦敦国际奖的“实效媒体大奖”，主席芭芭拉向代表公司的陈岩授奖合影

会并分享中国媒体趋势及媒介创意创新的主题报告。

这些年来，陈岩带领的团队曾获得纽约广告奖、伦敦国际广告奖、釜山广告奖、中国 4A 金印奖、美国营销协会艾菲奖、中国广告长城奖、中国首个商业创意奖——金投赏奖、IAI 国际广告奖、上海国际广告奖等 100 余个国际国内专业奖项。

她的成功，诠释了一位广告界精英女将的成长之路。

挑战自我，在创新之路上演绎飞驰人生

陈岩，人如其名，坚如磐石，果敢坚韧。中国北方出生，欧洲工作生活，上海安家，常在全世界“飞来飞去”的她，喜欢一句话：踏踏实实走好每一步，认认真真做好每一件事。

2003 年在上海出席实力传播年会，陈岩代表户外媒体部门发表演讲

她的职业生涯就是其人生理念的践行：从政府公务员下海到品牌方，再从甲方到乙方的广告公司，最后空降到媒体。每一次几乎都是从零开始，在她的字典里，没有“不可能”。

陈岩曾在青岛市劳动局劳动争议仲裁处工作。1994 年，考入南开大学经济研究所攻读经济学硕士。读研期间，她对广告业产生了浓厚兴趣。

2000 年，陈岩加入世界最大的国际 4A 广告公司阳狮旗下实力传播集团，组建起一个全新的部门——户外媒体部。在她拼命三郎式的勤奋和努力下，实力

2005 年陈岩加入分众传媒集团，担任首席战略官

传播的户外媒体部门业绩每年均以 3 位数的速度递增，成为中国最大的户外媒体专业团队。2004 年，她升任实力传播集团中国区户外媒介副总经理。

但是，不断追求创新和提升的陈岩开始思考，如何把在国际公司积累的这些专业知识及经验，更好地帮助中国本土媒体品牌达到国际一流水平。这时，她碰到了伯乐——分众传媒创始人江南春。当时，分众传媒创立不到两年，电梯媒体是全新的媒体形式。他把分众未来的战略规划以及对广告行业的分析，详细地告诉陈岩，希望她能成为合作伙伴，一起成就事业。江南春的诚恳、坦率、见识，打动了陈岩。

2005 年，陈岩放弃待遇优厚的外资企业高层管理者位置，进入分众传媒担任首席战略官，负责企业的发展战略、产品及定价策略、媒介策划、媒体专业研究、系统研发、员工培训、政府关系维护等工作。十几年来，她协助江南春，齐心协力把分众传媒从一个业绩只有 2 亿元的公司，发展成为年营业额超百亿元的上市公司，成为中国第二大媒体集团。作为公司最高管理层成员，陈岩曾参与了集团的各项重大事务：公司纳斯达克上市后的收购兼并整合工作、在美国市场私有化以及回归中国 A 股市场等工作。

2017 年，陈岩当选为分众传媒集团合伙人之一。2018 年，她出任分众传媒集团首席信息官，全面负责集团的数字化转型工作，包括 IT 研发、搭建系统平台、大数据系统研发等工作。

顺应技术、社会发展趋势，陈岩脚踏实地地前行。此中既有她作为一名资深广告俊才在世界广告与传媒舞台上纵横捭阖的精彩画卷，也有作为一位女性广告人所独有的人生感悟与酸甜苦辣。

从零开始，制定中国户外广告体系规则

2000 年是千禧之年，对陈岩来说，也是人生的一个新起点。这一年，她加入了刚成立不久的实力传播集团户外广告部门。20 世纪初的中国，户外广告领域尚处起步初期，没有统一的标准、没有数据、没有评估、没有专业化的工作体系。一个户外广告牌要经过市容局、规划局、工商局等多部门审核，算下来要盖 16 个章才能拿到经营权。当时大家看中的是资源，而在中国还没有专业化服务。这就是陈岩进入实力传播时面临的情况。

实力传播户外部刚成立的时候，只有三个工作人员，仅有万宝路香烟和通用汽车两个客户，每年不到 2000 万元的预算，所有工作一个人从头做到底。陈岩需要对中国市场深入全面地了解，把国际客户对户外广告专业服务的要求与中国媒体市场有机结合，在当时没有规则的户外广告市场，这需要付出全部精力和智慧去构建。在市场中披荆斩棘，从来不是一件容易的事，但陈岩把这块“硬骨头”啃了下来。

那是一段“悲催”的日子，陈岩每天忙于和客户开会、写 PPT、与媒体谈判、加班、做“空中飞人”。鉴于当时国内户外媒体没有任何评估标准，她从英国实力

媒体引进户外媒体评估系统OSCAR，并根据中国国情加以改进，为衡量户外媒体价值、定价和购买提供行业标准，一举提升了我国户外媒体专业程度。

6年间，陈岩把只有3个人的户外团队发展到40多人，她升任实力媒体户外副总经理。她为公司做了几件大事：第一，建立户外广告行业的媒体信息数据库；第二，建立户外媒体策划、评估、效果调研、价格谈判、购买执行、发布监测等一系列规范化的工作体系，这套工作模式被各大4A公司模仿并沿用至今；第三，实力媒体联合当时包括TOM、地铁通城、MPI等户外媒体巨头及专业研究公司发布了中国市场第一份关于户外媒体的专业研究报告《户外广告不是广告》。

任职期间，陈岩负责了诺基亚与摩托罗拉大战、麦当劳“I Love In”广告语在中国市场的上市、HSBC与交通银行联手推出的第一张信用卡等诸多著名的案例。2005年，她离开实力媒体时，由她负责合作的有麦当劳、HSBC、诺基亚、通用汽车等100多个客户，客户的户外广告预算升至5亿元，比她刚接手时提高25倍。她成为客户最信任的专业顾问。在客户眼里，只有陈岩亲自负责业务才让他们放心。在媒体眼中，她把中国的户外媒体行业带向专业，成为提升整个中国户外广告行业专业水平的领军者。

一鼓作气，建立户外电视行业评估系统

2005年，陈岩正式加入分众传媒集团。这一年，电视媒体依然强势，分众突然以“黑马”之势杀入市场。面对激烈竞争的市场，江南春给陈岩提出一个目标，希望她能参考传统电视媒体的评估系统，为户外电视行业建立一套评估系统。

这件事情不好做，但陈岩的斗志再一次被激发。她当即联系了当时两大调研公司CSM和尼尔森，当时要把户外电视纳入电视媒体的收视率系统，没有一个调研公司敢接这个活儿。她为此多次飞往Kantar Media总部，讨论实现这个商业目标的可能性。Kantar总部的伊萨贝尔女士非常有战略眼光，富有智慧。陈岩与她多次沟通，最终达成一致，新辟了一套户外电视收视系统，但是所有的计算方法和指标都与传统电视收视系统相同。

2017 年 5 月，美国纽约广告节，陈岩代表分众传媒集团领取“中国品牌传播大奖”。图为美国纽约广告节主席 Jim Smyth 给陈岩颁奖并合影

到 2009 年，分众的可量化、可评估的收视率 Infosys OOH 系统进入 Kantar 全球的收视率系统 Infosys 系统中，成为与 Infosys TV 并列的两大收视率系统。在专业系统支持下，分众传媒的媒体价值在一次次的市场检验中成功，不断地进入各领域客户的首选投放的媒体清单。

布局海外，生活场景媒体引领全球发展

“纽约国际广告节”号称世界三大广告节之一，具有相当大的影响力。2017 年，

纽约国际广告节创立六十周年。在开幕式上，首次颁发“中国品牌传播大奖”，分众传媒集团成为第一家获此殊荣的中国传媒企业。纽约国际广告节主席兼董事长 Jim Smyth 在给分众颁奖时说：“分众传媒集团在全球首创了电梯媒体这种极具价值及高互动性的数字化媒体网络，分众传媒的成功是中国乃至全球最重要的媒体创新之一。”这是对分众传媒成就的充分肯定。

如今，在世界范围内，中国是一个市场规模体量庞大且高速成长的魅力之地，但中国市场有着独特的区域性和创新性。因此，在千变万化的中国市场谈论营销创新或者媒体创新时，必须把握其复杂性和多样性，持续保持创新与创意，与消费者保持有效沟通，才能在中国市场消费升级时代取得成功。

传媒行业，抓住市场需求和消费者永远是第一要义。分众传媒已经成为线下流量第一入口：4 亿城市人口，3 亿看分众。分众抓住了“电梯”这个核心场景。电梯是城市的基础设施。作为日常的生活场景，电梯代表着四个词：主流人群、必经、高频、低干扰，而这四个词正是今天引爆品牌的核心稀缺资源。分众电梯媒体成为消费者生活轨迹、生活空间中的组成部分，覆盖 230 多个城市，超过 260 万个电梯终端，被评为“中国广告最具品牌引爆力媒体”。

随着“一带一路”建设的推进，分众传媒进入了全新阶段，已在韩国、新加坡、印度尼西亚、泰国、中国香港地区建立了直营公司，已在韩国首尔部署了 3 万块屏。媒体的逻辑是要致力于影响主流人群，分众在海外影响的是当地意见领袖、意见口碑者，让中国的资讯在这些国家传播。增强文化自信，用商业转化扩大媒体品牌传播力和影响力，帮助中国品牌走向世界，这是新时期分众传媒的担当。

战略眼光，技术算法引领广告未来发展

2018 年是分众传媒集团成立的第十五个年头，也是陈岩事业的一个新起点。她和分众传媒都在努力拥抱变化中的世界。从品牌到效果导向，从理论化评估到精细化评估，这是广告产业正在经历的一场变革，也是对线下媒体的一个挑战。未来没有线上线下媒体的区别，只有数字化与非数字化的物种差异。数字化转型不是简

2019 年 1 月，在上海的阿里分众联合发布会上，双方负责人一起启动合作仪式

单的信息化，而是一个革命性的进步，是对整个产业结构的重构，是对媒体运营的重构。

顺应互联网浪潮带来的中国消费者媒介习惯变化，以及从品牌广告到效果广告的需求趋势，陈岩积极推进分众的数字化转型。陈岩说她在两年前就看到了这个发展大趋势，现在她带领的分众技术团队已经打通了线下媒体和线上 DSP 的对接，完成了数字化转型的第一阶段。

2018 年 7 月阿里巴巴集团 150 亿元战略入股分众，双方利用各自优势，建立了多维度的合作模式，实现了强强联手的效应。

分众的数字化实现了线下媒体精准化投放的数据积累和系统化操作。分众开发的银河挑楼系统基于与阿里系等主流数据源的合作，提供了人群标签精准定向挑楼、指定地理位置周边精准定向挑楼、精选品类定向挑楼的功能，并直接对接分众的 Kuma 投放系统，为客户多样化的精准挑楼需求提供了数据和系统支持，并为

2019 年 10 月，在分众数字系统上线庆祝会上，陈岩给优秀员工颁发奖章

客户配备了完善的服务支持。

分众的数字化实现了户外媒体系统化、平台化的投放模式。通过结合现代科技算法，分众开发了 Kuma 这个新一代智能户外广告投放及发布系统，它通过实时动态化的库存及订单管理、在线化的排播和素材管理、智能化的排片及设备管理、自动化的远程上刊推送，实现了“选点 – 排期 – 排播 – 售卖 – 素材 – 排片 – 上刊”的一站式系统化操作。并大幅优化了媒体资源的售卖，将原本粗放的售卖模式通过技术提升和系统优化，实现了媒体资源的精细化计算、管理和售卖，为客户日益增长的精准化、多样化的投放需求提供了解决方案。2020 年 1 月 Kuma 开放平台一期还完成了与阿里巴巴的深度对接，实现了外部 DSP 的在线询量，该系统一旦全部迭代完成，将实现线上线下媒体投放的无缝对接，便利第三方流量的分发及长尾客户的拓展，也标志着分众实现了从内部系统化操作到外部平台化操作的跨越。因为有了 Kuma 系统，使得分众可以像互联网媒体一样，不受疫情影响，线上远程

完成广告投放。

分众的数字化实现了设备全程监控、远程升级及阿里云实时监播。以往的户外媒体公司都会有一支庞大的运营维修队伍，需要经常巡视来确保设备的正常运行、维护客户的利益。分众通过大量科技投入，实现了所有屏端媒体物联网化，并实现了设备的远程升级。在此基础上，结合各种数据和反馈结果建立了 F-eye 智能设备监控平台，将监控报警系统和运营系统打通，建立了“设备监控实时化，派单下发自动化，人员调配智能化，跟踪反馈线上化”的全链路智能监控平台，大幅提升了设备维护的时效性和全面性，更好地保障了广告主的投放利益。除了物理设备的监控，分众还响应多家第三方研究公司的要求，开放了实时回传的监播数据，支持第三方公司在阿里公有云服务器汇总不同客户的监播报告。相较以往线下监测，由原本的抽样监测转变为可回传数据的全量监测，满足广告主日益提升的监测需求。在这次疫情期间，第三方监测公司因社区的管控措施被迫停止了所有室内媒体的监测工作，分众便立即启动了在线实时监播 ，为客户提供了完善的售后服务。

分众的数字化实现了广告效果评估的标准化和营销效果评估的全链路化。户外电梯视频媒体，兼具了视频媒体和场景媒体的特点，陈岩早在 2008 年便委托 CTR 研究公司参照电视评估方式通过西班牙 Kantar Media 公司开发完成了 Infosys OOH 的户外视频收视率软件，成为全球首个采用收视率方式做评估的户外媒体。而升级后的 Instar OOH 实时收视率系统，结合全新的物联网与大数据技术，在广告投放闭环中提供了投放前效果预估与投放后效果回顾这两个重要的效果评估部分。该新系统相当于将户外视频收视率从日记卡方式升级到了 Meter 方式，数据维度也由每年一个月的抽样转变为全年 365 天，更好地支持了客户对广告效果的衡量。通过与电视同样的策划语言和数据方式（收视率），客户不仅能够对户外视频媒体本身进行效果衡量，还可以进行跨媒体的横向对比，及多屏整合投放效果的评估。

除了提供广告效果的评估，分众传媒还联合阿里为客户提供营销效果的全链路转化分析。作为唯一进入阿里巴巴数据银行的线下媒体，全面融入阿里的 AIPL（Aware- Interest-Purchase-Loyalty）分析模型，形成了对消费者行为全流程的追溯和归因分析，同时，也使得广告主可以在品牌广告教育的基础上再在线上进行二次精准营销，最终实现真正意义上的品效协同及平台化的全链路量化评估。

分众的数字化实现了海外系统及开放平台的模块化延展配置。分众跟随“一带一路”建设，将中国首创和验证成功的户外电梯媒体复制到了海外市场，深入海外主流人群中，为中国客户拓展海外市场提供支持。由于海外各国的政策差异，分众团队开发了 Kuma 系统的全球化版本，包含了核心的投放功能，还兼容各地区不同需求、定制专属配置的模块。未来海内外各种需求及各方 DSP 开放平台都可以基于该版本进行迭代生长。

在 2020 年的疫情期间，因为隔离政策，分众把不能进入小区上刊变成了这两年数字化转型成果的展示契机和公益宣传的重要阵地。有近 50 万块电梯屏幕远程推送上刊，帮助政府和大量企业发布了防疫政策宣传和防疫知识的公益宣传，展现了户外媒体数字化转型的丰硕成果。

分众实现了从硬件到软件，从系统到平台的全方位数字化转型。不断变革，不断前行，这是分众传媒能够迅速适应时代变化，一直站在业内领军位置的内因。在硬件升级的基础上，分众传媒在媒体发展上更多融入科技创新和大数据运用，进行更精准化的营销，也帮助品牌进行更精准的投放。

对正在到来的 5G 时代，陈岩做出了相应的判断：“2019 年是中国 5G 商用元年，站在这个时间节点展望未来，自然就要考虑 5G。未来，5G 会重塑广告产业运作模式。5G 支撑下的万物互联时代，技术和算法将成为一个企业的核心竞争力。谁拥有技术和算法的能力，谁就拥有未来。”

5G 时代，广告效果的能力将进入爆发增长阶段。3G 时代，主要是图文；4G 时代，有些短视频，也有一些直播；5G 时代，视频和直播是最基础的功能，AR/VR、人机互动等将提升广告的表现力、吸引力，增强消费者和广告之间的互动性，广告效果得到加强。5G 的发展将对大数据技术发展形成强劲支撑。借助大数据后台，广告服务平台能迅速、精准找到品牌所需求的目标人群，并进行精准化推送。而在 5G 技术支撑下，未来还可能出现共享数据平台的运营模式。可能还会出现 AI 文案、AI 视频制作，用系统、技术平台来替代人工，系统和平台能在几分钟内把创作人员的想法和创意形成广告，并直接通过 5G 技术推送到媒体上面去。这种

2018 年 9 月，北京，陈岩担任中国传媒大学广告学、公共关系、网络与新媒体三个系必修课《媒介创新课程》的教授

变化是我们现在所不能想象的。

回报社会，助力更多中国品牌走向世界

就任分众传媒首席战略官以来，陈岩致力于带领团队借鉴国际品牌的经验，推动中国品牌成长，向世界传播“中国创造”和“中国制造”，帮助更多的中国品牌在全球范围内开拓市场。

2014 年，在世界广告大会上，作为受邀的 3 名中国专业媒体代表之一，陈岩

2018 年 2 月，陈岩在上海长宁区街道走访百岁老人

向全世界介绍了中国的广告行业和媒体发展趋势，站在世界的舞台上广泛宣传中国广告行业的发展和中国品牌的进步。

2019 年 1 月底，作为上海市人大代表，陈岩拟写了《关于取消广告业文化事业建设费的建议》，为广告行业取消文化事业建设费持续努力。

为培养更多的广告专业人才，为广告产业的升级做些贡献，推动行业健康有序发展，是陈岩最大的心愿。 为了传授长期积累的专业知识及工作经验，她还兼任上海市职业培训指导中心专家组专家、中国 4A 大师进校园的讲师，在中国传媒大学广告学院开设媒介创新学课程；多次在北京大学、南京大学、上海外国语大学和上海师范大学举办讲座，开设专业课程，担任客座教授。做好本职工作、培养优秀人才，这也是她回报社会的方式之一。

作为国家广告研究院研究员，陈岩将跨屏有效组合并进行定量研究分析，与

Millward Brown 联合推出电视、户外电视、互联网的跨屏研究系统 MixReach，成为业内最早使用的多屏投放效果测算工具。她著有《大视频时代的跨屏整合营销趋势》研究报告，并与中国传媒大学黄升民教授合作出版《大视频时代广告策划与效果策略研究》。自 2015 年起，由她主编、中国广告协会出版的《中国广告市场报告》，成为中国广告市场权威的年度数据报告。

除了在业界取得非凡的成绩之外，陈岩还热衷于公益事业，积极发挥传媒的力量，充当政府和百姓之间的沟通桥梁，当好上传下达的传播角色。多年来，陈岩带领她的团队，帮助全国妇联“寻找最美家庭”活动、上海世博会宣传项目等一系列公益项目提供宣传策划服务。同时，她还积极参与各种公益项目捐助，项目涵盖健康、教育、安全、家庭幸福等中国公益项目，展现了一个胸怀国家、勇于担当、热爱事业、自立自强的精英女性魅力。

结语

今天，每个组织都可以成为媒体，每个人都可以成为媒体，媒体更加紧密地参与和融合到不同领域的经济形态当中，并迸发出新的发展形态，这就是分众所面临的媒体大环境。

一直以来，陈岩致力于发挥影响力，聚合优秀资源，做更大的事业。未来的她，必将充分利用自己的专业知识与国际视野，借助分众传媒平台，更好推动中国制造，助力中国品牌走向世界，在世界舞台上传播中国故事。

陈岩创业历程

- 1997-2000 年 外资企业市场营销及企业管理工作
- 2000-2005 年 加盟全球最大的媒体集团 Publicis 旗下的 Zenith Media 实力传播，组建中国户外媒体部门，任职中国区户外媒体副总经理
- 2005 年 8 月 加盟分众传媒集团，任首席战略官
- 2008 年 携手 Kantar Media 建立中国首个户外电视收视率 Infosys OOH 评估系统
- 2009 年 携手 Millward Brown 联合建立电视、户外电视、互联网、移动互联网媒体的跨屏研究 Mix Reach 系统，成为业内最早使用的多屏投放效果测算工具
- 2017 年 当选分众传媒集团合伙人之一
- 2018 年 出任分众传媒集团首席信息官
- 2018-2019 年 带领分众技术团队开发 Kuma 新一代智能户外广告投放及发布系统，实现了户外媒体系统化、平台化的投放模式，打通了线下媒体和线上 DSP 的对接，完成了数字化转型的第一阶段

2018 年 5 月，美国纽约广告节，陈岩代表分众传媒集团上台领取“最具价值媒体大奖”并发言

09/

极致惯性，拥抱成长的力量

程璇和三盛集团

与其和岁月赛跑留住“青春”，不如拥抱内心的力量，和时间一起创造“新”自己。

或许，当你坚定地选择做世界的连接者时，也就在创造着不平凡。

向上 2020 三盛春晚，程璇演出现场

2020 年 1 月 17 日，己亥年腊月廿三，雨后微凉，福建大剧院的后台化妆间，演员们紧锣密鼓地进行服装、道具、化妆的准备。程璇坐在化妆台前，见缝插针地默唱歌词，多练习几遍动作。一个多小时后，她和公司其他管理人员领衔表演的《与国同梦，向上同行》即将作为三盛春晚开场节目拉开本台晚会大幕。16 年来，程璇每年都会登上公司春晚舞台，即使在脚摔伤骨折坐轮椅的时候。作为三盛春晚的创造者和参与者，她投入了大量精力，从灯光舞美效果，到节目立意，每一环节她都亲自把关。三盛春晚折射着三盛对极致精神不懈的追求，而作为背景展示的，是作为三盛集团执行董事、三盛控股总裁程璇一路跋涉、激情创业的历程。

拥抱改革的追梦人

时光倒回。刚走出校门的程璇在船舶研究所成为一名科员，开始了自己的第一份工作。在那个以稳定为择业标准的年代，这份体面的工作是许多人梦寐以求的。然而，朝九晚五的安逸让她有些彷徨，耳边不同的声音在回荡：究竟要待在一眼望到头的体制里，还是试着出去闯一闯？最终，带着初生牛犊不怕虎的激情，程璇做了一个让很多人意外的决定：辞职下海。她先到台资企业做管理人员，磨炼自己，然后于 1988 年开始创业。

福建人自古擅长经商，可以说“极致”是所有福建籍企业家的底色。程璇属于很早投身创业的那一批人。白手起家创业，其艰难可想而知。无论是深夜带着团队反复修改方案，或是起个大早，从一座城市赶到另一座城市洽谈商务，一份执拗始终在程璇的眸子里流转。没条件就创造条件，即使要求只做到及格就可以，但程璇会努力发挥做到一百分。当时福建的广告环境相对沉寂，在广告公司从头来过的日子，她天马行空释放着浪漫才情和过人的管理能力，四处取经学习，一路带领着团队锐意进取，连续几年，公司业绩做到稳居行业 10 强。铿锵玫瑰风华绽放，青年时期的程璇就这样扎进了她人生的黄金岁月里，实现了从 0 到 1 的事业突破。

令无数人钦佩的成就，仅仅只是程璇极致创业史的起点。她所在的企业三盛集团，历经了三个极其重要的发展阶段。

作为最早实行改革开放政策的省份之一，福建早就卷入改革的浪潮，改革也融入程璇和三盛的血液。当中国吹响“发展才是硬道理”的改革开放号角，三盛从实业起步，做橡塑发泡材料。

赶上中国成为世界工厂的时机，福建涌现出一大批给国外品牌运动鞋企业做加工的厂商。当时，程璇在三盛公司负责供应外资材料。一次，采取新工艺生产出来的材料经检测不过关，一次性报废了几十万元。那时候，几十万相当于一个工厂一个季度的利润。厂家感到压力很大，必须保质才可能长远发展。她的团队顶着巨大风险，重新对工艺进行研究和改进，终于让三盛实业在当年激烈的竞争中脱颖而出，最终以其极致稳健的作风赢得了海内外品牌合作方。相关数据显示，三盛实业每年坚持技术变革、研发创新，申请国家级专利数十项，产品销量至今稳居亚洲前列。

改革开放春风吹向全国，城市化浪潮席卷全国，行业溪流慢慢汇聚成江河。2001 年，程璇和丈夫决定从实业进军地产。在做这个决定的时候，程璇暗暗给自己立下军令状：要坚守实业的坚韧和极致，把它带到地产的开发中。

经过 20 年的发展，三盛地产逐渐成为有口皆碑的品质典范地产。截至 2020 年 5 月，三盛地产已进入全球约 40 个城市，打造了 110 余座精品项目，构建起五大产品体系：督府系、璞悦系、滨江系、海岸系、公园系。三盛地产在每个城市开发的产品，无论是住宅、写字楼、商业综合体，还是教育地产、养老地产，都成为

三盛控股登陆香港资本市场

当地城市的精品，每个楼盘的保值增值率都高于周边 20% 左右。而这些成绩背后，是三盛为留住大榕树、老建筑而不惜调整规划和牺牲面积的苦心，是物业人员在策划应对突发事件的预案措施和昼夜值守让小区业主感到温暖安心的敬业，是无数个对产品和服务细节的极致追求。2019 年，三盛地产实现了超 400 亿的销售业绩。一步一步脚踏实地去创造，一个作品一个作品去累积，极致品质是程璇始终坚守的创业“护城河”。

随着中国进入消费升级时代，三盛积极响应建设美好生活的号召。2015 年，三盛将教育、健康养老、新技术产业列为集团战略产业并在全国投资和布局。2019 年正式提出“专注中国家庭头等大事”的全新发展战略，以“智教康养 筑家理想”为品牌定位，深耕与中国家庭美好生活本质密切相关的居住、教育、健康、科技智造产业，紧跟时代脉搏，让老百姓关心的生活进一步丰盛起来。

如今，三盛集团产业已从福建走向全国，总部位于上海，位居中国民营企业 500 强第 208 位、福建民营企业 10 强。

三盛集团以“极致、热爱、向上、同行”为企业品牌理念。三盛的成功，归因于程璇对极致的追求。“极致其实就是向上的力量、态度”，程璇坦言：“可能是受父亲、母亲的影响，总觉得人要活到老、学到老。在这一过程中你会发现，我们每一个人有太多超越自己的可能和向上的力量。”不断超越自我，永远向上，是程璇的追求，落实到三盛的发展中，成就了三盛的强盛。

三盛集团捐款 500 万，慰问救助福建援鄂医护人员

热心公益的奉献者

有人说，企业家的最高境界是慈善家。程璇长期坚持投身公益。她常常带领企业开展各类公益活动，并带动身边的企业家一同投身公益事业。程璇认为，慈善是行更是心，做公益一定要坚持，不是靠一时兴起。女性自带母性和同情心，对慈善公益往往有着更高的热忱，女性企业家应该在践行社会责任方面投入更多的精力。

2020 年 1 月 28 日，程璇代表三盛集团向福建省红十字会首笔捐赠 500 万元，并联合福州市泉州商会、福建省女企业家协会，将款项专门用于福建援鄂医务人员的慰问救助。

疫情期间，程璇和女儿，以及海外志愿者一起，调动海外资源，多批次向武汉市第六医院、武汉市中心医院等前线医院援助医用防护口罩、防护服、护目镜、呼吸机、消毒机、烘干机等防疫物资及医护人员生活用品。

无惧大灾大难，奋力为爱奔走，程璇在场。2008 年 5 月 13 日，她带领三盛志愿者奔赴汶川抗震救灾，推广爱心食堂援助模式，策划“阳光母亲”活动帮助灾区的母亲们。

随后，程璇创立了公益品牌“捍卫爱”，先后在扶贫、赈灾、养老、助学、济困等领域实施了 300 多个公益项目：三盛志愿者在广西都安抗旱救灾，援建引水工程、捐建爱心学校；多年来，三盛践行“百企帮百村”，精准扶贫；盛行者公益支教，把爱和希望带进大山；携手腾讯公益、简单助学等公益组织，发动社会力量筹集善款来帮助失学孩童……三盛集团获得“希望工程 20 年杰出公益伙伴”称号，并连续四年荣膺中国公益节“年度责任品牌奖”。

作为福建省女企业家协会会长，程璇带领女企业家们致力于解决劳动就业、关爱妇女儿童，连续五届承办福建省妇联开展的“为爱奔跑公益活动”，截至目前共募集善款 5423.91 万元，救助 12553 名“两癌”贫困妇女。2019 年六一儿童节，程璇携手曹德旺、林腾蛟等福建优秀企业家，成立了福建孤残儿童医疗救助专项基金，第一期募集 473 万元用于孤残儿童外科手术及术后康复治疗。

在“捍卫爱”的世界里，没有施予者，只有接力者。

程璇认为企业家是社会中有智慧、有能力、最有坚持的一个群体。她相信，当更多的爱心企业家参与公益事业，就会凝聚成一股温暖而又强大的“福建力量”“中国力量”。当公益事业接力棒一棒又一棒持续传下去，就能产生一次次“用生命影响生命”的公益行为。在程璇看来，“有政府的支持鼓励，有企业家朋友们的

程璇在汶川抗震救灾现场

携手同行，有慈善组织在一起组建平台，慈善之路将越走越远，将推动建立一个更加美好、和谐的社会”。

公益不是少数人做很多，而是每个人多做一点点。这是程璇始终坚持的公益理念。她的观念和行动直接影响到从小到大跟着她一起做公益的女儿。几年前，女儿成立了自己的公益组织，实施“L-CARE 00 后关爱计划”，她说 00 后应该懂得责任，去爱这个世界。

带领姐妹共同成长的杰出女性

作为改革开放的亲历者、参与者和见证者，程璇始终心怀感恩。在她看来，没有改革开放，就没有女企业家群体。作为福建省女企业家协会会长，她给福建的姐妹们提出三点期望：做有思想、有灵魂的群体；做有爱心、懂奉献的群体；成为有本事、懂经营的群体。

程璇获评“改革开放 40 年 40 位福建最有影响力企业家”

2019 年，程璇获评“改革开放 40 年 40 位福建最有影响力企业家”“新中国 70 年 70 位闽籍优秀女性”。

期望和荣誉的背后，是程璇和女企业家群体对于自身的严格要求和鞭策。

程璇鼓励企业家姐妹们重新走进课堂，自觉给自己充电。要用新时代中国特色社会主义思想武装头脑，跟党走，不走偏路。她还号召女企业家们学习更为国际化的管理技能，拓宽眼界，力争具备全球视野。她自己拿到清华五道口金融学院 EMBA 学位，觉得受益颇深。

程璇带领福建省女企业家协会在深化改革的机遇中不断探索，为福建女企业家事业的发展助威呐喊、排忧解难，带领众多姐妹搭建平台、进行创业心得分享，鼓励培养一批走出家庭、独立自信的新时代女性。在省女企业家协会的指导下，福建省先后有 262 位女企业家被评为“全国三八红旗手”“全国杰出创业女性”“全国巾帼建功标兵”等。

传统风物、故土情怀的坚守者

2012 年，三盛集团携手企业形象代言人全智贤在北京召开了一场令人瞩目的战略发布会。会上，程璇代表企业演讲，她的开场白是这样的：“我来自福州，我是一个土生土长的福州人。”其间饱含着对于故乡福州的热爱。

程璇居住的地方烟台山是福州城最美的风景区之一。江对岸的仓山古名藤山，藤山之顶古设烟墩，因而此处称烟台山。《榕城考古略》载：“山多梅花，开时郡人载酒出游，故亦曰梅坞。”程璇生于斯，长于斯。福州的蜿蜒坊巷和温润风物，培育了程璇骨子里对故乡的情怀和责任，如一串隐秘的基因密码。

即使身处海外激烈的商战中，她坚定地要求保留福州街区内老旧的教堂，保留记忆里珍贵的旧时光。作为福建省和福州市的人大代表，程璇曾经多次建言：请有关部门在改造福州城一些老街区的过程中，尽可能留住遒劲的古榕树，留住有年份的老建筑，因为那种血脉里和故乡的情感联系，越久远，越深沉。保留老榕树、老建筑，将有助于强化福州人的乡土情结。

三盛百督府实景照片

这份深沉的故乡情怀，在三盛每一个带有地域精神烙印的作品里，清晰可见。最为人熟知的，莫过于地产界耳熟能详的标杆作品——三盛百督府。

福州人乡土记忆的深处，矗立着一座传统古建筑。“一片三坊七巷，半部中国近代史”，“三坊七巷”是福州的历史之源、文化之根，被誉为里坊制度的活化石。在与三坊七巷相对的土地上，唐开元十三年（725 年），建福州都督府。清朝设八大总督府，其一“闽浙总督府”，地点在昔日福州都督府西北的保福山。面对这样一块充满历史厚度的传奇土地，程璇带领团队，历经 10 年锤炼打磨，终于在基址上呈现了督府的风貌。而更给人深刻印象的是，福州仅有的两座水榭戏台得以保

留：一座代表了福州过去的辉煌，位于衣锦坊内，看时光飞逝，花开花谢；另一座代表了福州未来的浪潮，就坐落于百督府内，名“畅音阁”。

程璇对故土的这份深深热爱，我们可以从《三盛·百督府价值白皮书》中品读出。作品背后流淌的，不只有对建筑形神的敬畏和尊重，更有一位女性企业家对中国传统文化、对故乡建筑风物的自信和传承的担当。

程璇认为：“地产界有女性是很好的，有女性企业家的公司，至少它的产品是很细腻的，它会从客户情感的角度去想问题。其实建筑不仅仅是钢筋水泥，更是建造一个家，一个时代的温暖缩影。”正是女性的角色，使程璇成为传统风物、故土情怀的坚守者。

三盛集团企业文化的践行者

2020 年三盛春晚的开场表演很顺利，程璇轻松走下舞台。三盛人自编自导自演的节目轮番上演，又是一个难忘的美好夜晚。作为三盛集团的当家人之一，程璇对三盛春晚倾注了热爱和激情，要求每一个动作都要做到尽善尽美，这才有那些动人的时刻，这才有那些为外界津津乐道的赞誉。

这份企业文化的传承，在三盛“盛行者”十年远征的故事里，同样娓娓动人。三盛人置身于大自然中磨砺意志的征程延续了十年。2019 年尼泊尔布恩山小环线徒步，迎来“盛行者”的十年之期。5 天 6 夜，66 名公司负责人一起途经悬崖峭壁，有策略、有节奏地走完全程，没有一个人选择下撤。当时，程璇腿部受伤骨折尚未痊愈，但她依然坚定地走在队伍里，带领并激励团员前行。这是“盛行者”十年来

程璇参加三盛集团高管团队尼泊尔徒步穿越

三盛集团上海总部成立

的远征中人数最多、难度最大且更具有意义的一次行程。整个三盛团队圆满完成任务，完美地践履了三盛集团“极致、热爱、向上、前行”的品牌理念。极致精神就像泅渡险滩绝壁的绳索，牵引着每一个三盛人并肩走在一起，踏平前行路上的种种障碍，抵达终点。

无论外界赋予程璇多少个标签，只要我们了解她充满奋斗色彩的人生，我们会看见那些极致精神在她身上熠熠闪光，在她想要做的每一件事里产生推动力，在三盛经年累月的发展和坚持中沉淀为文化底色。

2019 年，三盛总部搬迁至上海。这一年是三盛冲击“销售千亿、资产千亿”双千亿目标的第一年，程璇更忙了。她透露：未来，三盛将继续以“专注中国家庭头等大事”为企业使命，深耕居住、教育、健康、科技等多元产业，以坚定不移的目标、坚韧不拔的意志，在冲刺“双千亿”战略奋斗目标的同时，努力为更美好的中国不断攀登、不断赋能。

程璇跨界拍摄 电影《我愿意》

结 语

人生就是这样，总有一件件重要的事情发生，是为了让我们看见一个个成长的自己。在做客新华网《双创群芳谱》节目时，程璇曾笃定而动情地说："任何时候做任何事情，都全力以赴把事情做到最好，极致就是爱拼敢赢的精神，是三盛文化的底色。"

这位雷厉风行、不让须眉的闽南女子，每一次出现在公众视野中，总是保持着灵魂有香气的模样，走自己的路，做自己想做的事，发出属于自己内心的光芒。天底下最简单与最难的事，或许，莫过于此吧！

10/

锃锵玫瑰

崔荣华和荣华控股集团

2019 年 3 月 7 日，在陕西代表团全体会议上，崔荣华代表（中）与代表们就乡村振兴立法的建议进行讨论

作为十三朝古都的西安，商业发展由来已久。早在汉唐之时，长安已商贾云集，八方辐辏。陕西商人一直秉承吃苦耐劳、诚实守信、奋志经营、迎难而上、顽强拼搏、富而不奢的精神。

荣华控股集团党委书记兼董事长崔荣华深受这种商业传统的浸润，勇敢开拓、富有远见、锐意进取、注重大局、着眼细节等企业家精神早已融入她的潜意识，成为她在创业过程中不可或缺的一部分。

崔荣华，荣华控股企业集团党委书记、董事长，中共十八大代表，第十三届全国人大代表，陕西省人大代表，陕西省工商联（总商会）副会长，全国工商联女企业家商会常务会长，中国女企业家协会副会长，荣华慈善基金会联合创始人，陕西省康养协会会长，陕西省儿童福利会会长，陕西省光彩事业促进会副会长……荣获全国扶贫开发先进个人、全国三八红旗手、中国杰出创业女性、中国百名杰出女企业家、中国光彩事业奖、陕西省劳动模范、陕西省中国特色优秀社会主义建设者等荣誉。

不畏艰辛，弄潮敢为人先

1992年，崔荣华正值而立之年，虽说工作稳定、家庭美满，但她常觉得心里有些空荡荡的，似乎离理想越来越远。她宁愿辛苦争取，也不要享受安逸，迷茫的她在寻找一个更好更大的舞台。

随着邓小平南行讲话精神从南方传到陕西，新一轮改革开放热潮点燃了崔荣华内心热情的火苗。怀揣梦想，1994年她毅然选择从建筑国企辞职“下海”。在几个志同道合的朋友帮助下，菊林酒店正式营业。十几个人、一百平米、十几张桌子，凭着一股闯劲儿和干劲儿，崔荣华从餐饮起步走上创业之路。

90年代末，房地产业在全国兴起，崔荣华将目光转向自己的老本行——建筑业。1997年，她投资10万元，开始进入房地产开发领域，跑工程、竞标、下工地，三九天做标书冻得伸不出手，六月天骑着自行车跑工地。忙的时候，每天工作十七八个小时是常事。她常带头加班加点。在她的带领下，员工干活主动积极，工程处逐渐打开了事业局面，名声越来越响。

1997年9月，西安凯发房地产开发公司成立，首期投资的是位于经开区的商用写字楼——凯发大厦。这次投资面临巨大风险：当时的经开区位置偏僻，市场态度不明朗。斟酌之后，崔荣华决定迎难而上。由于注重质量和细节，一直不被大家看好的写字楼，通过团购等方式，在一个月间全部售罄。公司资金迅速回笼，债务偿清，还有可观的盈余。

崔荣华从不怀疑自己的眼光，按照早已规划好的事业蓝图，她带领荣华集团走向更宽广的舞台。

创业初期规模不大、简净朴素的菊林酒店，作为崔荣华锻炼成长的摇篮和荣华集团的发源地，寄托着她特殊的感情。而集团母公司——西安荣华集团有限公司作为西安市房地产业迅速崛起的一支骨干力量，已相继开发多个健康住宅群和现代化智能式金融、经贸写字楼项目，依托智能化、个性化、功能化等方面的优势走在市场前列，连续数年成为西安经济技术开发区利税大户，且于2006年获得国家房地产开发一级资质。荣华集团旗下的荣鑫物业也于2013年取得国家一级物业管理资

600 亩综合大盘荣华·水岸新城项目

质，服务面积超千万平方米，成为中国物业管理协会员单位、陕西省物业管理协会副会长单位，并于 2018 年挂牌新三板。

在多元化扩展的道路上，崔荣华一步步往前推进。2014 年，新的发展阶段开启，她把这一年定义为“二次发展元年”。就在这一年，集团确定了“聚焦主业、深度合作、稳健提升、产品升级”的发展方向，并紧跟政策和市场趋势，确立了“绿色建筑、生态农业、社区物业和养老产业”四大服务板块。在此思路指导下，荣华控股企业集团成为以房地产开发为基础，集健康颐养、幸福物业、绿色建筑、生态农业、金融投资为一体的人居生活服务综合型集团公司。

2018 年 9 月 10 日，西安荣鑫物业管理股份有限公司成功挂牌新三板

发力兴企，持续拓展领域

现代农业成为荣华控股新的发力点。

荣华控股西安市鄠邑区以 2000 亩葡萄种植基地为依托，重点发展休闲农业和乡村旅游。2017 年，荣华控股与户县人民政府合作，规划用地 5 万亩，共建集“现代农业 + 休闲旅游 + 田园社区”为一体的田园综合体模式的国家级现代农业开发示范园和新型特色小镇项目，加强农村一、二、三产业融合发展。此项目所获得的陕西特色小镇特别贡献企业奖、陕西乡村振兴推动力人物奖、陕西田园综合体创建范例奖、陕西特色小镇声誉度指数 TOP20 奖等殊荣，更加坚定了崔荣华带领企业发力现代农业的信心与决心。

在黄陵地区，荣华集团拥有 5000 亩果园。2017 年 9 月，黄陵县与集团签订

2019 年 10 月 18 日，集团党委书记、董事长崔荣华与重要嘉宾、合作伙伴、退休老员工等齐聚西安，共同见证荣华控股 25 周年盛典活动。

黄陵翡翠梨开发战略合作框架协议。公司运用高科技提升了产品质量，研发了衍生产品，提高了附加值，促进了当地经济的发展。黄陵荣华果业庄园已成为中国果业龙头企业百强、陕西省农业产业重点龙头化企业之一。

随着自贸区挂牌、户籍政策放开的利好落地，陕西正迎来前所未有的发展良机，崔荣华及陕西的民营企业家信心倍增。

从第一个五年夯实基础到第二个五年的品牌塑造，从第三个五年的创新发展，再到第四个五年的转型升级。2020 年，崔荣华又提出：以物业服务业务为发力原点，依托社区大数据资源，反向统筹集团全部资源联动，打造新主业的创业之旅。

对于历经商海 26 载的崔荣华来说，这将是一次脱胎换骨、重塑身心、彻底改变企业盈利模式与团队行为习惯的旅程，也是一次全新、未知且不容失败的转变，更是一次对企业未来发展具有深远影响的重大实践。面对未知与挑战，崔荣华一如既往地坚定而笃行。

不让须眉，兼顾大格局与小细节

年轻的女创业者一定要选择适合自己的行业，要凝聚更多力量、更多资源，抓住更多机会。这两点，是崔荣华的成功秘诀。

荣华集团起步于酒店和建筑业，源于崔荣华干老本行的经验。尽管工程承包、房地产开发主要是男性占据主导权，但崔荣华很少考虑性别差异，更别说事业给她带来的工作压力。在工作时，崔荣华常常忘记自己的女性身份，从不认为自己是弱者。

崔荣华希望自己是一棵树，既有枝条柔美，又有刚挺身躯，在岁月中沉淀出清晰年轮，尽量延展生命的宽度。在尘土飞扬的工地上穿梭，她没有喊半句苦。她对工作的热爱远远超出她对工作中的困难和压力的感受，支撑她克服一道道难关。

在荣华集团房地产经营模式上，崔荣华的眼光和攻克难题的执着精神令人佩服。

在初期，团购是荣华房地产经营的一个亮点。由于在运作上存在着资源要求高、工作量大等困难，其他房产公司纷纷知难而退，而荣华集团展开了锲而不舍的“攻坚战”。为了让客户满意，团队经常为一些细节将户型反复修改，多次调整。虽然成本略高，但价格定得比较低，崔荣华的原则是“人性化，面对工薪阶层，老百姓需要的，就是我应该去做的”。

崔荣华既有大胆执着的气概，也有细腻敏锐的风格。这反映在打造企业形象上——大的格局展现胸襟，细节之处彰显风度。

荣华集团办公室的设计风格讲究，色彩搭配和谐，细节之处更见格调：卫生间的香水、护手霜、口气清新剂等，办公区域及洽谈室的红蓝黄色调搭配，熨烫机、吹风机、急救箱、针线包一应俱全，咖啡机、酸奶机、冰箱……只为打磨企业细节的动人之处，让员工在舒心、贴心、暖心的环境中谋事成事。

崔荣华认为，女同志细腻，不会太过冲动，韧性更强，善于协调各方面的关系，这是女性创业的优势。将理性与感性交融，大局观与细节掌控步调一致，是她成功的不二法门。

创新揽才，“出题”和“答题”育才

作为企业的上层决策者，懂得如何引入人才、强化管理、激发员工上进心，既是态度问题，更是方法问题。崔荣华用心琢磨，为荣华集团量身定制了一套特色的选人用人系统。集团管理者和员工们称之为“出题”和“答题”。

怎样招揽人才，是崔荣华给自己出的第一道题。每做一步决策，她都把“物色到合适的人”放到第一位。招揽到专业人才、充实战备力量，是战略决策至关重要的一着棋。

崔荣华发起青年力量训练营，从各业务板块择优遴选青年骨干进行为期一年的重点培养，课程涵盖专业综合管理、心理素质提升、外出培训交流。用她的话说，就是搭建鸟巢和熔炉，孕育锻造青年英才成为业界精英。如今，一批 80 后已成长为总裁、副总裁等公司高管，一批拥有创新思维的职业经理人、事业合伙人在发展中发挥着越来越重要的作用。

荣华集团的日益壮大，也离不开请来的高级工程师的努力。面对理论经验丰富的他们，崔荣华常针对性地“出题”。在集团，所有请来的高级工程师，都要经过她“出题”验证，经历一段“痛苦”却高效的蜕变。

闲人和庸人在荣华集团没有出路，跟不上民营企业的机制，必定掉队出局。在崔荣华看来，自己是负责搭舞台的人，员工是舞台上的表演者。人都有潜力、想法，关键要有适当的舞台和空间。她将集团骨干分为几批：第一批是并肩创业的元老级人物，他们对企业有很深的感情，愿意为企业无私奉献；第二批是企业发展过程中从社会上招聘的扛担子的人员，硬活急活总是能打敢拼；第三批是请来的一批专业性很强的高级工程师，做事周全，总能独当一面。崔荣华知人善任，使每个人都成为集团运作中不可或缺的一环。

除了对人才能力设定高标准、高要求外，崔荣华要求员工品行端正。即使能力再强，岗位再缺人，有才无德立刻请出。

高水平的要求，对员工个人来说，带来了压力，可对荣华集团来说，则激发了动力。做得好，待遇自然高。激励员工施展才华，为有能力贡献突出的员工配备专车和住房、国内名校培训等，崔荣华一向慷慨。

崔荣华提倡“快乐地工作”，同时关心员工的生活及家庭。她引导员工在热爱事业的同时，更要热爱生活。她常与员工“打”成一片，家宴招待他们及他们的家属，带女员工一起购物，与大家一起体验全新的科技智慧……集团的凝聚力，便在她充满人情味的关怀中，逐步强大起来。

这套管理融规范、严格和优厚于一体。荣华集团整合外资企业的管理方法、民营企业的激励机制、国有企业的福利待遇，既给员工留有空间，又对他们形成一定的压力，便于员工发挥主观能动性。

经历一次次“出题”和“答题”的良性循环，浸润在荣华高效与高质量的工作氛围中，所有的员工都以精神最饱满的状态迎接任务和挑战，在为企业交上一份份完美答卷的同时，也在不断磨炼自己中，获得提升。

医养结合，争做行业龙头

随着经济社会发展，健康已成为民众生活的普遍追求。我国老龄化社会正在加速到来，养老问题也日益受到各界重视。近年来，涵盖养老、养生、医疗、文化、体育、旅游等诸多业态的康养产业在我国蓬勃发展，成为备受各方关注的新兴产业。

“大孝治国，中孝治企，小孝治家”是崔荣华一直倡导的理念。自2012年开始，她带领荣华集团，将康养产业定位为现代服务业的一个重要方向。转型伊始，她着手布局打造以“医养结合”为特色的荣华养老。

荣华养老的首个项目，是位于西安市鄠邑区美陂湖畔的荣华·清荷园 CCRC 高端养老社区，引入了美国、法国和日本的先进理念。项目提供智能化的养老设施、“三大秘书”的服务体系，为住户提供全方位的养生、养老享受。随后，在养老社区附近，她投资建设了配套的老年康复医院。

2017 年，西安社区养老标杆项目——荣华欢乐颂养老社区服务中心启动运行，老年大学、老年综艺、老年旅游、无创体检、康复理疗、健康档案管理、日间照料、老年餐桌、居家上门服务等一应俱全，为社区老人提供便捷多样化的星级服务。与此同时，她在西安城区开办了 30 多个社区养老服务站，为实现老有所养和老有所乐创造条件。

2018 年 9 月，荣华养老联合西安工会医院，运营 6 万平方米的公建民营曲江老年公寓。如今，在养老产业领域，荣华养老已建成 2 个老龄社区，20 多个养老服务中心、康复医院、养老公寓，形成“居家养老、养老社区、康复医院”三位一体养老服务的养老模式，成为当地康养行业领头者。

2019 年，陕西省长乐健康养老协会成立，崔荣华当选为协会首任会长。在她的带领下，企业和协会致力于发挥示范带头作用，打造健康养老品牌，加快健康养老服务体系建设，规范健康产业服务行为，为提高全省健康养老发展水平，推进健康陕西建设做出更大贡献。

尽心帮扶，投身慈善关怀

作为企业家，崔荣华在不断拓展事业的同时，不忘在慈善事业上坚持投入。从创业伊始，她一直把对弱势群体的帮扶与追求企业利润看得同等重要。在她看来，追求社会效益比追求企业利益更加重要，社会责任和担当是企业家精神的核心。

2008 年，荣华集团积极响应政府号召，承接了池东村拆迁安置工作。但项目启动不久，突如其来的汶川地震和金融危机，令西安市房地产市场陷入低谷，同期参与区内城中村改造项目的企业纷纷放缓了改造步伐。同样面临严峻的资金压力，崔荣华要求企业“克服一切困难，保证村民按期回迁”，集中资源优先保障池东村拆迁安置项目顺利推进。

2010 年 5 月，陕西省“千企千村”扶助行动启动，荣华控股与秦岭山脚下的胡家庄村结为帮扶对子。接受任务后，崔荣华首先捐资改善村容村貌，另外组建工作班子落实扶贫工作，研究帮扶思路和措施。她聘请农业专家深入帮扶点，进行全面深入调研，制定了以“千村千企”帮扶联姻，以葡萄为媒，实行产业带动、村企合作、群众参与的产业帮扶模式。通过土地流转、集中化规模化经营，使农民离土

2011 年 2 月，荣华积极响应省委省政府“千企千村”号召，于户县胡家庄村投资建立荣华葡萄产业园，以产业扶贫带动当地经济发展。

不离乡、失地不失利、失地不失权、失地不失业，带动农民脱贫致富。目前，胡家庄村葡萄种植从 300 亩发展到 2400 亩，农民人均纯收入从帮扶前的不到 2000 元增长到现在的 2 万多元，在册贫困户全部脱贫致富。胡家庄村被评为西安十大最美乡村。

荣华控股扶贫模式不断更迭升级，从 1.0 版“千企千村”产业扶贫，小麦变葡萄；到 2.0 版“万企帮万村”融合三变（土地资源变股权、帮扶资金变股金、农民变股民）精准模式；再到 3.0 版三元融合的 PVT（现代农业产业园 + 田园综合体 + 特色小镇）扶贫模式……从助力脱贫攻坚到参与乡村振兴，崔荣华带领企业一步一脚印稳扎稳打。荣华控股先后荣获全国扶贫开发先进集体、全国“万企帮万村”精准扶贫行动先进民营企业和陕西省“万企帮万村”先进集体等殊荣，《人民日报》在头版显著位置对其产业帮扶事迹进行了典型报道。

2019 年 6 月 25 日，荣华控股与法国娇兰集团合作，开展“国际品牌 + 香料种植 + 产业扶贫 + 社会公益”乡村振兴新模式。

2019 年年初，荣华控股与法国娇兰集团开启合作，在陕西贫困地区发展香料种植，依托娇兰集团设计体现陕西特色的定制香水，进而形成“国际品牌 + 香料种植 + 产业扶贫 + 社会公益”的乡村振兴新模板。娇兰“西安味道”香水每销售 1 瓶，将有 1 欧元投入到乡村振兴可持续发展公益项目。

作为荣华慈善基金会联合创始人，崔荣华非常看重公益教育。她倡议转变慈善方式，关注公益教育，依靠专业化的教育力量，真正将公益慈善普及落到实处。

多年来，荣华先后出资与省、市有关部门举办了一系列社会公益活动：“庆六一、手拉手、献爱心”活动、蓝田县贫困小学生助学活动、“三八”国际妇女节表彰及庆祝活动、“青年文明号”和“青年岗位能手”活动、支持北京 2008 年申奥成功及陕西跳水事业、“青年企业家西部行”赴陕经贸洽谈会、“母亲水窖工程”、“母亲健康快车”活动以及支持陕西严肃音乐事业等，并为陕南抗洪救灾、渭南抗洪救灾、陕西省抗击“非典”活动捐款捐物。

荣华人始终秉承“以舍为荣，因德而华”的企业核心价值观。在发展经济的同时，为反哺社会，荣华控股专门设立了“陕西荣华慈善基金会”，建立养老事业发展基金，将党建引入慈善工作，在企业和社会营造扬善、行善、助善、向善的氛围和风气。截至目前，崔荣华带领企业投身捐资兴学、扶贫济困、乡村振兴、灾难救助、养老爱幼、古建保护等社会慈善公益，累计捐资捐物近 2.4 亿元。

崔荣华认为，发挥好自身力量，积极为人民发声，为促进经济社会发展尽心尽力是自己的义务。企业家精神就是要履行责任、敢于担当、服务社会，热衷公益事业，满足人民对美好生活的向往。给予是一种美德，奉献更是一种责任。

结 语

自 1994 年以来，崔荣华经历了二十几年的商海奋战，闯出一条属于自己的路。

崔荣华认为，成功的秘诀在于不断学习，抓住机会，找到最适合自己做的事，并锲而不舍坚持把这件事情做好。社会责任和担当是企业家精神的核心；企业家精神就是要拥护党的领导，支持企业党建工作，履行责任、敢于担当、服务社会，热衷公益事业，满足人民对美好生活的向往。

作为陕西较早一批创业的企业家的一员，崔荣华秉持独有的“以舍为荣，因德而华”精神，成为在商业竞争中开出的一朵铿锵玫瑰。

面向未来，荣华集团将一如既往地拓展市场，加大科技创新和管理创新力度，并将在养老事业、民生工程和小城镇建设中，发挥自身作用，通过积极联系海内外资源，成为有持续竞争力的令人尊敬的现代企业集团，为建设更美丽的中国添砖加瓦。

崔荣华创业历程

- 1994 年 3 月　西安菊林酒店开业，走上创业之路
- 1997 年 9 月　西安凯发房地产公司成立，投资开发了西安经济技术开发区第一栋商用写字楼凯发大厦
- 1998 年 3 月　荣华企业集团成立，同年承建第一个住宅项目——未央工业园住宅小区
- 1999 年 8 月　开发建设西安经济技术开发区荣华明珠花园住宅小区
- 2000 年 9 月　荣华集团工会成立
- 2001 年 6 月　荣华集团党支部成立
- 2002 年 3 月　投资开发西北首家健康住宅社区 EE 康城
- 2004 年 5 月　品质实力代建开发曲江翠竹园、雁鸣小区
- 2005 年 6 月　西安市曲江新区 CBD 公寓拿铁城项目奠基
- 2006 年　荣华集团有限公司获得国家房地产开发一级资质
- 2007 年 8 月　西安荣鼎置业公司成立，600 亩综合大盘荣华 · 水岸新城项目启动
- 2008 年 3 月　阎良区首个低密度生态景观大盘——航空基地碧水蓝庭项目正式开发建设；西安经开区城中村改造项目投资启动
- 2009 年 6 月　北客站项目管理分公司成立，集团代建百万平方米北客站安置项目随即启动；与阎良国家航空产业基地管委会合资成立荣航房地产开发有限公司
- 2010 年 2 月 8 日　北京荣华道诚国际文化发展有限公司成立，企业开始进军文化传媒产业
- 2011 年 2 月　荣华积极响应省委省政府“千企千村”号召，于户县胡家庄村投资建立荣华葡萄产业园，以产业扶贫带动当地经济发展。
- 2014 年 5 月　企业品牌形象全面升级，正式更名荣华控股
- 2015年9月8日　西北首家复合式养老社区——荣华 · 清荷园社区开园
- 2016 年 12 月 31 日　荣华控股与王府井合作的西北首家赛特奥莱开业
- 2017 年 9 月 22 日　浐灞国家级生态区总部经济园项目旭辉荣华公园大道开工
- 2018 年 9 月 10 日　西安荣鑫物业管理股份有限公司成功挂牌新三板

崔荣华深入田间地头宣讲全国两会精神

11／

悬壶济世，授人以渔

何银萍和何氏通络开结术

她出生于中医世家，毕业于北京燕京医学院，作为何氏通络开结术第六代传承人，始终坚守“不为良相为良医”的治病救世家训。为减轻父亲病痛，她五岁立志学医；十六岁起，她学习医术；她创建何氏健康养生企业，不断精进中医技术，帮助更多人身体康复。

她不仅悬壶济世，还授人以渔。她集多家之长研发的“何氏通络开结术”在 2017 年被列为北京市海淀区非物质文化遗产项目。作为非物质文化遗产传承人，她不吝广泛传授“何氏通络开结术”。为考核学员，亲测操作力度和深度，她拥有“最美后背”。为传播中医养生保健知识，她编写了《健康财富学》《德行养生馆》等书。

她是何银萍，传统医药类非物质文化遗产项目“何氏通络开结术”第六代传承人，何氏浩生（北京）国际中医药科学研究院院长，北京轩辕国医堂中医门诊部主任，北京市第十四次妇女代表大会代表，中国民族医药协会传统医药特色评鉴专业委员会副会长，中国管理科学研究院商学院客座教授，北京市国仁中医药家庭保健促进中心理事长，中国女企业家协会理事，北京市女企业家协会副会长……

一颗孝心，指引方向

何银萍的记忆是从听到父亲撞墙的“咚咚”声开始的。她的父亲是一名残疾人，每逢阴雨，全身

何银萍主编的三本书

疼痛，有时忍不住疼到撞墙。到后来，他只能拄着拐杖走路。那“咚咚”的撞墙声和“嗒嗒”的拐棍声，一声声敲打着何银萍幼小的心灵。5 岁起，她就为父亲按摩腿脚。自那时起，她便立志长大后要学好医术为父亲缓解病痛。

正是这份孝心，指引她走上学医的道路。自 16 岁起，她利用课余时间，开始与长辈学习中医。由于勤奋好学、刻苦钻研，加上天资聪颖，她深受师傅的喜爱。师傅要求极为严格，强调光凭口述学习很难悟出操作这门技术所需要掌握的深度和力度，必须经常用自己的身体去感受。学医很辛苦，但她凭着坚定的信念，成为唯一的“何氏通络开结术”第六代传承人。

她执业后，从没有放弃学习，拜胡维勤教授为师，跟他学习保健养生的方子以及治疗慢性病的方法。她还博采多名中医大家之长，将何氏祖传技术与传统中医秘籍及现代化医疗科技相结合，创造了独特的手法和技艺。

通络开结，创新模式

1988 年，何银萍创建了何氏健康养生企业。她以何氏先祖开创的何氏通络开结术为基础，开创“何氏易筋通 6+1”系统养生模式。

相传，何氏通络开结术由清朝道光年间江苏青浦的民间中医何其功开创。他以《黄帝内经》的经络穴位理论以及《灵枢・经脉》骨肉关系的论述为基础，取祖传中医点穴手法精华，结合临床案例而创立此术。经历代何氏祖先传承、补充发展，何氏通络开结术广泛用于治疗颈、肩、腰、腿非骨折型疼痛以及因十四条经络堵塞引起的僵硬、疲惫、腿抽筋等症状。

何氏通络开结术的原理在于：正骨要先正肌。人体是骨肉相连的，骨和肌肉构成人体的两个组成部分，是运动器系内相对应的两方面，它们在结构上紧密相连，在功能上相互协调、相互为用，病理上相互影响。肌肉里有结节和条索就会造成经络堵塞，影响气血运行，经络不通就会造成脏腑失调和肢体疼痛。通过何氏通络开结术的手法开结，绝不动骨头，只是把骨头周围的结节打开，使经络畅通，通过放松肌肉和韧带，骨头就会自然归位，从而激发人体自愈能力，颈椎、肩周、网球

非遗代表性传承人领证书

非物质文化遗产何氏通络开结术

肘、腰、腿等疼痛问题因此得到解决。

何银萍在为患者治疗之前，都会先跟患者解释相关原理，以免患者紧张困惑，在患者同意之后才进行治疗。何氏企业的口碑是一点一点积攒起来的，并没有营销广告和销售团队，顾客就是他们最好的销售团队。

2017 年，“何氏通络开结术”项目成功获批为海淀区非物质文化遗产，从此“家传之宝”变为“区传之宝”。何银萍感到无比欣慰。她希望这份传统中医技术传承不衰并不断创新，未来有更多的人因此受益。

在 2019 年 6 月 29 日至 7 月 1 日举行的“世界中医药前沿论坛”上，何银萍发表了主题演讲，介绍了“非物质文化遗产何氏通络开结术”的创新与应用，并详细阐释了其原理，引发与会者和国际中医爱好者关注。

“最美后背”，亲验考核

2009 年，何银萍出席一个中医健康论坛，现场需要一位模特来演示。在场的人都犹豫着不肯站出来，何银萍勇敢地露出后背。当看到她背上那累累疤痕，全场人都惊呆了：“怎么会有这么丑陋的后背？”

原来，何银萍培训学生时，坚持要求所有的技术人员、健康管理师必须把她当作客户，把全套手法在她后背操作一遍，由她考核，合格者才允许上岗。每次考核都有十几名学生，而每个学生对穴位的掌握、手法、力度和熟练度不同，经常出现的状况是：一场考试下来，她后背磨破一层皮，甚至流出血来。每次考核结束，她回到家脱下衣服，受损表皮常连着衣服蜕下；睡觉起床后，床单常粘在她背上。因为背部常伤痕累累，多年来，何银萍常趴着睡觉。母亲每每看到她后背的惨状，常怜惜心疼她，劝她换种考核方式。但为了培养更多优秀人才，这一不成文的规定一直保留了下来。

有弟子建议她找其他人替代，甚至毛遂自荐，让她旁观督查，何银萍没有采纳建议。在她看来，只有亲自去感受操作者的手法、用力的深度及力度，才能给予恰当的技术和方案指导。她始终认为，做一件事就要尽心力去做好，对于热爱的事业，更要用心用爱去传承它。她后背上的道道疤痕，是责任与使命的最好见证。

正因何银萍对中医事业的无限热爱和对传承中医的不懈坚持，才有疤痕累累的“最美后背”。她要求各店店长、中层以上管理人员：“你们的后背一定要有我们的技术和产品的痕迹，你们要传承这份责任和使命。”

传承创新，古法新用

何银萍将创业秘诀归结为两个字：“心”“新”。不忘初心，不断创新，是何氏浩生一步步走到今天的不竭动力。

自传承祖上技艺以来，尽管时间已过去三十年，但始终不变的是她对健康领域的探索和追求。她不忘初心，始终铭记着传承和发展何氏医术的使命，持之以恒地研发、探讨，以期能应对不同时代出现的健康问题。

研究院成立之初，何银萍带领四个弟子，每天一早就扎到技术室，一待就是十多个小时。每一项新技术采用之前，何银萍总要在自己身上先试，她常说：“我们要用生命捍卫客户的健康。”

多年来，何氏企业克服了各种困难走到今天，团队越来越庞大，技能日益成熟，客户越来越多，口碑越来越好。何银萍的口头禅是“要对得起自己的良心，对得起客户”。她要求企业员工贯彻 8 字指导思想：“心怀感恩，脚踏实地。”

在非遗技能上，何银萍致力研究每一个结的打开手法，部位不同手法也不同，她对症状的解决方法了如指掌。而在企业管理上，何银萍毫不懈怠，给企业确定 12 字方针，“专注、坚持、重复、感恩、责任、使命”。她始终坚信：产品、技术再好，只能做到 1%，还有 99% 在于从业者的医德。守医德，倾一生，做一事，为人们健康保驾护航，是她的人生信条。

在何银萍看来，何氏通络开结术虽然是何氏先祖创立的，但它属于中国。为了造福更多人，她打破了传统技能“家传”的模式，成功将何氏通络开结术流程化、标准化，使其变得易于复制，并致力于将这项技术传授给后学。2000 年，她创建北京何氏职业技能培训学校，2004 年创办何氏浩生（北京）国际中医药科学研究院，2017 年成立北京轩辕国医堂中医门诊部，2019 年成立北京市国仁中医药家庭保健促进中心。通过一丝不苟的言传身教，至今她已经手把手带出百余名弟子、上千名技师。

虽然现在何银萍不必在一线工作，但她依然坚持每天都上手操作。通过与求助者接触，她不断积累经验、总结案例。有很多人慕名来找她治疗，她不愿辜负患者。她不想忘记自己的初心，更需要在实践中持续提升技能，创新技术。

随着社会的发展，人们生活水平的提高，越来越多稀奇古怪的症状出现，光靠传承的非遗技能无法解决。只有通过不断创新，让传统医药类非遗技能插上科技翅膀，才可能有效解决新问题，给更多人带来健康。

何银萍一直在尝试创新，探索古法新用。与师傅们相比，她接触的儿童患者更多，经过长期摸索，她总结出不少新经验：“孩子的结节更易打开，在手法上要更加柔和，需要用八分的气，两分的力，成年人至少得四六分。这就跟太极一样，讲究的是以柔克刚，硬碰硬会两败俱伤。”

2018 年，何银萍专门开发了一套“5 分钟家庭亲情互健手法”，这是一套专门给家人按摩放松的手法。她传授给所有员工，要求他们每次回家为父母按摩。此外，她多次下社区、走进扶贫地区传授“5 分钟家庭亲情互健手法”，期望各家庭通过家庭成员间进行互助式亲情互健，增加沟通和爱护，使身体强壮，从而达到预防疾病、减少病痛的效果。

大医精诚，利身荣国

何银萍一直认为中医药文化是中华民族具有特色的传统文化之一，它应该为老百姓的健康发挥保驾护航的功用。在她看来，传统中医药行业的发展现状稳中向好。随着政府相关政策的出台，在经济发展的带动、百姓对中医药认知的深化、社会需求的释放等多方面因素合力助推下，国内中医药保健行业正迎来良好发展态势，越来越多的人倾向于选择中医药进行治疗和预防。

何银萍凭借着手法开结、脚法通络之术，一步步将何氏的祖传医学发扬光大，也乐于将其传授给更多的人。

作为一名传统医药类非物质文化遗产代表性传承人，身处创业大潮中的她，比普通人更能明白和体会创业者的境况。在企业发展竞争日趋激烈的今天，企业家们长期奔波而忽视了身体，健康状况堪忧。何银萍表示，企业家们要唤醒健康意识，树立健康管理理念，对健康问题要未雨绸缪，做到早发现、早治疗。只有保持健康的身体状态，才能做好企业"当家人"，成为经济发展的中流砥柱。

心有大爱，情暖人间

何银萍认为，一家企业的发展，一名企业家的成功，离不开党的坚强领导，离不开改革开放的大好政策。作为企业家，更需要有强烈的社会责任感。因此，响应组织号召，深入边疆、牧区、乡村，为贫困妇女健康助力、健康脱贫成为她的责任和心愿。

何银萍曾多次到黔西南、新疆和田地区、河北承德和涞水等地开设扶贫助残中医保健养生讲座，开展康复理疗活动，多次到贫困地区捐款、捐物、捐药等，累计捐助价值达百余万元的各类物款以扶贫、助残、助老。2019 年，她带领团队开展扶贫、助残、助老、健康讲座等公益活动共计 71 场。

聘书

Letter of appointment

何银萍同志：

特聘您为“统一战线医疗扶贫黔西南试验区专家团”成员。

黔西南“星火计划、科技扶贫”试验区

工作委员会

二〇一七年三月三十一日

何银萍特聘为统一战线医疗扶贫黔西南试验区专家团成员

何银萍还在门诊部专门设立残疾人康复屋，为来此就诊的残疾人做康复调理，把他们当作亲人。多年来，她为各类残疾人提供各种针对性康复服务 200 余人次，改善了他们的健康水平，极大地丰富并方便了他们的日常生活。在她耐心、细心、充满关爱的康复调理下，20 余位坐轮椅和肢体受限的残疾贫困妇女实现了生活自理。

她还招收 5 名残疾贫困女弟子，传授何氏通络开结术技能，让她们在自我保健的同时帮助他人，为她们提供就业岗位，让她们找到成就感、获得尊严。

何银萍一直在公益推广家庭健康，企业官网、天涯“何氏养生”社区等都是她传播养生知识、倡导淡泊的人生态度的空间。她认为在疾病面前大家都是穷人，只有健康是唯一的财富。她为一些优秀人才因为疾病而英年早逝感到痛惜，也为很多

何银萍参加北京市第十四届妇女代表大会合影

疫情期间何银萍到北京医院捐物

家庭因病返贫、因病致贫感到痛心。

何银萍认为，重视家庭日常保健是我们追求更高层次的生命质量和生活幸福的重要通道，因此，应为作为家庭健康守护者的广大女性提供更多健康讲座，提高健康认知和更新健康理念，做好家庭健康管理。

2019 年 6 月，她积极响应海淀区开展的“扶贫助困手拉手 同心同力助脱贫”捐款活动，捐赠现金 3 万元。

2020 年，新冠肺炎疫情暴发后，何银萍为北京市女企业家协会、中国中小商业企业协会、西三旗街道、北京医院等多家组织和单位捐出了多笔善款和口罩、手套、消毒液等防疫物资，捐赠物资价值 43 万元；向北京市慈善义工联合会捐赠非遗何氏通络贴 10000 贴和 3.7 升 75% 酒精 10 桶，总价值约 6.22 万元；向北京市十六个区县妇联共捐赠暖宝贴 100020 贴，捐赠非遗何氏通络贴 5000 贴，总价值约 13.09 万元；向河北省涞水县新型冠状病毒感染的肺炎疫情防控工作物资保障组捐赠 3.7 升 75% 酒精 50 桶，总价值约 1.2 万元。

结 语

尽管在传承传统中医药的道路上，有时会感到困惑无助，有时会觉得孤独寂寞，但何银萍一直在坚守着，从未停下前进的脚步。

在何银萍看来，千千万万的女性创业者一直在做着改变世界的事情，在用自己的方式让世界变得更加美好。身为女性，要做自己的一盏灯，要有自己的光芒。“我们可以不耀眼，但是一定要有属于自己的光，照亮自己的前程。”何银萍是这么说的，也是这样做的。

旅居人间数十载，悬壶济世度此生！这是何银萍的初心和志向！

何银萍创业历程

- 1988 年 创建何氏养生企业
- 2000 年 创建北京何氏职业技能培训学校
- 2004 年 创办何氏浩生（北京）国际中医药科学研究院
- 2017 年 成立北京轩辕国医堂中医门诊部
- 2019 年 成立北京市国仁中医药家庭保健促进中心

何银萍授课

12／

诚信农商，哲思管理

栾芳和中央红集团

鬓染华发亦芳年，豪情不减巾帼花！

在中国北方，有这样一位传奇女企业家：她花甲之年开启再次创业的精彩人生；她为了孩子们的健康跨界做农业；她疫情当前逆行保供第一线……她就是栾芳，哈尔滨中央红集团股份有限公司创始人、董事长，中国女企业家协会副会长。

1951年出生于黑龙江哈尔滨的栾芳，是家里最大的孩子，她从小学习好，酷爱哲学，一心想考北大哲学系，梦想在大学当哲学老师。但天不遂人愿，父亲离世，家里的经济重担不能让母亲一个人扛，她只好暂时放弃梦想，步入社会工作赚钱。工作之余，她不忘读书，更支持弟弟妹妹读书考大学。

20世纪90年代，她以公务员身份领办国有企业，创建哈尔滨中央商城，靠"信誉为本"创品牌，先后创下了国有商业运营多个第一；她率先试水国企改制，辞去公职与员工风险共担。在企业经营如日中天之时，她"跨界转型"投资了回报周期长的有机生态农业，成为一名"新农人"，在黑土地上"十年磨一剑"……经过近30年艰苦奋斗，她带领中央红集团由单一传统零售业发展成为社区商业、新农业、绿色食品深加工、新文化四大产业齐头并进，跨行业、跨地区、多元化、立体化发展的产业链集团。

栾芳曾获得三项国内贸易部科技进步二等奖，为全国五一劳动奖章获得者，曾荣获"全国优秀女企业家""全国杰出创业女性"、品牌中国"十大管理女杰""中外管理·中国企业领导力奖""有机中国年度贡献人物""中国有机30年先锋人物"等荣誉称号。在黑龙江省改革开放四十年杰出贡献人物报道中，以母亲的情怀创业的她，被誉为"黑土女神"。

诚信为本，复兴百年老街

1992年，哈尔滨市道里区商委副主任栾芳刚过不惑之年，因曾对哈尔滨市的老商业街中央大街的历史文化做过研究，而被委以重任，担任在中央大街上建设一座现代化商业购物城项目的总指挥，带领五名机关干部，走上创业之路。

当时中国即将告别短缺经济时代，市场观念、商业模式还相当落后。百货业已

开业之初的哈尔滨中央商城

风光不再，假冒伪劣产品极为猖獗。这显然不是发展商业的好时机。何况，她接手的是一个资不抵债、处于亏损状态的国有企业。为了应对挑战，她翻阅了摞起来有一米多高的外国商业类书籍和资料，最终明确了“诚信为本，信誉经商”的战略决策目标，创建“中央商城·信誉之城”的品牌，实施“以文兴商，以情服务，以信誉赢市场”的经营策略。

中央商城对广大消费者顾客承诺：“坚决不卖伪劣假冒商品；不满意无条件退货。”此举在当时的哈尔滨商界引起了很大轰动，很多人说栾芳是“傻子商人”。有些顾客趁机钻空子，买商品回去派过用场后再退货。为了信誉，中央商城付出巨额代价，却赢得了人心，换来了“中央商城·信誉之城”的好口碑及大量的客流和财源。无理由退换货，在今天已经不再新奇，但在 20 多年前，这绝对是一个前瞻而大胆的商业举措。真正的远见，就是能制造出那些当时引起非议，后来却司空见惯的事物。

为解决人才不足的问题，栾芳致力于抓好基层员工培养，提出“像办学校一样办企业，在创业的实践中培养经营型人才”，并亲自授课。同时，她还开展企业全面质量管理，推行 ISO9001 国际质量认证，极大地提高了企业经营管理水准。中央商城经济效益、社会效益双丰收。

中央商城的兴起，如何带动哈尔滨商业第一街——中央大街的兴旺，使充满欧陆风情的中央大街重新焕发新的生机和活力呢？栾芳深知百年中央大街历史文化的宝贵价值，对发挥中央大街的潜能充满信心。她积极倡导组建了“哈尔滨中央大街商会”，亲任第一届商会会长，带领中央大街的商家团队一起努力，打造哈尔滨市商业文明品牌第一街，使中央大街成为哈尔滨市旅游观光的首选之地，成为“冰城夏都哈尔滨”的一张靓丽名片。

改制先锋，坚守承诺廿年

1998 年，已担任区商委主任的栾芳接到更艰巨的任务：“收编”商委旗下的 27 家亏损企业，接纳近 5000 名企业职工，替亏损企业一次性偿还 4700 多万元的债务。拿中央商城的利润替这些亏损企业还债之后，2000 年，企业在银行的长期

中央红第一家月亮连锁店

贷款到期，企业却无钱归还，银行要拍卖全体员工辛苦集资、贷款建成的中央商城大楼。栾芳和员工痛心，市、区里领导也不忍心。

在千钧一发之际，栾芳毅然辞去公职，召开全体职工大会，宣誓将和员工一同奋战，保住大楼，与职工共担风险。中央商城员工用两天时间想方设法集资入股，从银行手里赎回了大楼，完成了一次自救式企业改制——没有社会参股，全体员工入股成为自己企业的主人。中央商城渡过难关，改制为哈尔滨中央红集团股份有限公司。栾芳因此成为黑龙江省国企改制第一人。

改制伊始，栾芳提出了“永远的诚信，永远的中央红”的发展理念，创建“三爱为德·德正业兴”的企业文化。“三爱为德”的理念是：“爱顾客财源滚滚，爱员工兴旺发达，爱企业富民兴家。”视顾客为企业的衣食父母，视员工为企业的财富资本而非成本，激发了员工的内在潜能。中央红集团的触角逐渐从喧闹的中央大街延伸到温馨的居民社区，中央红小月亮便利店走进百姓的生活，哈尔信阳光农园超市为社区消费者注入“健康、优选、乐活”的温暖阳光，她麾下的零售军团架构日趋完整。

同时，栾芳兑现了在职工群体大会上的诺言，每年以 20% 的额度为企业参股员工分红。这一分，就是二十年。

母亲情结，转战有机农业

2004 年，有朋友想托栾芳帮忙购买没用过化学除草剂的五常大米，她调动很多资源都未如愿买到。她不甘心，自己到农民家里去调研，结果让她很失望。调研中，她发现“三农”问题值得关注。她尝试与农民商讨有机种植、科学养殖，但农民的意识、农村的环境、农业发展的方向等现状，都不支持栾芳想与农民合作发展有机生态农业的意愿。

为了对消费者负责，让大家吃到健康无污染的农副产品，深思熟虑之后，栾芳决定自己做有机生态农业：到农村开拓，向上游深挖。

尽管受到一些人的质疑，栾芳依然雄心壮志。她明白，做有机农业，中央红有地利之便：黑龙江土地肥沃，天气寒冷，不易流行虫灾、传染病和瘟疫，适合种好粮、养好猪。中央红要用新的商业模式去开辟新市场，要努力去修补不完善的食品产业链条，打造健康、完整的农产品供应链。

同年，中央红建立了农业基地。为了不使用除草剂，有机大米基地坚持人工除草，为此耗费巨大的人工成本。基地承租了黑龙江省五常地区最好的水稻田，从韩国引进先进的水稻加工设备，以加工厂为龙头，组织稻农统一耕种、收割、加工。种植水稻时，中央红雇用种水稻经验丰富的朝鲜族农民。为保证水稻质量，基地严格按照节气规范水稻种植、护理、收割、脱米等系列流程，并采用原始的方法，天然大雪藏稻，低温环境加工贮存，以保留原生态大米胚芽。中央红农业基地的稻米被称作有生命的有机大米。

为培育新粮猪、健康猪，中央红利用集团新农业产业链优势，坚持用当年新鲜玉米和非转基因大豆由新农业公司统一制成饲料喂养生猪，并采用欧盟生产的具有先进技术的营养配料作为辅料。为让猪喝上干净健康的水，中央红集团不惜投入重金，花费近 200 万建设纯净水处理系统，保障猪场的供水安全。中央红养猪场坚决不给猪打抗生素，采用中草药配制药方。栾芳为此咨询了许多专家，高薪聘请人才。中央红集团先后研发了“中央红生猪科学饲养系统”“中央红生猪福利系统”“中央红生物粪肥回田系统”，建立了循环型的养殖、屠宰、销售、全程自主经营的新农业基地，得到了国家及有关部门的高度认可。

培育一块不存留化学物质的有机黑土地需要 5 年，即 5 年不耕种，只养地。为保证品质，栾芳坚持循序渐进，而非跨越发展。有限的黑土地，决定了有限的产量，更决定了有限的市场规模。市场的需求总是诱人的，但是她以坚持品质是唯一选择，以孩子能不能吃为唯一的产品标准。她总说自己是一个母亲，是中国母亲，想让中国的孩子都吃着健康的食品成长。这一情愫，源于栾芳的母亲情结。

1977 年，栾芳的大儿子出生，随即被确诊为重度脑瘫，医生说孩子活不过五年。可她不信邪，放弃各种工作上的应酬，每天悉心照料，让儿子活过了一个又一个五年。儿子不能说话，但理解力强，能感知，会用眼神说话。虽然大儿子的病最终没能治愈，栾芳却让他幸福生活了 20 多年。

在中央红有机农场的农业大学进行易哲学管理实践教学

正是身为母亲对儿子的那份挚爱使她意识到：孩子的健康，就是未来的一切。做企业的，总该做些什么来让孩子们吃得健康。这显然已远远超出她作为一位普通母亲的心痛与心结。这是她做有机农业的初心。

十几年来，她以其深厚的母亲情结投身现代有机农业，使广大消费者及孩子们受益。

哲学情怀，温润企业管理

对创业者来说，企业管理是门很深的学问，怎么搞？怎么抓？这是一张空白问卷。在创业的路上，栾芳虽然经历了复兴老街、国企改制、转型农业的不同挑战，但潜伏她心底的哲学梦始终没有消逝。多年的创业与实战经验让她深深地懂得，对于企业管理而言，哲学是一本宝贵的应用指南。

易闻思修书院“五经堂”创业管理课堂

她一直在尝试将哲学与企业管理实践相融合，立志将中国传统文化和哲学思想应用于现代企业管理实践中。因此，她苦读《周易》《道德经》《黄帝内经》等国学经典，利用业余时间去北大刻苦学习，探求中华《周易》哲学与西方现代管理的实践应用之道。中国著名哲学史家、易玄学研究大家余敦康先生破例收她为关门弟子，指导她研究《周易》哲学思维的实践应用理论。带着对东方哲学和中华传统文化沉甸甸的思考，她还多次到国外考察学习，研究如何将中西方哲学融为一体应用于创业管理。

她把“尊天道，致良知，奉天理，做善业”作为企业信仰，以“为人类健康服务就是最大的善业”为奋斗目标，带领企业发展。她运用“天人合一”“生生不息”的哲学思维，打造中国《周易》哲学思想落地的实验田，创建出中央红集团的产业生态圈，形成“以文兴商”“以商兴农”“以农带商”，前有卖场后有农场的自循环企业健康管理模式。她将中华哲学智慧应用于农场，把“阴阳五行”“天人合一”

落到实处，参照中华古老的农耕智慧，结合国外成型的有机农耕经验，启发管理团队运用“易学智慧”创新种植、养殖技术，创出“小猪睡火炕”“蔬菜找朋友”等多个创新型有机种植案例。中央红农场“母亲蔬菜园”利用蔬菜“朋友圈”实现抑制病虫害的有机耕种技术，得到了农业专家的好评。

“像办学校一样办企业”，这是栾芳一直引以为傲的坚持。她强调，要培养出一支有哲思智慧的企业管理团队，不学习、不培训是绝对不行的。她带头创建了“创业者管理大学”和“五经堂”创业管理研究院，组织企业管理人才参与学习，不断提升管理团队的创新与管理能力。为了帮助更多人从中华传统文化精髓中找到创业定位方向，她走进黑龙江创业者大学为创业者讲公益课，到哈尔滨商业大学等高校担任客座教授，希望大学生在走出校门前，就洞察自我，明确方向。

“淡泊名利，做大事业！”这句充满哲思与气魄的箴言，是2005年栾芳在《献给中央红集团的所有管理者》一文中对中央红每位管理者的鼓励与期望，也是她多年来的人生态度和价值定位。

沉潜商海，创新农商模式

2020年春天，受疫情影响，全国各地纷纷封城、封路、封小区，没有人逛街，商业零售业该怎么活？这是众多零售业面临的大考。面对大考，栾芳引领的中央红哈尔信超市也不例外，不过他们不愁没人买，而要想方设法解决不够卖的问题。有媒体记者随机采访逛哈尔信超市的顾客：是否担心购物存在感染风险。顾客回答：在中央红购物心里踏实，一点儿都不怕！为什么顾客会有这样的安全感？

我们不难找到答案：从中央红超市每个门店厚厚的测温记录、消杀记录、送货服务记录中，我们能看出超市管理的用心；从员工的防护装备和防护措施，我们能看出企业对员工和消费者的负责态度；从卖场陈列满满的独立包装生鲜果蔬，我们能看出中央红哈尔信团队多么贴心。当然这些都不是消费者信任哈尔信超市的重点。重点是哈尔信超市里有来自中央红有机农场的有机肉、蛋、菜等农副产品。在自己企业的卖场卖自有农场的产品，实现从田间地头到消费者餐桌的安全管控，这

中央红哈尔信有机农场

是栾芳创建“哈尔信”健康品牌的初衷。

用诚信为健康筑起防护墙，为实现这个目标，栾芳曾沉潜商海十余年。2005年，在栾芳提出“以商兴农”的战略决策时，很多人不理解，认为农业是一个投资回报周期很长的行业，需要耐得住寂寞和诱惑，甚至是痛苦。也有业界朋友提醒她，如果不做农业，中央红的商业板块可以做得更大更强。这是事实，毕竟农业占用资金大，短期难有回报。但是栾芳没有动摇，她选择淡出业界同行的各种聚会，不参与任何商业会议，而是走进农村，坐到农户家炕头上，跟农民谈心，了解农村发展有机农业的症结所在。起步做农业，从摸底到实施，栾芳不错过任何一个环节。

2010年前后，她开始在中央红集团推行“一、二、三产业融合”新模式，即以有机生态农场为依托，发展绿色农副产品深加工产业，以社区超市为窗口建立会

邀请中国女企业家协会的姐妹参观有机农场

绿色食品加工产业——大罗新非转基因大豆加工的素食产品得到外国友人称赞

员家族，并通过物流及电子商务平台完成宅配到家服务，打造了以新农业种植、养殖为基础，以农产品深加工、超市销售、餐饮业销售、电子商务网上销售、宅配送到户为延伸发展的多元化、立体化商业模式。

经过长达十年的隐忍和努力，2015 年，中央红有机农产品销售额达到四千万，集团成立了独立核算的中央红沃沃购电子商务公司，其物流配送完全自建，由单一的传统商品流通企业，成功转型为以流通产业与农牧产业协同发展的农商结合、以商带农的新型商业企业。

2017 年，中央红集团投建 10 万平方米的大罗新食品工业园落成投产，为中央红集团一、二、三产融合发展健康产业链模式，开启了一条更安全的绿色加工通道。

同年 9 月，行业内首家以自有农场为载体突出“爱生态、爱生活、爱生命”的中央红哈尔信阳光农园超市正式开张纳客。栾芳运用自己多年的哲思管理思维，开

哈尔信阳光农园超市新店开业

创出集阳光农园、连锁书店、休闲娱乐于一体的新型社区超市，既让产业实现双赢，更吸引了众多消费者积极参与体验。

由于消费升级的发展趋势以及新零售的刺激，市场对于主打健康、有机的零售体需求不断增加。中央红集团旗下“诚信中央红”“健康哈尔信”“百年大罗新”“活力禽三公”“易闻思修”“哈信黑土”“五经堂”七大自有品牌互助互推、齐头并进发展。

振兴龙江经济，弘扬中华传统文化，都是装在她心里的大事儿。根据栾芳的规划：未来的大东北区域内，将有一张从黑土地哈尔滨出发，辐射多城市，并直达北京的大健康食品产加销一体化服务网；推广将大健康文化生活融入其中的新型互联网社区生活服务模式，其会员家庭规模将达百万，其销售规模将超百亿。

结语

“德正业兴”，心有多大，舞台就有多大。企业家的格局与眼光、品格和情怀，决定了企业未来之路。中央红的成功，很大程度上得益于栾芳的眼光、品格与情怀。

如今，栾芳已过花甲之年，但她仍奔波在创业路上，她带领企业涉足新文化产业领域，创建“易闻思修”书院和连锁书店，引领文化进社区，丰富消费者的精神生活，为孩子们提供身、心、灵健康成长空间。她常说：“孩子是祖国的希望，下一代变强了，国家也会更强大，为了孩子们的健康，我们还有许多事要做！”她积极帮助更多有理想、有价值追求的企业家打造《周易》哲学管理思想落地的实验田。

栾芳总是强调自己是女人，有女人创业的优势，主张女企业家们创业时，一定要不忘以家庭为第一位。她崇拜且尊重自己的丈夫，会为担任博士生导师的丈夫洗衣做饭，校对书稿，因为她觉得，对于男人来说，事业最重要。每当冬天来临，哈尔滨路面上结满厚厚的冰，她和丈夫出门，总喜欢丈夫搀着她、护着她，风大的时候，她喜欢躲在丈夫的身后。这样的形象似乎与我们对于企业家的认识格格不入，但也许正是这种女人的胸怀，才是她身上最宝贵的特质。

1998 年栾芳带队慰问抗洪战士

栾芳创业历程

- 1992 年 担任哈尔滨市第一座现代化商业购物城工程项目总指挥，完成从政府机关干部到企业工程项目负责人的角色转换，开启创业之路
- 1994 年 哈尔滨中央商城开业
- 1995 年 成立哈尔滨中央商城集团公司，中央商城超市、中央商城连锁店、中央商城旅行社相继开业，中央商城被国家内贸部授予“全国商业信誉企业”称号
- 1997 年 集团重点打造社区连锁经营模式，哈尔滨第一家小月亮便利店开张营业；在大庆、阿城等地创办购物中心；中央商城开始正式推行 GB/T19001—ISO9001 国际质量标准认证
- 1998-1999 年 小月亮连锁店实现一个月连开四家的高速发展纪录；接手哈尔滨老牌商业同记百货，令萧条的老牌商业门店焕发青春
- 2000 年 哈尔滨中央商城集团公司股份制改造顺利完成，哈尔滨中央红集团股份有限公司获准设立
- 2001 年 第一家中央红超市在黑龙江大学校园开业，这是集团公司继成功开办百货店、便利店集中型超市后又一新尝试
- 2002 年 在中央大街上创办“中央书店”，丰富市民文化生活；创建“中央红经营管理学院”，为中央红集团向多元化产业集团发展储备力量；获得全国“杰出创业女性”称号
- 2005 年 转型做农业，在五常成立水稻有机种植基地
- 2007 年 在北京开创哈尔信健康食品超市
- 2009 年 选派企业精英人才组成“新农人”团队，成立中央红新农业科技发展公司，重点开发有机生态种植、养殖产业，创建“中央红有机生态农场”
- 2010 年 把“哈尔信”打造成健康超市，主打经营健康绿色主题产品，成为中央红集团超市业态首家推出的新型经营的样板店
- 2011 年 创建哈尔滨哈尔信时尚美食有限公司，以有机农副产品为食材，将健康食品以另一种形式搬上消费者餐桌
- 2012 年 创办哈尔滨中央红沃沃购电子商务公司，协助集团各产业板块完成线上销售、线下配送服务，中央红集团健康产业链初步形成
- 2014 年 创建五常大罗新食品有限责任公司
- 2015 年 注册“易闻思修”文化品牌，创建“易闻思修”书院，在哈尔滨创建“易闻思修”国学文化传播有限责任公司
- 2016 年 与哈尔滨市政府联手到北京创办“哈信黑土”哈尔滨绿色食品展销汇、绿色食品体验餐厅，主营黑龙江绿色食品及美食
- 2017 年 创建禽三公养殖基地；推出首家哈尔信阳光农园超市；中央红五常大罗新食品工业园落成投产
- 2018 年 易闻思修连锁书店多家门店陆续开业；创建黑龙江促姆国际贸易有限公司，正式开展对俄贸易

13/

睿智干练闯劲，跨界文艺地产

米瑞蓉和万博置业

她祖籍在北方，有北方女人的豪气、韧劲儿和闯劲儿；她出生在蓉城，有南方人的温婉、细致和体贴。这不仅让她在事业上游刃有余，在家庭生活中，她也从容自如地扮演着各种角色。

她近乎完美地平衡着工作和生活，在中国房地产界叱咤风云，在宽云美术馆的诗情画意中怡然徜徉，在文字的世界里尽情挥洒。她2012年完成处女作《留守男人》，并改编成电视剧《婚姻时差》。在博雅体育俱乐部的高尔夫球场上挥杆自如。在多姿多彩的社会活动中丰富着自身。在与外孙的天伦之乐中幸福生活。

《留守男人》封面

她是米瑞蓉，成都万博置业有限公司董事长兼总经理，西南房地产界的“铿锵玫瑰”，房地产界知名的“米大姐”，早在上世纪九十年代开始就曾先后任成都市政协委员、成都市侨联副主席、成都市妇联执委、成都市房地产企业协会副会长。现任成都市女企业家协会会长、成都阅读协会会长、阿拉善SEE生态协会四川项目中心主席、四川省侨联常委等职务；曾获得“成都十佳青年企业家”“四川省三八红旗手”“全国三八红旗手”“中国（成都）楼市十大年度名人”“中国杰出创业女性”等荣誉。

激情澎湃，进军房地产业

米瑞蓉曾有过快乐童年，但“文革”的到来，让她的快乐烟消云散。父亲被关在昭觉寺，母亲被关在四川医学院。特殊经历使她磨砺出坚韧的性格，让她充满了好胜心。

1974年，18岁的米瑞蓉在母亲的反对下，做出了改变她一生命运的抉择，到成都市金堂县下乡当知青。下乡期间，她与同伴组成“铁姑娘”战队，在田间地头劳作、挥舞锤子开山破石，向人们证明：男人能做的，女人也能做。在当知青的2年零10个月里，她两次被评为先进。她凭借坚韧不屈的个性和努力获得了尊重和认可，也为自己换来了一张返城的“车票”。

1977年，返城后的米瑞蓉成为成都七一九厂的装配工。不久，乘着恢复高考的东风，她进入四川广播电视大学计算机专业学习。1982年毕业后，她被分配到原工厂设计部门从事软件设计。通过刻苦钻研，她的两个项目获得省、市和航天部的科学技术进步奖，成为当时第一批计算机软件行业领军人物。这意味着她在科研方面具有相当强的基础和潜力。

1986年，尽管家人不支持，自己不愿意，她被调离技术部门，担任团委书记。团委的工作让她积累了有关经济实体的基层工作经验，初步接触到商业。

1988年，中国大地风起云涌掀起一股经商浪潮，米瑞蓉被成都市团委选拔，参与筹建青年房地产开发公司，任副总经理，从此踏足商界。生性喜欢挑战的她对进入一个全新的领域感到兴奋，但对房地产乃至经商完全陌生的她同样感受到不小的压力。

上世纪80年代末90年代初，成都市只有18家国有性质的房地产企业，人均居住面积不到7平方米，住房成套率不到30%。她当时的工作主要有两个：修建青年公寓；改造团市委旧的办公场所。怀揣着梦想，拿着政府给的“青年房产”的牌子，青年房地产公司起步了。

光有梦想显然不够，她必须在最短时间内了解房地产界，尽快融入商圈。为此，米瑞蓉买来一张成都市地图，带着员工，骑着自行车探索成都的街巷，寻找合适的建造地点，摸排成都的住宅模式，搜集关于建筑的相关方面资料。她开始在市场中滚爬，终于盖起了第一批低层楼。虽然这批项目的利润很薄，但对她来说，毕竟是搭上了第一次房地产浪潮的末班车，使青年房地产公司实现了零的突破。

1992年，沿海地区房产热波及内地，国家对房地产行业全部放开。米瑞蓉代表成都青年房地产公司与香港乐民房地产公司合作，创办了成都乐民房地产有限公司，这是真正意义上的房地产开发公司，她出任董事长、总经理、总经济师。

雄心与勇气使她不甘驻足于此。创业，在普通人的眼里，可以失败很多次，成功一次就满足，而米瑞蓉时刻都处在创业之中。即使后来事业屡创高峰，她从不放弃，始终保持生命力和激情，处于紧张的筹谋中。因此，从成都房地产行业起步开始，一路走来，她不是日渐苍老，而是愈发年轻。

务实惠民，打造蓉城瑞居

对于房地产的发展理念，米瑞蓉较早形成明确独特的观点。1999 年，成都房地产商赴大连考察之后，她针对成都房地产业内“舍本逐末”现象，提出“回到建筑本身”和“把美留给城市，把实惠留给老百姓”，在媒体上引发了一次激烈辩论。她的观点得到业界和消费者的认同，从此在业界确立了“务实派”的地位。

2001 年，她积极筹划“三进军”，将房地产开发与城市整体格局融为一体，使置业与房地产相得益彰，创办了成都万博置业有限公司。这是一家主要从事中高档住宅建设的房地产开发企业，主要经营房地产开发、房地产中介、物业管理、企业管理服务，致力于为客户提供好的产品和技术支持以及健全的售后服务。米瑞蓉迎来了事业的新起点，实现了人生的三级跳。

同年 11 月，她作为中国杰出创业女性代表，赴美参加为期 10 天的创业与领导能力的培训和交流。这一年，她成为成都楼市总评榜“十大年度名人”中唯一的女性。于她而言，这是业界对她的充分肯定。

在米瑞蓉看来，中国房地产界经历了三个发展阶段，她的公司也不例外。初期首先是解决“住”的问题，那时候创造出独立卫生间都是很大的进步；上世纪 90 年代初，做设计不单要满足“住下”，更重要的是环境的打造，把住宅每一个功能细化；上世纪 90 年代中期以来，她进一步认识到：房子是不动产，是一个城市风貌的展现，建筑的外立面就成为他们的主攻方向。建筑外形对城市来讲是一个雕刻，一个塑像，是一个城市活的化石。

米瑞蓉领导设计和建造的楼盘素以不断求新、人文格调而闻名。她以女性特有的敏锐和对居家的独特理解，在居住的实用性上大胆创新，首家推出落地观景窗、空调室外机放置台板、空调冷凝水排放管，以及给排水管道户外设置、背景音乐系统等多项创新设计，深受消费者赞誉，引来诸多同行仿效。

如何呈现、塑造成都这个极具特色的城市，展现蜀都之魂，成为米瑞蓉的努力目标。发现三星堆、金沙遗址后，她注意到川西民居特色。于是，把川西民居局部、精髓的特征反映在建筑上，成为万博置业的一个创新方向。

以务实、惠民为发展房地产的指导原则，她领导开发了数百万平方米的商品房，实现了100%的销售。从最初的南苑玉林民居，到后来的紫荆苑、百花紫荆苑、紫竹苑和博雅庭韵，每一个小区都是同期成都房地产的代表作之一，在行业和消费者中极具影响力。为此，她所领导的企业先后被评为"纳税大户""成都市房地产综合效益50强企业""四川地产综合效益百强企业"。

对房地产行业，米瑞蓉有强烈的责任感。她常说：我们每做一个作品，每建一栋房子，它都会在这个城市保留70年到100年。作为一个城市工作者，你必须要有强的责任心，你必须做好。正因为这份责任感，万博置业的产品以信誉为重，质量为本。近年来，伴随着全球气候变暖，米瑞蓉致力于在低碳环保、节能减排建筑上做更多的尝试。

温情激励，永葆共进动力

作为一位女性企业家，米瑞蓉在企业管理上注入很多人文化的元素，注重在企业内营造一种温暖团结的气氛，激发员工的创造力和工作热情。一直以来，她便和员工们风雨同舟，甘苦与共，结成深厚友谊。

1988年，她受命创办成都青年房地产开发公司时，和她一起穿越成都的那些员工们，陪着她在不断地摸爬滚打中砥砺前行，陪着她走过丰富多彩的数十年创业历程。

2010年春节前，米瑞蓉以一份文采飞扬、有厚度的散文式的年终报告《收拾心情再出发》总结了2009年公司项目开发中遇到的困难，鼓励全体员工收拾好心情，重新出发。她表示，在企业发展过程中，可能错过很多次腾飞的机遇，但善于反思和总结，脚踏实地走好每一步却显得尤为重要。她以平等温和的态度娓娓讲述对员工的定位和期待，有效地加强了员工对企业的认同和归属感。

米瑞蓉勤勉好学的个性直接影响到对企业的管理。作为企业负责人的她，时刻不忘学习。1995年至1997年，她凭着满腔热情进入四川大学经济管理学院房地产研究生班学习，1998年考取高级经济师资格。在她看来，社会发展的节奏步伐非常快，推陈出新的东西非常多，需要我们去学习，不断更新、完善自我。她希望企业员工能时刻充实自己，不断学习，在面对各种环境和话题时，能有充分的应变能力，在每个场合都能自如发挥，这才能体现一个城市的文化，一个企业的文化。

她尤其重视团队建设。创业成功关键靠团队，怎样把大家凝聚到一块，需要花心思，团队成员之间要做好协调工作。在面对挑战时，要扩大创业团队的知识面、接触面。为此，她想方设法来强化合作意识和团队精神。

远观近鉴，运筹因势而变

米瑞蓉目光如炬，心里很清楚：成都房地产进化史，是一个“狂沙吹尽始见金”的过程。她刚创业时，成都房地产还是本土开发企业的天下。随着外来资本大量涌入和土地政策的深入推进，当年的本土豪杰们大多“风流总被雨打风吹去”。近年来，房地产界越炒越热，竞争越来越激烈。要想在这个战场上始终保有话语权，真的很难。国外房地产规模接近饱和，二手房交易逐渐成为房地产界的一种常态。中国房地产的预警预报系统始终没有完善地建立，谁都不知道中国的房地产业什么时候进入饱和状态。如果每人都有一套房，那将来每年修建上千万平方米的房子该卖给谁？当无法预计到危机出现的时候，就只能谨慎发展房地产。

她认为，身处盆地，四川资源富足，相对来说四川人比较容易满足，没有太大的开拓性。定位于四川盆地的川商，需要打破“盆地意识”，拓展眼界。而眼界就像读书一样，需要不断去完善，眼界决定一个企业的发展。

米瑞蓉注意到，在二级城市修建楼盘就是为以后成都人到外面去买房做准备，是一个新的增长点。因此，近年来，她带领万博置业进行“二圈城市”的开发。

她也认识到，随着时代的发展，即便是老牌企业也需要转型和创新。因此，万博置业与时俱进，数年前已开始部署转型，不单做房地产，还投资工业项目，如微电子技术、微型马达工厂、伺服器的研发，同时做些体育产业如高尔夫和网球，希望能满足更多人的需求，为更多消费者服务。

万博在不断应对技术革命时，也相应逐渐调整一些相关策略。随着网络科技越来越发达，微博成为企业传递信息、传递产品发布、传递企业文化的一种很好的方式。围绕九洞的迷你高尔夫，分公司特地申请了一个微博来做宣传。产品发布由此从传统变成新型模式，这是个非常好的尝试。

睿智干练，成就完美人生

不论站在房地产高端论坛的演讲台上，还是作为女企业家代表出席相关重要活动，米瑞蓉每一次都以睿智干练的成功女性形象出现在公众视野，这就是她的“从容”。

受家风潜移默化的影响，加上下放期间日子乏味，闲暇时喜欢看书，写写诗，所以她痴迷文字，酷爱阅读。在她看来，阅读可以帮助人们腾飞，帮助人们了解世界，帮助人们去充实内心，提升智慧。她还勤于笔耕，最初在新浪博客，后来在成都部落客写连载小说，还有不少粉丝。她笔触细腻，笔端常带感情，“一面商人一面文艺”是外界对米瑞蓉的印象。

她热爱家庭，家不仅是居住的空间，更要让人心灵真正回归。尽管她从房地产起家，但房地产不是她的一切，她随时揣着两把“钥匙”：打开办公室的门，她是专注事业的职业女性；打开家门，她就是家庭妇女，得照顾好家人。

她是丈夫眼中那个温柔知性的妻子，享受与丈夫一起旅游的时光。去旅游，最重要的是开眼界，特别是从事建筑业的人，丰富的阅历可以让事业少走很多弯路。

四川省侨联
承办单位：
成都
省侨联文化交流促进委员会、四川省侨联
省侨联青年委员会、四川省侨联法律顾问
省华侨华人学会、华侨大学四川校友会
月17日
我是喜阅君

推广阅读

主持活动

分享创业体会

分享创业经验

她是女儿眼中那个有原则有坚持，有所为有所不为，有严厉责备也有善意规劝的母亲。她们是母女，却更像朋友，她宽容地让女儿自由选择她想要的生活。她按照自己的方式去生活，把感情拿捏得恰到好处。

作为企业家的米瑞蓉，面对困难从不放弃，同时具有企业家的责任感。她认为，作为一个企业家，追求利益最大化是必要的，但追求的同时不能忘记社会责任，这是一个企业品牌长期发展所必需的，回馈社会是企业家的本分。

她关注青年发展，特别注重女性创业。致力于推动女性创业指导和培训工作。2002 年以来，她常带领团队走进高校，帮助学子们制定合理的人生规划。而作为女性，她深知女性创业的压力，一直非常关注中国新一代女大学生问题。在大学讲座时，她常设身处地，站在学生的角度，告诉他们如何锻造技能、修养自身以提高

2009 年参加成都市著名女企业家“职路花语”专题分享活动

竞争力，如何开阔视野、完善人格、规划人生，唤醒他们沉睡的梦想，让他们充满希冀，脚踏实地去做追梦人。

目前，担任中国女企业家协会常务理事、成都市女企业家协会会长的米瑞蓉，希望创新、释放这两个协会平台资源，帮助更多女性走上创业道路，帮助更多正在创业路上的企业家得到一些技术上、理念上的帮扶，让他们走得更稳健、更长远。

她特别提出，女性的视角决定国家的未来、世界的未来。如今女性创业仍面临较大压力，女性面对压力时应淡化女性意识，按中性标准来严格要求自己。职场中的女性，不管身处什么阶段，都不能停止学习，要不断给自己确定新的目标，增加知识储备，这样才能进步，压力自然会减少。

2008 年在白鹿镇捐赠抗震物资

2009 年在都江堰爱心帮扶

热心公益，铭记社会责任

“学会尊重，学会感恩”，这是米家的家规，也是米瑞蓉对自己的要求。她是热心公益、不断奉献的慈善家。自汶川大地震之后，她用独特的方式传递着爱心。

“上善若水”是外界人士对四川企业家的评价。汶川地震后，四川遭受重创，四川企业家积极回报社会，交出了满意的答卷。米瑞蓉当仁不让，地震次日，她和朋友们奔赴彭州、都江堰、北川等地，运送物资，并积极参与灾后重建。

她了解到在灾区很多母亲失去了孩子，很多人的丈夫也出去打工，女性自身缺少关爱。作为女性，她一直在努力寻找方法帮助她们。她在女企业家协会发起“林下养殖认养活动”，给贫困乡村送鸡送猪，至今，这已成为女企业家协会的传统活动。

她还常在朋友圈发布一些困难家庭的信息，希望朋友们援手。2015 年 7 月，她女儿为一位卧病在床的母亲筹集到 23 万元爱心捐助，这让米瑞蓉很欣慰，因为她的爱心善举得以传承。

2018 年 4 月 25 日，阿拉善 SEE 四川项目中心成立，米瑞蓉当选为主席。中心成立初，就启动了“熊猫回家”项目，致力于打通熊猫生态环境链，改善熊猫生

2019 年阿拉善 SEE 四川项目“最美巡护员”评选揭晓现场

存环境。

2019 年 12 月，她与其他七位成都知名女企业家一起，携手“碳惠天府”绿色低碳公益平台发起“绿色促发展，低碳惠天府”的公益倡导，以实际行动为表率，通过自身和企业的社会影响力，呼吁践行低碳生活，助力绿色经济，共建成都绿色低碳生活圈。

结语

她以女性的睿智解读建筑，以深刻、细腻的笔触书写爱恨，以亲和、知性、朴实的特质灌溉生活。她以其自信、坚韧，遇山开山，逢水搭桥，绽放光彩。

她曾笑着自我小结：“工、农、商、学、兵，除了‘兵’没有实现之外，其余的都一一体验了。”一个人做企业做到进退随意已属可贵，人活到动静随心的境界则更为难得。笑看人生，百折不挠，完美到极致的女性正当如此。

有人说，如果将成都房地产史喻为一串璀璨项链，在成都从事 30 多年房地产开发的米瑞蓉，足以成为串起这些珍珠的那根细柔但绝对惊艳的金线。

14／

永不言弃，奋斗快乐

瞿金叶和未来四方集团

2016 年获“陇商风云人物”

一片小小的叶子洋洋洒洒地飘落，并不起眼儿，但无数片秋叶却能描绘出一个金色的收获时节；一只小小的萤火虫轻轻悠悠地飞舞，漫不经心，但无数点萤火却能汇聚成一片星光璀璨的天空！

她如叶子、似萤火，在人生的舞台上熠熠生辉。在中国拍卖师舞台上，她是遥遥领先的奋进者；在慈善事业上，她是尽力而为的奉献者。

她用近 20 年的时间艰苦奋战，带领公司成为甘肃拍卖领域的“领头羊”。从籍籍无名的纺织女工到全国有影响力的甘肃“第一槌”，她向人们展示了她的坚强、担当、智慧。她将成功秘诀归纳为一句话：喜欢就去做、去付出。在她看来，一场成功的拍卖会，就像一部精彩的交响乐；一位优秀的拍卖师，就如同一位卓越的指挥家。

她就是瞿金叶，未来四方集团董事长、中国女企业家协会副会长，曾荣获全国三八红旗手、全国五一巾帼标兵、中国十大女杰提名奖，担任过民革甘肃省委常

做客新华网

委、甘肃省妇联执委、甘肃省人大代表、中国拍卖行业协会常务理事、甘肃省女企业家协会会长。无数头衔加身，依然逐梦“江湖”，她向人们展示了完美而厚重的人生轨迹。

投身拍卖，以决心叩响命运之门

1980 年，瞿金叶参加工作，是纺织厂的播音员，每天的重复工作让她感到与理想有距离。三年后，由于厂里财务人员稀缺，她便报考财务，成为一名会计师。

1989 年，她不甘于安逸生活，最终追随内心，毅然离开这家国企，成立了一家民营会计公司。历经 10 年沉浮，会计事务所发展壮大，前景一片大好，大家都以为她的事业多半会停留于此。

2000 年，她参加北京国防大学与清华大学汽车工程系联合举办的评估师培

2018 年荣获第三届青花奖优秀地区奖

训班，认识了一些来自广东的同学。闲聊中，她得知有拍卖行业、拍卖师。这引起了她的好奇心。她当时冒出一个想法："我一定会成为中国最优秀的拍卖师。"

因为有梦想在召唤，2000 年成为改变瞿金叶一生命运的转折点。其时，甘肃省只有一家国企拍卖公司，拍卖业基本上还是一块未经开垦的处女地，拍卖市场大有可为。2001 年，她凭借对商业的敏锐洞察力，一口气完成了从考拍卖师资格证到注册四方拍卖公司等一系列工作，开始重塑人生。

当时，拍卖业作为新生行业，了解的人并不多。四方拍卖公司是一家新生企业，在很长一段时间里始终没有接到一笔拍卖业务。瞿金叶调整思路，想到为甘肃艺术收藏者创造一个藏品交流平台，开展艺术品拍卖活动。经过几个月的努力，她的团队终于征集到 100 多幅书画作品。

2002 年 9 月 28 日，四方拍卖公司第一场艺术品拍卖会在飞天大酒店正式举办，这是瞿金叶第一次站在拍卖师的舞台上。拍卖结束后，整个拍卖会总成交额仅

23.7 万元，除去费用，没有一分钱利润，但她流下了兴奋的泪水。这次拍卖会使四方拍卖公司跨出成功的第一步，从此与文化产业结缘。

破茧成蝶，以毅力把握机遇之光

2002 年的拍卖第一槌使瞿金叶意识到，要想做一名优秀的拍卖师，不光要有热情，更要有丰富的专业知识。考虑到从业前自己对艺术品了解有限，她花费很多时间在读书上，汲取关于艺术品的相关知识。她还经常到其他地方的拍卖行取经，拜访甘肃省收藏协会负责人，请他们引荐艺术家，从拍品的征集到图录的制作，照葫芦画瓢，边学边尝试。用最原始的排版方式，拍照片，凭感觉给拍品排序等等，她在不断摸索中积累知识和经验。

尽管从一开始瞿金叶就为公司搭建了完整的框架体系，还申请了省级公物拍卖和国家文物艺术品的一级资质，但最初的几年里，公司运营维艰。她迷茫过、痛苦过，但她从未想过放弃，心中只有一个念头：坚持到底。

她带着梦想再出发，认为当务之急是让市场了解拍卖、接受拍卖，认可这种现代化的市场行为，打造四方拍卖的品牌。回忆这段往事时，她曾坦言创业之路艰辛，也许会"粉身碎骨"，但她坚信只要坚持，总会有回报。

之后的几年，四方拍卖公司主要拍卖业务逐步展开。建筑物拍卖、机动车拍卖、土地拍卖、股权拍卖……生意慢慢做得风生水起。2005 年，四方拍卖公司的年拍卖成交额首次突破 1 亿元大关。

2008 年，随着公司业务不断扩大和市场拓展的需要，瞿金叶以拍卖业务为龙头，整合各类资源，组建了未来四方集团，业务涉及拍卖、二手车鉴定评估、产权交易、会计事务等多个领域，拉开了新一轮扩张的序幕。同年，她被评为"全国优秀拍卖师"，她用 8 年时间实现了最初设定的梦想。

截至 2008 年，四方拍卖已成功举办拍卖会 600 余场，拍卖成交额近百亿元，成为全国唯一一家实现集团化经营的拍卖企业，集团总部迁至北京郡王府，形成以甘肃、北京为基地辐射全国的业务模式，构建起以拍卖、互联网 + 生态农业及旅游、海外投资传媒、金融服务商贸、能源等多元化运营格局，依托丝绸之路文化产业孵化园、陇商汇文化创意产业园两大商业综合体，以强劲的生命力向新兴产业进发。

立足文化，以艺术打造事业之峰

自成立以来，未来四方集团拍卖有限公司以良好的信誉和真诚的服务态度赢得业界的一致好评。瞿金叶一直把弘扬传统文化当作自己的责任，在文化的舞台上翩然起舞。

甘肃是丝绸之路上的重要通道，自古以来有着丰富的历史文化遗产。甘肃彩陶、麦积山石窟、莫高窟、敦煌壁画、佛教造像等颇具代表性，遗风流韵，影响至今，当代甘肃不乏艺术家。如何深入挖掘甘肃当代书画作品潜力，让本土艺术品与市场接轨？瞿金叶为此大动脑筋，想方设法。

2008 年 9 月，四方拍卖公司与北京太平洋国际拍卖有限公司在北京联合举办“盛世和光—佛教艺术”专场拍卖会。140 件甘肃艺术家精心临摹的敦煌莫高窟壁画和塑像作品引起轰动，全部以高价成交。由此，四方集团开创了甘肃艺术品在北京开专场的先例，为甘肃本土越来越多的书画作品走向全国舞台做出了不可忽视的贡献。

2015 年，四方集团承办了第二届“朝圣敦煌”全国美术作品展。瞿金叶创造性地策划了一系列文化活动，让“朝圣敦煌”活动成为品牌。未来四方集团自此成为“朝圣敦煌”的长期主办方，开启了纯艺术展览的长期发展之路。

此后，她率团队连续三年参加敦煌文博会等活动。四方团队出现在 2016 年国际丝路（敦煌）彩绘创意大赛、2017 年千人太极拳大赛上。2018 年，经多方协调和努力争取，主办方将“一带一路”女企业家走进敦煌纳入文博会系列活动之一。由于各方合力不断创新，文博会越办越红火。

文博会的举办使瞿金叶和她的企业加快化茧成蝶进程。四方集团旗下未来传媒于 2017 年 11 月 1 日在新三板成功上市，打造了中国资本市场“中国群众文化活

在敦煌举办千人彩陶大赛

动第一股”，让植根于甘肃深厚文化底蕴的文化企业，闯出了一片天地。

未来四方拍卖以文化产业为起点，逐渐成为甘肃拍卖业中的翘楚、乃至全国拍卖业一流企业，在我国拍卖行业中声誉日隆。

面向未来，未来四方坚定走文化产业发展之路。瞿金叶正在酝酿又一个规划——打造全省文化类型最全、藏品数量最多、彩陶质量最高的民间彩陶博物馆。她的目标是走产业化的路子，将甘肃彩陶文化转换成生产力，推动全省彩陶文化产业深入发展。

慈善拍卖，以深情谱写生命之曲

多年来，未来四方集团坚持将文化、慈善、拍卖三者有机结合，发展出独特的慈善拍卖艺术品之路。瞿金叶身兼数职，这使她得以了解民众所需，尽己之力，雪中送炭，将公益作为回报社会、勇担责任的重要方式。

自2005年开始，四方拍卖将元旦定为“爱心拍卖日”。每年的这一天，公司都以一场书画慈善义拍“爱心第一槌”敲响新年的钟声。这是四方的一项文化传承活动，至今延续十几年，在甘肃拍卖史上独树一帜。

汶川地震、玉树地震、舟曲泥石流、岷县漳县雹灾……每次灾难发生后，瞿金叶和员工四处募集书画善品。他们的热诚和付出获得很多艺术家的理解和支持。即使单用艺术品来贯穿慈善，四方集团的事也做不完。她的团队认同艺术、文化、拍卖与慈善的结合，支持企业走到现在。一直以来，她满怀感恩之心，在慈善拍卖之路上越走越远。

2014年，为挽救一位尿毒症患者的生命，甘肃武酒公司与未来四方集团商洽，利用“爱心拍卖日”举行的慈善拍卖会为患者募集手术费用。瞿金叶也以个人名义捐献了墨翠手镯和黄龙玉挂件作为拍卖品。

2015年3月，瞿金叶在北京甘肃企业商会“以心换心”慈善活动中帮助来自甘肃藏区甘南、天祝和会宁县的36名先天性心脏病儿童在空军总医院手术。

把甘肃贫困妇女的脱贫致富放在心上，进一步发挥妇女优势，已变成瞿金叶新的人生航向。她对省妇联发起的“陇原巧手干起来”和“产业联盟”扶贫举措非常上心。作为“巧手联盟”的负责人，她连续举办多场“陇原巧手”专场慈善拍卖会，筹集善款作为“陇原巧手”创业基金，帮助贫困妇女创业脱贫。

2020年春，新冠肺炎疫情暴发后，瞿金叶和未来四方集团与陇原巧手创意文化示范园辅助教育中心联合举办手工缝制爱心口罩捐赠疫情严重地区的志愿活动。

二十多年来，瞿金叶通过各种渠道，累计向社会捐款2000余万元，资助贫困大中小学生、特困家庭、单亲特困母亲等社会弱势群体达3000余人次，捐助项目涉及文化、教育、救助、扶贫、救灾等领域。

她怀着感恩的心一路前行，把慈善记于心，将公益践于行。她希望能尽自己微薄之力为社会做点事，不图回报，心安便觉幸福。

支援舟曲赈灾义拍

2018 年瞿金叶主持扶贫订单拍卖会

企业如家，用爱心凝聚发展动力

四方拍卖刚成立时，员工不到 10 人。迄今，四方集团有 13 家分支企业、1 家基金会、3 家协会，经营范围涉及拍卖、产权交易、典当、二手车鉴定评估、股权投资管理等，经营业务遍及陇原各地、京津和海外。它得以发展壮大，得益于一支富有经验、具备专业知识、绝不言弃、稳步前行的团队。他们体现了四方公司引以为傲的“正直、尽责、合作、快乐”的价值观和“坚韧、开拓、勤奋、创新、灵活”的企业精神。

作为团队带头人，瞿金叶功不可没。正是她合理而精确的管理方式，凝聚了员工的心。她坚信，要发展，人才是关键。为谋求长远的发展，公司建立并完善了人才资源库，努力做到让所有员工人尽其才，才尽其用，尽忠职守。在她看来，企业

2020 年初，疫情暴发后，带领团队进行扶贫口罩消毒封装

管理是门艺术，应因地制宜，因人而异，实施个性化管理，尤其是对于年轻员工，更要讲究方式方法。企业高管要以身作则，当好表率。维持企业良性发展的关键是员工对公司的感情，如果每个员工都把企业当成家来呵护，企业定会稳健前行。

瞿金叶把企业与员工的关系比喻为一场婚姻，只有互相包容、互相扶持，才能共同发展。从诞生到现在，四方拍卖步步兴旺，正与这种家庭和谐式企业管理理念密切相关。

在她的倡议下，公司于 2004 年成立了工会组织和女工委员会，为每一位员工搭建平台。2008 年，在省工会的指导帮助下，四方拍卖组建了四方拍卖工会法人股，并以企业 10% 的股份保障员工发展，解除其后顾之忧。2010 年，四方拍卖颁布实施《员工手册》，提高了公司的运营效率，有效保障了员工们的基本利益。

作为一位女性企业家，在经营管理中，瞿金叶用女性特有的细心和爱心关怀着

2014 年集团投资加拿大 YUL 项目奠基

四方拍卖公司的每一位年轻人。公司就像大家庭的家长，为每一位结婚的新人策划婚礼方案，亲情对接，操办酒席。这已经成为四方集团特别温馨的企业文化之一。看着在公司成长起来的员工们一个个买车、买房、结婚、生子，日子过得一天比一天好，作为当家人的瞿金叶由衷地感到温暖、欣慰。

永不言弃，以谋略开创发展新路

有人说，她如一只不知疲倦的鹰，从不停止飞翔；也有人说，她如一只不系之舟，似乎没有什么会让她停留。自投身拍卖行业那日起，瞿金叶便时刻准备着，不鸣则已，一鸣惊人。在拍卖师的舞台上她是光彩耀人、张弛有度的“演说家”，她用气魄为自己赢得了一片掌声，也让拍卖走进更多人的视野和生活。她用坚持实现了自己的梦想，追寻梦想的执着和勇气照亮她走过生活的低谷和暗夜。

这一切悲欣起落，只因她发自内心的喜欢乃至热爱，才让她在面对挫折时能坚决不放弃。在她的心里，拍卖师不仅是拍卖师，更是一个谈判专家、指挥专家，同时也是一个业务员。拍卖师的道路是艰难的，然而“喜欢”这二字给她以力量，支撑着她一路披荆斩棘不断前行。

在工作和生活上，她希望在不断挑战中实现人生追求。她的工作理念是“快乐工作四点”：抓住重点，克服难点，反思缺点，总结亮点。她的生活理念是“快乐生活四点”：洒脱一点，幽默一点，低调一点，浪漫一点。积极向上、给人以力量支撑，瞿金叶感动了身边的人。

担任 2008 奥运火炬手

对于拍卖行业的未来发展趋势，瞿金叶抱有极大的希望。20 年前，有人说，拍卖行不好干；今天，仍然有很多人觉得，这个行业不好干。但她认为，这个行业到处都是商机。因为现在资产转移越来越频繁，而权属的确认也越来越明晰，既然有权属、有资产，那就一定有交易，而拍卖是交易的一种方式。

拍卖行业将会朝着更加个性化和专业化的方向发展。特别是借助互联网随时随地传递信息等优势，将会加速拍卖业务的普及，也会吸引更多人加入进来。如何把握住机遇，更需要智慧。

瞿金叶利用甘肃作为文化大省的优势，将拍卖与文化相结合，不仅发展了未来四方集团，也为发展甘肃文化做出了贡献。在西部，这个市场成熟度相对欠缺的地方，艺术品收藏市场蕴藏了更多的机遇和潜力。大量散落在坊间的古玩字画使西部地区的收藏市场有丰富的一线资源，随着拍卖市场的逐步成熟，这些珍玩无疑将使西部收藏市场成为国内艺术品投资人士的角逐地。

结语

谁说一片小小的叶子不能渲染整个秋季，谁说一只萤火虫不能照亮前行的道路？在大环境下与无数片叶子、无数点萤火融合，散发自己独特的光芒，瞿金叶便能做到。

她用行动告诉世人：有些事情，不止男人能做，女人也一样能做！她坚信：人生一大快事是做喜欢的事情。只要有志趣，终归有机会朝目标接近。机遇会以各种面目出现，对于有才华的人来说，首先必须具备快乐工作的能力，然后才谈得上快乐工作。

在生活中，在事业上，无论遇到多大的困难，瞿金叶总是沉着面对，不服输，不退却，她信奉“天道酬勤”，坚持“奋斗快乐”，相信只有不断挑战自我、用心经营才能实现精彩的人生。

瞿金叶创业历程

- 1993 年 5 月 创立甘肃四方会计公司
- 2000 年 5 月 创立甘肃四方拍卖公司
- 2001 年 12 月 瞿金叶考取拍卖职业资格证，成为甘肃首位女拍卖师
- 2004 年 11 月 公司工会成立
- 2005 年 4 月 公司党支部成立
- 2008 年 1 月 未来四方集团成立
- 2014 年 8 月 未来四方集团“敦煌艺术馆”在京落成
- 2014 年 11 月 天庆集团携未来四方集团进军加拿大房地产
- 2015 年 4 月 四方拍卖荣获 2014 年度中国拍卖行业宣传工作最具影响力奖
- 2015 年 4 月 四方拍卖荣获中国文物艺术品拍卖标准化达标企业
- 2015 年 4 月 获得“北京甘肃企业商会投资创业奖”“北京甘肃企业最佳组织奖、策划奖”“北京甘肃企业商会慈善公益奖”
- 2016 年 7 月 荣获“2016 陇商力量榜陇商十大风云人物”奖
- 2017 年 3 月 集团旗下陇商汇文化创意产业园被认定为“第二批城关区众创空间（孵化器）”
- 2017 年 11 月 集团旗下未来传媒在新三板成功上市
- 2017 年 11 月 未来四方集拍卖有限公司获得中国拍卖行业双项年度大奖
- 2017 年 11 月 获得“中国拍卖行业优秀企业家”称号及中国拍卖行业企业创新奖
- 2018 年 7 月 未来四方集团荣获“2017 年度全省推动非公有制经济跨越发展先进集体”荣誉称号
- 2018 年 8 月 未来四方集团拍卖有限公司获得第三届“青花奖”优秀地区奖
- 2019 年 四方农商通——庆阳苹果国际拍卖中心及平凉苹果国际拍卖中心成立
- 2019 年 12 月 未来四方集团拍卖有限公司荣获中国拍卖行业协会年度市场影响力奖及社会公益奖
- 2020 年 2 月 号召贫困妇女及巧手妇女手工缝制口罩，助力疫情防控

2010 年瞿金叶在首届兰州青年创业论坛介绍创业经验

15 /

创新铸造实力，细节成就卓越

王安安和艾华集团

她平易近人，不矜不伐；她聪颖睿智，独具慧眼；她有着壮士断腕的勇气和锲而不舍的韧性。在湖南益阳，很多人都认识这位声名卓著的企业家。她真诚、执着、善良，在创造财富的同时，时刻不忘奉献社会。与她交往的人，都会被她的爱心与温暖打动。

从夫妻创业的小厂做到上市龙头企业，从员工子弟手里的小红包到员工家庭的住房梦，她一步一个脚印，一个脚印一抹阳光，实现了企业的良性发展，完美勾勒出人生的美丽画卷。

她是王安安，湖南艾华集团股份有限公司副董事长，第十一届全国人大代表，中国女企业家协会第六届理事会副会长、湖南省妇女儿童发展基金会理事长、湖南省女企业家协会副会长、益阳市女企业家协会会长；曾荣获“全国三八红旗手”“全国巾帼建功标兵”“中国百名杰出女企业家”“湖南省道德模范”“湖南省优秀女企业家”等称誉。她与丈夫艾立华从开设夫妻店到打造国内市场第一，将电容器从湖南益阳卖到四川长虹、美国 GE，建立了享誉全球的电容器商业帝国。

勇气，来自创业信心

王安安和丈夫艾立华原本是益阳电容器厂的员工。1985 年，艾立华独立完成一项创新成果，政府下发奖金 1 万元，这在当时数额不少，但他实际只得到一个价值几块钱的饭盒作为奖励。这件事对夫妇俩触动很大。当时的机制，否定以劳动作为分配的基本尺度，严重挫伤了艾立华的积极性。

当时，改革开放刚开始，国家鼓励个体经商，夫妻俩决定自主创业。1985 年年底，夫妻俩从国营益阳电容器厂辞职。他们和 4 名股东凑到 3700 元，购置两套旧设备，租赁两间面积不足 50 平方米的废弃小平房，成立了资江电子元件厂，成为湖南省第一批个体工商户。

最初，工厂主要为生产电视机、收音机等的厂家提供电容器，规模小，资金少。夫妻俩既是老板又是工人，吃住都在车间，常不分白天黑夜地工作。第一年，王安安操劳过度，体重锐减。他们都是爱琢磨、不服输的人，在国企时一直是技术

1985 年公司在小作坊里进行产品包装

骨干，考虑到工厂规模远不如国企，就努力研发一些特种产品，数量少，价格高。辛勤付出终有回报。一年后，由于产品对路、服务好，资江电子元件厂逐渐步入正轨，业务蒸蒸日上。

王安安夫妇是幸运的，幸运在于他们拥有过人的技术和胆识，在于他们顺应了改革开放的大潮流。当时中国社会各行各业的机会如雨后春笋般涌现。他们站在时代发展的风口浪尖上，快速完成了资本的原始积累并发展壮大。

挫折，激发创造潜力

1991 年，王安安遇到了创业路上的第一个危机。因经营思路出现分歧，股东退股，客户流失，工厂四面楚歌。拆股的危机并没有击垮她，严峻形势反而唤起了孤勇，磨砺了心性，激发了创造力。夫妇俩咬牙扛起了“大旗”，原先只负责企业生产的王安安转而负责产品销售，艾立华主要负责生产和技术、工厂维持运转，但更棘手的问题迫在眉睫：缺少稳定的客户，没有自主品牌。

当时工厂的一个大客户——上海金星电视机厂是以前的股东开发的。为了顺利接管这一客户，王安安带着一名业务员前往上海拜访金星采购部经理，最初对方直接回绝，她坚持不懈，表明诚意与实力。精诚所至，金石为开。双方最终签下一年300万元的业务合同。这一步的成功，无疑给夫妇俩打了一剂“强心针”。

王安安很清醒，危机并没有解除。她的目标是国内外知名大企业、大品牌制造商，只有和大企业、大品牌合作，企业才拥有更广阔的平台，才能持续稳定地发展。她大胆提出“依托名牌创名牌”的发展思路，把目光瞄向当时中国第一品牌——四川长虹。

王安安向长虹营销部经理表明合作意愿后，对方拿出一个日本生产的电解电容器说：“能生产出这个，就和你签。”夫妻俩认为，哪怕只有一丝希望也要紧抓不放。他们苦苦钻研，多次尝试，很快研发出来产品。测试结果表明产品完全满足长虹的需求，双方随即签下超过1000万/年的订单。有了与长虹集团的长期合作，益阳资江电子元件厂规模不断扩大，呈现良好的发展态势。

1997年，亚洲金融风暴爆发。这场风暴扫过了马来西亚、新加坡、日本和韩国等国家和地区，打破了亚洲经济急速发展的景象。受金融风暴影响，长虹企业拟大幅精简供应商，资江电子元件厂规模小，极有可能被淘汰。当时市场低迷，如果失去长虹，资江电子厂无疑将濒临破产。王安安破釜沉舟，决定将产品服务做到客户家门口，投资1800多万元，创办四川绵阳资江电子元件有限公司。这次建厂几乎让企业遭遇灭顶之灾，亏损超过1000万元。

为了挽救危局，她顶着巨大压力，用尽心力与时间寻找客户，一天当两天用，甚至一天去5座城市跑5家客户。功夫不负有心人，半年之后，企业复工，销售额缓慢恢复。

随后，王安安调整工作思路，积极开拓销售市场。“没有攻克不了的客户，只有缺少诚心的销售。”在她的带领下，整个销售团队焕发出顽强的战斗力。凭借客户对产品和服务的高度评价形成的口碑，公司成功发展出世界一流的客户群，使艾华产品不仅占领了广大的国内市场，而且走向世界，如美国GE，荷兰飞利浦，德国欧司朗，土耳其Vestel，日本松下，中国海尔、海信等都与艾华结成合作伙伴。

1997 年，在四川绵阳建立分公司

面对危机，有人束手无策，死守一盘烂棋；另一些人则以危机为机会，相信进一寸有一寸的成果。于王安安而言，危机是冬尽春来焕发生机的机会。

上市，立足全球市场

2002 年，王安安夫妇在四川德阳投资创办四川艾华电子有限公司，并引进日本的电极箔腐蚀和化成技术，投资创办四川雅安艾华电极箔制造有限公司。经过不懈的努力，公司研制的扩大电容器耐高纹波和耐冲击电流能力的“铝电容器生产技术”应运而生，获得国家发明专利。该项技术的应用，使公司生产的 CD11GE 型节能灯用铝电容器制造技术达到世界先进水平，对艾华成为全球最大的照明用铝电容器制造商发挥了最关键的作用。

2002 年，四川德阳有了艾华的又一家分公司

2003 年，四川雅安艾华电极箔制造有限公司成立

2004 年，王安安夫妇整合多家分厂，建立湖南艾华科技集团，企业规模进一步扩大。通过资本市场推动企业转型升级，促进现代企业制度建设，一直是王安安夫妇的梦想。经历 2007 年增资和 2008 年股权变动后，2009 年，王安安夫妇将创办的公司改为湖南艾华集团股份有限公司，并在益阳市龙岭工业园投资兴建艾华科技园，打造国内最大的铝电解电容器制造基地。

王安安深知，为顺应经济发展全球化大趋势，国内企业亟须转型升级，提高民族品牌竞争力与附加值。她觉得：艾华高分子固态铝电解电容器项目可以走向全球高端市场；推动企业上市，迎接全球市场更大挑战，是促进企业持续发展的契机。

2010 年，艾华在进行了新一轮增资和股权转让后，正式向 IPO 发起进军。艾华的上市之路举步维艰，先后遭遇 IPO 停发、保荐人更替、集团业绩增速下降等挫折。但真金不怕火炼，2015 年 5 月 15 日，全球最大节能照明类铝电解电容器制造商——艾华集团，最终在上海证券交易所挂牌上市，总股本 2 亿股，以 20.74 元 / 股的价格，发行股份 5000 万股，募集资金达 9.8707 亿元，连续 4 个交易日涨停，截至 2015 年 5 月 19 日，艾华集团收盘价为 36.15 元，公司市值达 72.3 亿元。

近年来，全球中低端照明类电容器市场趋于饱和，应用于高端节能照明产品（LED、电子镇流器等）、太阳能、通信、汽车电子等新兴产业领域的铝电解电容

2009 年，公司正式股改为湖南艾华集团，搬迁到益阳龙岭工业园，开启了新的发展篇章

器市场则呈现高增长态势，而我国高端产品主要依赖进口。其中，前三名日本厂商占据了全球 50% 市场份额，且集中于高端市场，处于强势竞争地位。艾华成功上市，得以以更高的效率、更低的成本融资，为项目扩展、新技术研发、冲击高端市场提供资金支持，进而增强产品的竞争力和市场占有率。同时，艾华上市，正是其公司质量、竞争力优势的充分体现，大大提高了艾华集团的知名度，从而获得名牌效应，积聚无形资产。

创新，确保品质领先

王安安认为现代企业竞争是科技力量的较量，艾华集团成功的关键是保障品质和追求创新。她致力于不断强化企业的科研创新能力和自主品牌建设，汇聚全球电容器行业精英，并与各大知名院校、研究机构联合，研究开发世界一流的电容器制造技术与电极箔制造技术。质量是企业的生命，产品品质决定一个企业是否有机会占据全球领先地位。为此，艾华集团设定了产品品质的十大“高压线”，绝对不允

艾华集团成功登陆 A 股市场

许不合格产品流入市场。严守质量关，绝不轻忽细节，这一管理理念深入落实到生产的每一个环节。

王安安认为，要想做“世界上最好的电容器”，精细化管理必不可少，每一个细节，每一个步骤都必须做到最好，力争把中国的品牌做到世界一流水平。因此，艾华集团高薪聘请日本专家组建管理团队，全面学习日本企业的精细化管理理念。

为了实现制造“世界上最好的电容器”的企业宗旨，艾华集团制定了“设备最领先，检测最领先”的保障性目标，先后斥巨资购买世界上领先的仪器设备和检测设施，建立行业高标准的实验室，自主研发电容器生产设备、检测设备和品质管理软件系统。艾华集团实施系统和结构化的品质保证流程，在各个层级有效控制产品品质及性能，包括质量保证体系、六西格玛方法论及专家系统、条形码系统、高级 ERP 系统、有效沟通等。同时，为追求完美，集团已建立零失效控制机制，确保自主生产的产品用品质说话。

创业伊始，王安安就深刻认识到，企业核心竞争力最关键的在于产品创新和技

艾华集团办公楼外景

术革新。艾华集团多年来始终如一地坚持改良和研发新产品，逐渐建立了电解液技术、铝电解电容器技术、电极腐蚀及化成技术、高分子固态铝电解电容器技术、铝电解兼容器生产设备制造技术以及品质专业管理软件开发技术等基于铝电解电容器全产业链的六大核心模块，并着手建立国内先进水平电容器研发中心——湖南省特种电容器工程技术中心，成立博士后工作站，形成了企业独具的核心竞争力。

迄今，公司已获得200多项国家专利授权，承接了国家火炬计划项目、工信部工业转型升级强基工程。省级重大科技项目“CD11GE耐高纹波电流特长寿命铝电解电容器产业化项目”已通过省级新产品认定。从体量上看，艾华集团是国内铝电解电容器行业的龙头，在全球市场中占据重要份额。王安安自信地说：“哪里有灯光，哪里就有我们的电容器。”

大气、宽敞、整洁、规范的车间环境

精细，助力企业运行

2014-2019 年，艾华集团员工人数从 4500 人减少至不到 4000 人，与之形成对比的是，其产能 5 年间实现翻一番。业内人士评价艾华："公司管理能力出众，毛利率及净利润率位居行业前茅，彰显公司成本管控及精细化能力之强。"艾华集团对细节的管控让人叹为观止。

王安安认为细节管理可以大大节约成本，所以她一直致力于让精致成为艾华的一种基本方式。

在艾华集团的旧车间，地板干净得几乎可以当镜子。为避免灰尘随水汽蒸发后附着在机器上，加速机器生锈，王安安要求全部改用吸尘器打扫地面。在集团的新车间里，所有的缝隙都被密封条封上，靠新风系统换气，避免灰尘进入车间，每个墙角都做成圆角以便于打扫，这些措施可以有效减缓机器的老化。

旧车间设备的颜色主要是淡黄色的，但是在新厂房里，所有的机器都被换成有助于舒缓视觉疲劳的淡绿色，使得生产效率提高了 3%。

机器的摆放影响效率。在旧车间，厂房被隔成一个个车间，一排只能摆放 4

台机器，一个工人只能看 4 台机器，且墙壁周边的空间都是无效空间。在新厂房，工厂被设计为一个全开放式空间，每个工人可以多看 1-2 台机器。

垃圾箱的摆放也隐藏着智慧。过去，工人需要把包装原料的废纸箱和生产垃圾分别从楼上送到楼下，费时费事。为此，艾华集团设计了垃圾框架、垃圾柜子和垃圾滑梯，包装原材料的纸箱被清空后立刻被放进尺寸合适的框架里，变成垃圾箱，放入生产垃圾后，用胶带封好。工人将垃圾箱放进镶嵌在墙上的垃圾柜子，另有工人从垃圾柜子里取出垃圾，用滑梯滑到楼下的垃圾堆放处。这种方法大幅提高了工作效率。

所有的细节设计都彰显着艾华集团对于精致的追求，都基于“以人为本”的理念。

关爱，温暖员工社会

作为一名女企业家，王安安深悉爱心与温暖的力量。

在她眼中，艾华最重要的资产便是员工。集团有 3000 多名员工，年流失率仅为 1%-2%，这得益于管理层对员工的关爱。集团坚持“以人为本”的原则，追求多元化和积极的生活方式，支持员工开展各种业余活动并注重员工的全面发展，同时也不忘履行企业的社会责任。

为让员工有舒适的用餐环境，艾华集团特意从广东请来设计师设计食堂。为让员工实现城市住房梦，王安安拿出近 2 亿元，在龙岭工业园的支持下，为员工建设廉住房，公司负责统一装修，确保员工轻松住上舒适房子。为解决员工的后顾之忧，特别是二胎家庭的小孩照看问题，2016 年 4 月，公司建立“艾华儿童中心”，为员工两岁半至五岁的幼儿提供优质福利照看，员工每月仅需支付 300 元左右的生活费。

2017 年，相关部门提出希望艾华集团资助 500 万元，帮当地建立新学校，王安安夫妇立即表示愿意捐资 3500 万元，并主动出让厂区旁边的一块土地建校，唯一的要求是，希望学校建在厂区旁边，方便解决工人子女入学问题。王安安认为：

紫竹学校

“企业把员工的小家管好，让小家来拉动公司这个大家的发展。当员工把产品当成自家的产品去做，就一定会把产品做好。”

集团设立爱心基金全方位关心员工及员工家庭。为最大程度帮扶员工及员工家庭，并进一步延续自己母亲的大爱情怀，王安安以母亲省吃俭用攒下的 30 万元积蓄为基础，并拿出自己 1% 的股份，成立了“李运仙爱心基金”，所得红利全部用于员工。

自 2009 年起，艾华集团推行员工大病救助福利措施，大病员工可一次性获得 2-10 万元的救助金，休养期间可以得到 1200 元 / 月的补助金。自 2012 年起，员工的直系亲属患大病，也可以得到 2 万元的帮扶。公司积极支持员工子女就学，每年为被评为“三好学生”的学子发放 200 元 1 人 1 期的奖学红包，为高中学子、技校学子提供 800 元 / 学期的学费支持，为考上大学的学子提供 2000-5000 元不等的奖学金。全方位的员工关爱，让员工真正感受到幸福艾华的力量。

致富思源，王安安也广泛支持地方公益事业。近年来，艾华集团累计捐款达 2 亿元。2010 年，艾华向赫山区慈善总会捐款 500 万元，助力家乡慈善事业发展。2012 年，艾华向湖南省胡杨助学励学公益基金会捐资 200 万元，用于帮助贫困学子、奖励大学生。2015 年，艾华向湖南省妇女儿童基金会儿童心理辅导中心项目捐款 100 万，向母亲健康快车项目捐款 26.8 万元；向益阳市“彩虹包裹”农村留守儿童捐款 5 万元；向赫山区幸福家庭健康讲座捐款 3 万元。2016 年，艾华向益阳市妇联捐款 100 万元用于贫困母亲“两癌”筛查及医治。2016 年，益阳市遭遇特大暴雨洪灾之后，王安安通过益阳市妇联、益阳市红十字会、赫山区慈善总会等共捐款捐物 60 余万元。为进一步支持地方教育事业的发展，王安安拿出个人分红约 3500 万元用于支持政府建设赫山区第三完全小学，用实实在在的行动践履社会责任。

“艾华电子，科技有爱”，是艾华集团一直倡导的信条，也是王安安对员工、对社会的郑重承诺。她用爱心与温暖营造了良好的企业文化，履行着社会责任，艾华集团用实力让情怀落地。

结 语

经过近半个世纪发展，湖南益阳赫山区已发展成为“中国电容器之乡”，有大小电容器生产商 110 余家，其中，艾华集团是节能照明类铝电解电容器产销量全球市场占有率排名第一的企业，产品性能居世界领先地位。

谁也不曾料到，王安安夫妇心中的一团火，成燎原之势，点亮了中国电容器行业的光。三十多年来，王安安夫妇栉风沐雨，俯首耕耘，伴随着无数个不眠之夜、无数个创业公关、无数个技术攻坚，用润物细无声的坚韧和执着，走出了一条无人能复制的路。

有一种力量叫温厚，有一种实力叫艾华。王安安自主创业的成功，源于不忘初心、坚守信念、不惧挑战、不畏艰辛、独具的智慧与视野、个体的专业与责任。尽管不断遭遇前所未有的压力，她从不向挫折低头，从不怕从头开始，砥砺前行。她坚持一颗至诚之心，身体力行地告诉我们：细节凝铸卓越；梦想成就未来。

王安安创业历程

- 1985 年 益阳资江电子元件厂成立
- 1993 年 益阳资江电子元件有限公司成立
- 1997 年 在四川绵阳投资创办“四川绵阳（高新区）资江电子元件有限公司”
- 2002 年 在四川德阳投资创办“四川艾华电子有限公司”
- 2003 年 投资创办“四川雅安艾华电极箔制造有限公司”
- 2004 年 公司第一个发明专利“一种铝电解电容器及其制造方法（200410023289.5）”获得授权
- 2005 年 在江苏南通投资创办“江苏立富电极箔有限公司”，“AISHI”被评为湖南名牌
- 2006 年 经中国电子元件行业协会认定为“中国电子元件百强企业”
- 2007 年 承担科学技术部“国家火炬计划项目”
- 2008 年 公司经湖南省科学技术厅认定成为“高新技术企业”，并获批准成立省级研发平台——湖南省特种电容器工程技术中心；“AISHI”被评为“中国驰名商标”
- 2009 年 公司股改为湖南艾华集团股份有限公司，由湖南省商务厅认定为“湖南省出口名牌”
- 2010 年 成立益阳艾华富贤电子有限公司，集团公司迁址龙岭工业园；湖南省工商行政管理局认定“AISHI”为湖南省著名商标
- 2012 年 公司获得“全国就业先进企业”称号
- 2014 年 由工信部认定，公司成为“国家技术创新示范企业”
- 2015 年 公司在上海证券交易所上市；在新疆奎屯投资创办“新疆荣泽铝箔制造有限公司”；承担工信部“工业转型升级强基工程”项目
- 2016 年 由工信部认定，公司成为“全国工业品牌培育示范企业”
- 2017 年 “M 成型实用新型专利”引线结构及其“引线成型装置（201621371559.6）”获得授权
- 2018 年 公司企业技术中心由国家发展和改革委员会认定成为业内第一家“国家认定企业技术中心”；叠层片式电容专利“叠层电容器（201721545241.X）”获得授权；L 成型专利“一种电容器结构（201720807803.7）”获得授权
- 2019 年 由国家知识产权局认定，公司成为“国家知识产权示范企业”
- 2020 年 M 成型发明专利“引线成型装置和引线成型工艺（201611151960.3）”获得授权

1993 年，有了属于自己的厂房——最早的益阳资江电子元件有限公司

16／

志存高远，做金融支付安全领跑者

吴俊华和九思泰达

梦想是什么？梦想就是一往无前的努力，一场艰辛的求索，一次敢想敢为的拼搏。梦想的实现，在很多人眼里，是“天方夜谭”，然而于吴俊华，却是一朵她用智慧，以及三十多年持之以恒的努力打造成的奇葩。“只要去想，就一定能做出来，并做好”，是她对自己成功缘由的概括。

吴俊华，一位不让须眉的女企业家，深圳市九思泰达技术有限公司/湾谷创客实业（深圳）有限公司董事长、享受国务院政府特殊津贴专家、深圳市女企业家协会副会长、深圳市妇女儿童发展研究会副会长、深圳市妇联执委。曾荣获深圳市科技进步一等奖、深圳市地方级领军人才、广东省优秀女企业家、广东省三八红旗手、全国巾帼建功标兵、中国杰出创业女性、金融科技进步三等奖、江苏省科学技术进步三等奖、南京市“行业技术、学科带头人”、深圳市女企业家成立三十周年“新锐创新奖”等荣誉称号。

积累“资本”：领先潮流的女工程师

吴俊华长期在金融系统软件开发行业打拼，取得的成绩可谓硕果累累。她曾先后主持并参与开发中国工商银行（以下简称“工行”）IBM4700 储蓄、对公仿真系统、紫金银行客户服务中心系统、ATM 应用平台以及工行资金汇划与实时汇兑终端系统等项目的开发工作，为工行成为国内银行界第一个实现资金实时到账的银行做出了贡献，大大减少了银行每日上千亿元的在途资金占用，提高了资金利用率，增加了经济效益。

早在上世纪八九十年代，从她还是一个二十出头的姑娘开始，她就将人生最好的年华和计算机软件行业、金融系统软件开发紧紧地联系在一起。

吴俊华毕业于华中工学院（现华中科技大学）计算机软件专业。1987 年，她被分配到南京金融电子化研究所（隶属于原电子工业部下属单位，南京紫金集团电脑分公司）工作，主要从事 X.25 通信软件的开发以及银行应用软件的开发和工程实施。她曾先后四次，其中三次作为厂家唯一代表参与工行总行级金融项目的设计和开发。除此之外，她也多次主持并参与公司其他项目的设计和实施，由于表现出

九思泰达与重要战略合作伙伴

色，她的职位快速上升，从普通的工程师到开发部的经理助理，从开发部经理到总工程师，只用了短短的几年时间。在三十岁出头，她已经作为总工，带领整个技术团队披荆斩棘。企业改制后，她又身兼技术总监和市场总监，一路下来，积累了丰富的实践经验。

1992 年，南京紫金集团电脑分公司金融电子化研究所南迁深圳，更名为深圳市蛇口紫金支点技术股份有限公司（简称“蛇口紫金”），吴俊华任技术总监兼市场部总经理。作为主要负责人和谈判人，她帮助公司成功完成与日本 Hitachi 公司关于循环式 ATM 中国代理权以及其他市场合作项目的引进和谈判，并与英国 KAL 公司合作，成功地将先进的 Kalignite Platform 概念引进国内银行 ATM 项目中。

作为技术总监，吴俊华最早的成就，当属带领团队完成工商银行 IBM4700 储蓄、对公仿真系统的研发。这是针对原银行柜面大量采用 IBM 终端储蓄系统的替换业务系统。她带领团队进行技术攻坚的同时，IBM、长城、蓝天等知名企业也加入竞争中。她与三位主要的技术人员在工行杭州开发中心夜以继日研发一年半，在攻坚的两个月中每天只睡不到 3 个小时。最终，1994 年，她带队研发的系统成功替代了 IBM 终端储蓄系统，从而促成了银行网点系统平台软硬件设备采购价格的大幅度下降，采购价格不到进口设备的十分之一。由于采用的是开放式系统，和同期开发的竞争对手系统相比更加稳定，国产化程度更高，价格更便宜。之后，工行总行采用了她带领团队开发的这套系统，在全国网点采用这套开放式系统全面实施更换原有封闭式系统。这使得公司迅速占领了全国近 70% 的全面替代实施工程的市场份额，使公司在此项目上获得了持续的上千万元利润。另外，系统带动设备的推广，使得公司的销售额以及利润年年翻番。同时，也培养了一批批顶尖的金融软件系统开发专业人才。此项目也获得了深圳市科技进步一等奖。

心怀梦想：投身商海成立九思泰达

从 1987 年到 2003 年，吴俊华已在金融系统软件开发领域从业十几年。不论是技术还是经验，她都有相当丰厚的积累，在金融行业享有一定声誉，不乏人脉资源和客户资源。在行业里深耕细作的她深刻地知道技术发展永无止境，产品形态的多种多样。考虑到当时的工作已经没有太大挑战，她选择放弃踏实稳定的现有事业，开启了一段充满挑战的自主创业之路。她清楚地知道创业就是换个方式来实现自身的价值，可以发挥自己的经验，针对市场需求开发产品，更好地服务全球市场。

2004 年，深圳市九思泰达技术有限公司成立，公司专注研究安全及支付领域的技术。公司成立之初，吴俊华并没有急于寻找产品投放市场，而是和团队毫不松懈地跟踪安全支付行业发展及钻研国际金融设备安全的全球国际化安全标准。经过几年努力，团队研发出了全球领先的动态密钥管理以及远程密钥加载等核心技术，使公司拥有核心技术“护城河”，才投入开发了第一款产品。

经过多年努力，通过“学习、消化、超越”等不同阶段的磨砺之后，九思泰达凭借领先技术、科学决策、规范管理，发展成为安全支付领域的知名企业，拥有一

2012 年参加法国卡展间隙

支包括安全支付领域的资深专家、专利持有者等在内的高素质人才队伍。公司致力于金融安全支付领域的产品研发、系统集成和技术服务，提供具有先进水平的安全支付产品、安全支付整体解决方案及移动互联网应用服务平台，现已成为国内外银行、电子政务、便民服务等领域的产品及解决方案供应商，产品畅销亚太、南美、欧洲、非洲、中东、北美、大洋洲等地，与当地的系统服务商、运营商成为战略合作伙伴。

志当存高远，有梦想固然好，关键是要找到机会和方法实现梦想。吴俊华用行动生动地诠释了这一道理。梦在心中，心之所向；路在脚下，素履以往。在创立九思泰达多年之后，为了公司向更好层面发展，吴俊华参加了长江商学院 EMBA 第 12 期的学习，并获得工商管理硕士学位。这段学习经历在提高她商业视野的同时，也为她全面科学制度化管理公司打下了坚实基础。

品质创新：掌握核心竞争力

品质是成功的基石，创新是成功的灵魂，谁拥有这些，就意味着掌握了核心竞争力。对于科技密集型企业而言，这两者更为重要。九思泰达在吴俊华的带领下，始终坚持以品质、创新为重点，以服务为基石，逐渐构筑起核心竞争力。

吴俊华深知在高端制造业获得国际权威行业认证是一个前提，而掌控产业链的核心技术以及知识产权是立足的关键。自创办之初，九思泰达就以高标准、严要求来规范企业，把获得关键资质和国际认证作为公司战略基石。因此在 PCI 组织发布新标准不久，公司立即成立技术总监带队的 PCI 认证小组，组织技术骨干系统研究新标准。经过不懈努力，吴俊华带领团队攻克重重技术难题，在 2009 年年初九思泰达成功研发出自主创新的产品——EPP 加密键盘，并顺利通过了国际权威的 PCI 2.0 安全认证，成为全球第一批通过 PCI 2.0 认证 EPP 加密键盘厂家。该项认证的通过，不仅标志着九思泰达的产品在安全性方面已达到国际领先水平，而且为公司进一步拓宽业务领域、拓展国际市场奠定了坚实基础。

九思泰达研发生产的 EPP 安全加密键盘具有较高的安全性能，针对各种侵入的可能，通过特殊的设计，可感知到恶意拆卸键盘、拆卸加密模块、在 PCB 和加密模块上钻孔切割、探针刺探等攻击手段，并立即实现自毁。EPP 还采取了多种有效的措施，可以防止穷举法获取 PIN 等多种攻击手段，并具有高低温安全检测、电池电量不足警告等特殊处理，以防止敏感信息泄露。EPP 加密键盘符合 ANSIX9.24 密钥管理技术规范，拥有独创的动态树状结构密钥体系设计，与各大品牌的 ATM 实现了无缝连接。

在中国商用密码改造国产化的过程中，九思泰达先后与国民技术、华大等公司

荣获“创新贡献奖”

合作，成功将国产安全芯片应用到加密键盘、POS 终端中，公司推出的加密键盘系列凭借技术优势和产品稳定性优势成功替换国外产品，为支付领域国密化改造提供产品支持。同时九思泰达与中山大学共同承担了深圳市科技创新委员会的科技攻关项目“基于国密算法和远程密钥加载技术的随机数字密码键盘关键技术研发”，为国密算法和远程密钥管理技术的广泛应用提供更多的技术支撑。在中国的商密领域，九思泰达在金融设备 EPP 应用上提供了建设性的建议，推动了中国金融 EPP 设备国密化改造的快速实施。

此外，九思泰达是全球第一批提出基于智能操作系统的智能支付终端厂家，随后即组织团队进行预研、攻关，开发出第一款基于安卓系统带指纹的智能 POS 产品，开发的智能终端产品 S1000 获得中国国际金融展“金鼎奖”——优秀金融机具奖，带来了整个安全支付行业从传统终端向智能终端应用的迁移。

吴俊华对九思泰达有清晰明确的定位：科技企业就是要围绕核心技术去做自主

九思泰达产品

创新的产品。只有做到国际领先，企业才能在市场竞争中立于不败之地。在这种思想指导下，在拥有核心技术后，九思泰达相继开发出 POS 移动终端、SMKEY 安全支付产品、多功能的 KIOSK 等适应国际市场的系列产品，加快了成为安全支付领跑者的脚步。公司还拥有新型防刺探密码键盘等十多项发明、二十多项实用新型专利、十三项外观专利，共计近百个专利，数十项软件著作权。

近几年，九思泰达将销售收入的 15% 以上投入研发。由于吴俊华在思想上格外重视技术创新，在资金上提供有力支撑，九思泰达的核心竞争力持续提高。

未来她将秉承“让支付更安全，让生活更智慧”的愿景，带领九思泰达立足自身，创新发展，继续在创业路上攀登前进。九思泰达致力于成为全球专业金融安全支付解决方案提供商，致力于成为世界金融安全及支付、信息安全领域的龙头企业。同时围绕支付生态圈，研发各种类型的产品，拓展不同的渠道，为商户服务。随着 5G 的到来，公司将加大投入对芯片级应用模块的探索开发设计，满足未来智能应用高速发展带来的安全应用需求，共同创造美好生活。

把握机遇：做金融安全的领跑者

吴俊华的成功，固然基于兴趣和业务水平，而能够对市场前景做出准确分析判断，并敏锐把握转瞬即逝的机遇，更是她带领企业成为金融安全领域领跑者的关键因素。

吴俊华对机遇的把握首先体现在她投身金融领域这一举动上。经过多年历练、已经积累足够多的“资本”的她，在兴趣和市场发展趋势的双重作用下，准确把握了时代发展的脉搏，投身金融领域。而在自主创业后不久，她注意到，我国人均 ATM 占有量与中国人民银行总行的发展规划之间存在巨大差距。她分析，中国内地将成为全球最大的 ATM 市场。今后几年 ATM 将保持两位数的增长速度，这将是一个巨大的潜在资源。而在当时市场上，ATM 加密密码键盘很多，但符合国际标准、通过国际认证的则少之又少，市场大量需求能支持 XFS 协议的键盘，开发先进的支持国际标准的 ATM EPP 加密密码键盘，将有着广阔的市场前景。因此，她将这种加密密码键盘作为九思泰达的核心产品投入研发，并于 2009 年成为全球第一批率先通过 PCI 2.0 认证 EPP 加密键盘厂家。

此后，吴俊华进一步分析：一方面，国内 ATM 整机生产厂家快速发展，迫切需要质优价廉的 ATM EPP 键盘的配套，而国外产品价格居高不下，ATM 厂家把眼光放在国内；另一方面，国内 ATM 各大品牌的维护商在蓬勃发展，他们最关心的是如何降低维护成本。因九思泰达的 EPP 与各大品牌的 ATM 实现了无缝连接，在保证维护质量的同时，成本低成为维护商的首选，这使得九思泰达拥有了很强的竞争优势。

随着互联网的发展，吴俊华对移动支付发展动向有了新的认识。移动支付已经

2019 年带领团队参加法国卡展

渗透到各行各业，一二线城市正在进入无现金社会。下一步，随着线下消费场景化与线上支付便利化融合，线上线下打通，数据共享便促成了互联网金融社会的到来。另外，移动支付工具将与各个行业深度融合，在场景化、个性化方面涌现出各类创新产品，为人们提供多样化、个性化、高附加值的服务。同时，通过场景入口、支付入口，数据端能够描绘人的消费行为，借助大数据挖掘消费者的消费习惯，可以让商家更好做到精准营销。因此，强化互联网思维，以用户需求为导向，成为九思泰达下一步发展的重点方向。

正因她具备深刻的洞见和敏锐的眼光，密切关注信息时代、移动金融支付和市场潜力等关键要素，从而使九思泰达逐步领先于同行，成为金融 EPP 加密键盘等金融支付安全设备的领跑者。

以人为本：团队协作铸九思

九思泰达成立以来，一直以“专业、专注——致力于安全支付领域的解决方案提供”“以人为本、持续创新——做全球安全支付领域的领跑者”作为企业宗旨。要落实这两点，只注重对产品的创新研发远远不够，更重要的在于对人才、员工的培养，力求“以人为本”，促进员工全面发展。

吴俊华认为，一个人能力再强，拥有再多资源、再好的技术，也难以把企业做大做强。只有打造一个精英团队，才能开发出更多更好的产品，才能应对市场激烈的竞争。

创业伊始，吴俊华聚集了一批志同道合的同仁共同创业。公司不是她一个人的，而是大家的。公司设立了员工持股平台，通过持续不断的企业价值观、愿景、使命的传导，让大家为同一个目标而团结奋斗。这些人见证了从上世纪八九十年代以来整个金融支付领域的发展历程，在创业中，逐步成长为公司管理层和核心技术人员，企业认同感也越来越强。

此外，公司还汇集了一批高素质、高技能的专业技术人才，尽可能保证了产品的研发、更新和销售每个环节都能紧跟时代潮流。同时，通过聘请国内外著名专家担任公司技术顾问，为产品的研发提供强有力的智囊支持。

基于人才第一的信念，九思泰达逐渐发展出一套良好的激励机制和企业文化。九思泰达公司一直秉承“以人为本”的管理思想，努力为员工营造舒适、健康、和谐的工作环境。公司提供丰富的、个性化的培训和学习机会，结合公司发展愿景和员工职业发展需要，帮助员工在各自专业领域不断成长，实现自身价值。

吴俊华认为，团队协作方面的培训必不可少，培训过程其实也是一个激励过程。这是九思泰达一直秉持的理念。因此，公司组织了形式多样的企业文化活动和旅游，培养团队协作意识和员工的团队精神。

公司坚持每年组织 1-2 次全员旅游或户外活动，并组织各项运动兴趣小组，定期组织各项文娱运动，丰富员工们的日常生活，对于提升员工们的工作自主性、工作效率产生了积极作用。

2008 年团队在公司门前合影

篮球友谊赛、拔河比赛、沙滩足球、羽毛球比赛、省内游、踏青、野炊等各类活动强化了员工对九思泰达的认同，凝聚了人心：未来，风雨同舟，患难与共，用心血浇灌培育出更加辉煌的九思泰达。这是九思泰达人的共识。

不让须眉：积极参与社会事务

能力越强，责任就越大。吴俊华积极参加相关社会活动，为推动区域经济发展、提高女性在社会中的地位贡献智慧和力量。

作为深圳市女企业家协会副会长，她不惜抽出时间和精力推进协会事务。比如，2017 年 11 月，经吴俊华等人的对接和组织，张掖、深圳两地女企业家达成合

出席 2017 全球女性领导力高峰论坛并发表主题演讲

作发展协议。2019 年 4 月，她热情接待吉林省松原市女企业家协会代表团。2019 年 10 月，她参加由深圳市女企业家协会等四个组织主办的首届“她力量”企业家精准对接交流会。这种活动对于推动湾区女企业家协会的交流合作和经济发展有着积极意义。

作为一位成功的女企业家，吴俊华将火炬照向了更远的地方。她在多种场合为女性尊严、价值和创业创新发声，期待为女性发展提供更好平台。

受邀参加粤港澳她力量 · 大湾区引力波论坛

2017 年 4 月 15 日，“2017 全球女性领导力高峰论坛”在深圳举办。吴俊华就卓越女性领导力与创新、女性创业创新的资源共享与社会进步等话题发表见解，传递了“女性领导力”与“创新”的价值和魅力。

2017 年 9 月，在 STEM 教育与妇女儿童发展论坛举行期间，吴俊华以“尊严源自于价值”为题进行演讲，从自身的成长和创业经历出发，阐述了女性从事 STEM 行业的价值与尊严。

2017年12月1日，吴俊华参加由深圳市妇联指导、联合国妇女署中国办公室与深圳市妇女儿童发展基金会在深圳共同举办的“2017性别平等与企业社会责任国际会议”，分别在“性别平等与社会责任——企业可持续发展之道”主论坛、“性别平等的深圳实践”分论坛、“巾帼力量——粤港澳大湾区女性领导力”分论坛上发言，获得与会人士的高度评价。

吴俊华深刻认识到：“企业家精神就是企业家的自我实现、自我创造，以及承担社会责任。”在成功的同时，她从未放弃积极承担那份沉甸甸的社会责任。

结语

吴俊华是有梦想、充满毅力、智慧和创新的人，带着实现个体价值的追求走上创业之路，成为全球金融支付安全设备行业的领跑者。她以其亲身实践向人们阐释了“志存高远”的含义。

她所创建的九思泰达的企业精神是：我们有实力迎接更大的挑战，我们有信心创造更大的价值，我们要用劳动浇灌九思泰达更加辉煌的明天。这一企业精神，可谓是吴俊华个人生命精神的扩大化。

追梦永远在路上，生命不息，奋斗不止，志存高远，放手搏击。吴俊华带领九思泰达人如是思，如是行。

吴俊华创业历程

- 2004 年 九思泰达技术有限公司成立
- 2006 年 九思泰达获得国家高新技术企业证书
- 2007 年 九思泰达第一款加密密码键盘产品正式上市，批量供货
- 2008 年 九思泰达获得国家商用密码生产及销售许可证
- 2008 年 九思泰达 E6020 成为中国第一家通过 PCI 2.0 国际安全认证的安全支付产品
- 2009 年 九思泰达为招商银行实施加密键盘改造项目
- 2010 年 九思泰达成为全球第三大 ATM 厂商德国德利多富（Wincor）公司的正式供应商
- 2011 年 九思泰达获得 PCI 3.0 认证、EMV 认证，为 Wincor 实施远程密钥管理方案
- 2012 年 九思泰达为金融安全支付产品实施全套国密改造方案
- 2013 年 九思泰达成为 Diebold 的战略供应商
- 2015 年 九思泰达第一款带指纹功能的智能 POS 在海外项目正式商用落地
- 2016 年 九思泰达成为中国第二大第三方支付公司通联支付的入围供应商
- 2017 年 九思泰达成功入围银联商务；新品智能终端 V7 成功上市；取得 PCI 5.X 国际安全认证；成为日立合作伙伴
- 2018 年 九思泰达 V7 上市；中标银联商务；为银联商务某分公司开发助农取款系统；为通联支付开发实施万汇通系统、房服通、代收付等系统
- 2019 年 九思泰达多款产品取得 PCI 5.X 国际安全认证和银联 UPTS 2.0 认证

2018 年荣获“杰出创业女性”称号

17 /

文学情结，跨境事业

徐平和河南保税集团

获得“全国三八红旗手标兵”称号

没有专业知识，她自己摸索；没有行业标准，她积极与政府对接；没有专业团队，她自己培训……逢山开路，遇水搭桥，她靠着一股勇气与韧劲儿，奇迹般地把不沿边、不靠海的河南，打造成全国跨境电商的标杆。

她就是徐平，河南进口物资公共保税中心集团有限公司总裁，河南跨境电商炫目的符号，因其出色的工作成就，先后荣获“中国经济优秀人物”“中国物流十大年度人物”“中原供应链管理领军人物”“十大诚信企业家”“河南跨境电商第一人”“杰出创业女性”“第五届最具行业影响力十大女杰”“全国三八红旗手标兵”“优秀中国特色社会主义事业建设者”等称号。

文学情怀，结缘物流

徐平进入跨境物流行业，纯属偶然。大学期间，徐平学的是英语专业。她选修英国文学，是为能更好地理解莎士比亚的戏剧和十四行诗，期待体验简·奥斯汀笔下的欧洲生活，有机会去一趟《蝴蝶夫人》的故事发生地……或许她从没想过，在不久的将来，自己将走进那片她向往的土地，并在那里大放异彩，打造出一片跨越疆域的商业空间。

徐平出席第五届全国非公有制经济人士优秀中国特色社会主义事业建设者表彰大会

1994 年，徐平毕业，被分配到国家机关单位工作。一个偶然的机会，她被派往匈牙利，负责国内地方政府在东欧的外贸事宜，自此与物流结缘。

1989 年东欧剧变，对世界经济贸易产生了巨大影响。欧洲的商业贸易越来越繁荣，匈牙利成为华商贸易货物的集聚地。由于缺乏中欧商贸交流的专业人才，而华人常感觉英语捉襟见肘，与当地海关、政府沟通不畅，导致大量中国货物积压在口岸无法及时流通。英文专业毕业的徐平，因偶然协助一位朋友与当地海关顺利沟通成功，当地海关负责人请求她协助他们疏通了大量积压在口岸的中国货物。

自此，受匈牙利政府海关机构的委托，她开始协调中国贸易的关务。物流成为徐平没有选择的选择。

万事开头难，隔行如隔山。全新的领域，提单、报关、合法避税，一切都是新的。除此之外，她还要深入了解国际经济贸易的背景及贸易壁垒，需要掌握的新知识、新信息非常多。24 岁的徐平一下子被推到了世界贸易最前端。

她克服重重困难，一切从零学起，摸爬滚打，一路咬牙，最终应了“苦心人，天不负”这句话。

1998 年至 2002 年间，徐平分别在西班牙、法国、奥地利和德国成立了自己的物流公司，均取得了不错的业绩。

尽管已经取得旁人艳羡的成就，徐平却一直有个心结：她本来多愁善感，现在脱离国内稳定的工作，突然跳到海外做市场，再加上内心排斥经商，一下子感觉落差很大。即使后来公司做得很好，好长一段时间里，她内心深处的这种失落感并未消除。彼时她尚未决定好未来要怎么走，对“来时路”也有一丝迷茫：创业以来，自己似乎一直被推着走，虽然已经做到了顶尖水平，但对“做物流是为了什么”这一问题，徐平心中并没有一个清晰的答案。

抢救通关，救人利国

创业几年后，徐平苦寻不得的答案浮出水面。

2001 年，中国加入 WTO，这意味着中国能全面享受世贸组织赋予其成员国的各项权利，同时中国与欧洲的贸易往来急速推进。很多中国企业以为配额没有了，国际贸易市场的机会就来了，还在谈判入市协定期间，他们就大量中转货物到国外。

2002 年 5 月，危机初露端倪。欧洲提升贸易技术壁垒，在监管协定中，对中国物品开出了限价底单，有些限价清单价格远远高于货物本身的价格，随之变动的应纳税额几乎超出所有企业的承受范围，企业面临着即将亏损的困境。徐平深知这意味着什么。

在此种局面下，不单是中国企业“走出去”受阻，国外向中国采购的货物同样无法进入欧洲市场，大量货物滞留港口或停运。每多滞留一天，企业就亏损一天。如果问题延续下去，中国企业几乎将面临灾难性的结局。

徐平焦虑万分，她明白若不行动，永远没有机会改变困境。她想到，欧洲法律讲究“法无禁止皆可为”，只要合理合法都允许。于是她找来欧洲的法律，逐字逐句去研究，试图找到解救的办法。细心的她注意到欧洲法律中有一个漏洞，“一个单体”这个量词并没有严格的界定，那么“一件”“一打”及“一箱”都是“一个单体”，这样可以变相降低申报价格。依照此法，100 天内，徐平团队紧急“抢救”

出 2.6 万个集装箱，人获全胜。

当时，公司的保税仓几乎成为中国货物进入欧洲唯一的通道，但公司人手有限，能接待的车辆及每天的处理能力受限，市场需求远超过团队的承载能力，每天办公楼下挤满了人。徐平是第一个突破局限的人，公司通关成为独门生意，但她觉得趁火打劫的事决不能做，依然按照原来价格收费。四个月之后，欧洲法律修订了那条法律漏洞，但她已经成功挽救了一些中国企业，为他们赢得了喘息的时间。

这期间发生的一件事令徐平印象深刻。中国客户李先生押上全部资产做了一单海外生意，却发现国际贸易壁垒提升，企业面临破产。李先生带着老母亲找到徐平，一进办公室，母子俩就跪在她面前，请求帮助。

震惊、惶恐、触动……那一刻，徐平百感交集。她慨然帮李先生的产品顺利清关，并代为垫付关税和物流费用。

这件事让徐平产生了强烈的职业荣誉感。她突然意识到：自己曾经并不看重的职业，却关乎着一个国家的发展前途，一个民族的利益，一个家庭的生死存亡。它是有社会价值的，自己在做的是有意义的事情。此后，她接触过许多能赚大钱的项目，比如房地产等，但是，唯有物流行业在她看来是自己真正的事业，她始终不离不弃。

身处国外的徐平，无法超然世外。20 世纪末，世界政治动荡不安，中国身处风口浪尖。南斯拉夫战争、科索沃战争……牵动着她的心。

南斯拉夫战争结束后的第三天，徐平和几个好友进入南斯拉夫。眼前满目疮痍的惨状，让她意识到战争的残酷。“和平意识”“国家意识”“集体意识”，那一瞬间在她心里悄悄滋长并迸发出来。个人的事业要与国家利益一致，国强才能民强。她决心为祖国再多做点什么。

此前，徐平回国探亲，对家乡优厚的创业政策、适宜的经商环境有所了解。她凭着敏锐的商业头脑，推断回国做跨境物流大有可为。

回国，是徐平人生的一大转折。决心已定，她开始有条不紊地布局国内产业。

2005 年，她投资改制收购驻马店市内衣厂，创造了国有企业改革的成功先例。2006 年，她投资数亿元成立河南爱克尔实业发展有限公司，打造出驻马店市国际

2010 年 12 月 8 日，河南保税物流中心通过海关总署、财政部、国家税务总局、国家外汇管理局四部委的验收

CBD 中心项目。

2008 年，她收购了香港高鹏集团全部股权，以 49% 的股权成为河南保税中心第二大控股股东，组成新的经营班子，从此开启了对我国现代物流行业和跨境电子商务领域坚持不懈的探索和创新之路。自此，徐平真正回到了中国，回到了河南，并凭着她独特的商业灵感，引领跨境电商创新发展，带给河南、中国乃至世界以惊喜。

郑州方案，领潮业内

归国之初，公司只有一栋办公楼、两个仓库，几十名员工——再一次从零开始。而这一次，徐平已然胸有成竹。

2011 年 5 月 11 日，河南保税物流中心正式开关运营

徐平对现代物流商业布局是这样规划的：一要吸引跨境电商行业龙头企业入驻；二要吸引强有力的物流企业；而这一切得建立在一个成熟完备的运营机构之上。于是，她决定把已有的河南保税中心做大做强。在徐平和公司全体同仁的积极推动下，一切逐步步入正轨。2010 年 1 月，公司获得 B 型保税物流中心资质，赶上了国家最后一班“末班车”，并以保税速度实现“当年批准、当年建设、当年验收”。2010 年 12 月 8 日，河南保税物流中心通过国家四部委正式验收。

2012 年 5 月，为申请郑州成为国家跨境贸易电子商务服务试点城市，徐平拿出比 2002 年更甚的钻劲儿带领团队开始了一段没日没夜的忙碌时光。与传统国际贸易相比，跨境电子商务呈现出多边化、直接化、小批量、高频度等特点，这导致在交易过程中普遍存在“三难”，即通关难、退税难和结汇难的问题。结合实际，徐平和她的团队一头扎进了相关政策文件的研究当中，创新性地拿出了郑州市跨境贸易电子商务服务试点（以下简称郑州试点）方案。此方案因论证合理、准备充分，

2012 年 9 月 12 日，郑州市跨境贸易电子商务服务（E 贸易）试点项目启动

得以率先获批、率先进行业务测试，赢得了市场先机。

2014 年 7 月，海关总署发布公告，增列海关监管方式代码“1210”，全称“保税跨境贸易电子商务”，从此，“1210”模式在全国推广。徐平则是“1210 模式”的原创者。

在徐平的带领下，郑州试点在信息平台建设、交易规模提升、监管方式探索、行政审批改革、商业模式创新、配套设施建设、参试企业聚集、扩大就业规模、拉动经济增长等方面均取得了重大成果，在全国试点工作中一直处于领先地位，产生了较大的经济社会影响，获得了广泛的社会赞誉。

如今，郑州试点依托河南保税物流中心周边 3.51 平方公里进行整体规划，运营模式更趋成熟和稳定，在原有的“1+6”基础上，经过几年的实践和提升，已形成“一平两网三链六中心”的发展规划体系，以综合跨境电子商务园区为抓手，形成商贸产业、物流、金融服务、旅游、文化创意等复合业态结构，实现产业、文化、旅游“三位一体”，生产、生活、生态融合。

“郑州模式”破解了跨境电商全球性难题，正从国内走向世界，有望成为解决下一代贸易方式的“中国方案”。

创新模式，放眼全球

在“郑州方案”取得成功后，徐平一直积极探索跨境电商发展路径。她的目标是：让世界贸易更便捷，让生意更盈利，让人民更幸福。为此，她把精力放到三个方向：提高效率；提升购物体验；扶植本国企业。

瞄准第一个方向，徐平团队简化通关流程，提高通关效率，在海关、国检的支持下，创新性地将“三个一”关检合作从口岸延伸到特殊监管区，实现了“一次申报、一次查验、一次放行”，使得由郑州入关的货物，在全国分拨的过程中，配送效率更高，物流成本更低。

她率先开启跨境电子商务服务 4.0 体系。在此基础之上形成的“1+6”商业服务标准和流程，使不沿海、不沿边的郑州，依靠跨境贸易实现了内陆起跑、弯道超车。这种商务服务模式为中西部崛起提供了可资借鉴的经验。

徐平团队所引领的创新试点 PPP 模式，成为政府和企业合作的典范。在跨境贸易电子商务平台建设方面，PPP 模式使得政府资本与社会资本深入合作，政府的公共服务和社会资本的效益追求融合成一个完美的整体。

瞄准第二个方向，徐平着力打造了中大门保税直购体验中心。中心以阳光化的通关模式，打造了线上交易、线下体验的跨境 O2O 新兴业态，让中原百姓在家门口就能“买遍全球”。这种“在店体验、在线下单、在家收货”的跨境 O2O 购物新模式，给消费者带来极大便利。2015 年 5 月 2 日，直购体验中心开始试运营，至今已接待顾客数十万人次。美国、韩国、巴西、新西兰、加拿大、比利时、澳大利亚等 20 多国纷纷以国家馆形式展开合作。

瞄准第三个方向，徐平努力促成电子商务产业集群，以带动就业。国内物流企业如 EMS、顺丰、中通等，已在试点开展国际国内物流配送，日均货量约 200 吨，辐射全球 77 个国家（地区）。徐平在吸引聚美优品、网易、唯品会、小红书、蜜芽、新西兰邮政、DHL、中通国际、中国邮政等境内外龙头企业集聚郑州的同时，还带动了万国优品、中大门、万国万购、熊抱网、9号店等河南本土电商的发展。

电子商务产业群的建立和兴盛带来了大量就业机会：在2013年开展E贸易之前，公司员工不足200人，现已增加至700余人，再加上海关、国检公务人员，入驻企业员工，就业实习大学生等，园区现已实现就业5000人。

集团业务的发展还带动了周边地域产业的发展，相关行业如物流、包装耗材、餐饮、住宿、旅游等诸行业就业达30000余人。

最初，河南保税物流中心每天进出口单量才300多单，一单通关平均需要4小时。经过不断改造升级，中心每天进出口单量20多万单，秒通关峰值500单。目前，进口商品来自55个国家，出口达77个国家，跨境电商进出口单量居全国第一。另外，徐平还成功使消费者购买商品的物价降低了57%，企业物流成本降低了80%。

可以说，郑州跨境电子商务以1∶8的效应在放大，一个产业带动了上下游8个产业的发展，对地方经济发展具有巨大的拉动效应。在徐平等一批企业家精益求精的精神引领下，跨境电商行业欣欣向荣。

河南跨境电商行业还在不断迎来政策红利。2019年12月，河南省商务厅发布《关于河南省跨境电子商务示范园区和人才培训暨企业孵化平台的公示》，拟认定河南保税物流中心等7家园区为河南省跨境电子商务示范园区。

对于徐平来说，未来仍有更多的机会与挑战。

心怀感恩，大爱无疆

徐平曾说，商人只是以盈利为目标，但企业家却是以创造价值为目标，而追求利润不过是一个过程，以创造价值为目标，则奋斗不息。什么价值最为重要？于她而言，是社会价值。

徐平深知，能否利用好党和国家给予的优厚政策创新创业，测试的是企业家的能力；而能否在功成名就后不忘感恩，回报社会、造福大众，测试的是企业家

2011 年 12 月 25 日，向河南省老区建设捐款 200 万元

的心。

因此，在取得商业成就的同时，徐平致力于将感恩之心付诸行动：公司与郑州师范学院、黄海学院等高校开展合作，免费为大学生提供实习、就业、创业岗位 1300 余人次；向前来学习的单位、客户免费培训，提供郑州试点专业咨询服务 2.7 万人次；向革命老区提供捐款 200 万元；与北京大象联盟共同发起“文明河南上善公益奖金”……她以一位企业家的社会担当，积极回报社会、奉献爱心。

2020 年新冠肺炎疫情暴发后，徐平携手同仁，发挥国际贸易优势，多次捐赠医疗物资：2 月 22 日下午，河南进口物资公共保税中心集团有限公司向高新区管委会捐赠一批价值近 5 万元的防护服、医用外科口罩、护目镜、一次性手套等疫情防控物资；3 月 19 日，向郑州慈善总会捐赠 255000 个口罩和 10850 套防护服，物资总价值 868500 元；3 月 20 日，向平舆县捐赠价值 10 万余元的物资……

她把回报社会视为企业家理所当然的社会担当，从不自炫。心怀感恩，大爱无

徐平工作照

疆，是徐平的写照。

腹有诗书，商海斩浪

商海沉浮多年的徐平，在内心仍然是当初那个有着文学梦的女子。

现在的徐平很忙碌，但她会轻松地切换工作、生活和学习。她每天都会阅读一小时的纸质书籍，再看一部纯英文电影，雷打不动。她还保留着边走路边听音乐的习惯。

徐平曾说，没有文学，她可能做不到今天。

文学，看似与商界格格不入，却给她一种大象无形的力量。 在她的理解中，文学情怀冲淡了商业硝烟，也锻炼了她的思维体系，扩展了人生格局，这让她常常看得更高、更远。遇到困难，她总是如青松般咬牙不放松；遇到重大决策，她常常能一语中的、条分缕析。在面临利、义抉择的时候，她比同行多一份考量。或许，在她少女时期滋养过她的莎士比亚的剧目、简·奥斯汀的小说、《蝴蝶夫人》的故事……早已化为她精神中的重要部分。

文学引导着她，影响着她，让她对天地有敬畏之心，懂得知足常乐。在房地产最火热的时候，她决然舍弃房地产行业，因为她清楚，比起房地产，物流行业单纯、快乐，让她无比自豪，踏实坦荡。

在徐平看来，经商是一种责任，是丰富而宽阔的人生境界。作为从事跨境贸易的企业家，她关注国家的政策走向，国家制度的完善，时时思考个体、企业的价值及所带来的意义。而她思考的结果，除了化为文字，还会落实在企业中。

徐平的朋友笑她把物流事业当作文学创作。现在的她，仍然在用心构思下一部“文学作品”。

结语

徐平，用一场场胜仗，为河南的经济发展交上了一份份精彩而完美的答卷，为国际贸易画卷泼墨献彩。

这位独具天赋的企业家，在未来，仍将凭着她独特的商业灵感，引领跨境电商以巨大的影响力带给河南、中国乃至世界以惊喜。

徐平创业历程

- 1994 年　受匈牙利政府海关机构的委托，开始协调中国贸易的关务，助力通关，从此结缘国际贸易，开启崭新的事业之门
- 1998 年至 2002 年　在西班牙、法国、奥地利和德国成立物流公司
- 2005 年　回国投资，改制收购驻马店市内衣厂
- 2006 年　投资数亿元成立河南爱克尔实业发展有限公司，成功打造驻马店市国际 CBD 中心项目
- 2008 年　收购香港高鹏集团全部股权，以 49% 股权成为河南保税物流中心第二大控股股东，组成新的经营班子
- 2009 年　荣获“中国中部崛起突出贡献人物”称号
- 2010 年　河南保税物流中心通过国家四部委正式验收
- 2011 年　河南保税物流中心正式开关运营
- 2013 年　徐平担任中国对外贸易理事会理事
- 2015 年 5 月　河南保税集团中大门 O2O 直购体验中心开始试运营
- 2015 年 11 月　河南保税集团承建的 E 贸易试点通过海关总署和国家发改委联合验收
- 2016 年　河南保税集团成为跨境综试区建设的核心支撑单位，河南保税物流中心成果入选全国首批 29 家“国家级物流园区”
- 2017 年 7 月　首届“全球跨境电子商务大会”在郑州成功举办，跨境电子商务“郑州模式”发布，河南保税集团在全国范围内首次实现跨境电商 O2O 线下自提
- 2018 年　荣获“2018 中国企业自主创新十大领军人物”“2018 中国十大女杰出企业家”等称号

徐平接受采访

18／

有志必成，厚积薄发

徐艳林和百果园集团

蒲松龄有一副对联："有志者、事竟成，破釜沉舟，百二秦关终属楚；苦心人、天不负，卧薪尝胆，三千越甲可吞吴。"有这样一位女性，在她的人生中，经历了从一名老师跨界生鲜行业、从基层员工到如今企业管理者的角色转换。她的人生经历，正是有志必成、厚积薄发的真实写照。

她，就是徐艳林，1969 年出生于江西德兴。她曾从事教师职业 12 年，2002 年入职深圳百果园实业（集团）股份有限公司（以下简称"百果园"），经过行政部、门店运营管理部、配送部、采购部等多个部门的轮岗实践历练，2006 年担任公司总经理，上任次年将公司扭亏转盈。现担任深圳百果园实业（集团）股份有限公司总裁、资深事业合伙人，深圳市商业联合会常务副会长等职务。曾荣获 2015-2016 年度支持行业发展个人贡献奖、行业发展特别贡献人物奖（2017 年）、首届深圳最具影响力女企业家深商木棉奖卓越奖（2018 年）、胡润百富产业领袖奖（2019 年）、中国连锁业杰出女性金牡丹奖（2019 年）、第十五届中国十大教导型企业家（2019 年）、中国最具影响力的 30 位商界女性（2020 年）等荣誉称号。

角色转换，从教师到总经理

徐艳林本是一名教师。改革开放初期，在下海经商的浪潮中，徐艳林的丈夫余惠勇主动向单位申请停薪留职，南下深圳打拼。由于缺乏经验，最初几年，余惠勇不仅没有赚到一分钱，甚至连路费都打了水漂。然而，出师不利并没有使余惠勇消沉下去，在经过多方调研后，他最终在蔬菜、水果等绿色食品行业发现了商机。他注意到：水果整个供应链上价值损耗浪费巨大，特别是中国作为世界水果产量大国，水果附加价值还很低。就这样，在发现商机并赚得下海的第一桶金后，2001 年，余惠勇创立了百果园品牌。

由于丈夫忙于创业打拼，家事主要由徐艳林操持。后来，百果园生意日渐有起色，徐艳林把家里的事务都交给婆婆来打理，自己则协助丈夫处理百果园业务。丈夫创立百果园的那一年，已经从教 12 年的徐艳林辞职，加入到丈夫的企业当中。而这，便是徐艳林从教师到商人最初的入职经历。

进入百果园之后，徐艳林从文员做起，先后在行政部、门店运营管理部、配送部、采购部等业务部门工作，对百果园业务逐步深入了解。直到2006年，上一任总经理辞职后，公司一直找不到合适的人负责公司整体经营。在众股东极力推荐下，徐艳林才临危受命担任总经理一职。

从教书育人的教师行业转岗到竞争激烈的民营企业，再到掌握全局、领导团队，徐艳林深知，必须身先士卒、以身作则。她认为，大多数女性只要走上职业经理人的道路，只要想在企业里有所发展，必定都会渐进地完成自身角色的转换，因为只有不断转型，才能匹配上企业的发展。

事实上，徐艳林接任总经理时，就面临着公司连续亏损四年的困境。怎样才能挽救公司的窘境？徐艳林沉下心来，与团队仔细分析市场、剖析消费者的消费行为与心理，继而对百果园进行了大刀阔斧的改革。功夫不负有心人，在她的带领下，2007年百果园开始止亏，2009年百果园年销售额突破1亿元，2019年百果园集团年销售额超100亿元。她以出色的表现证明了这是一次完美的角色转换。

敢为人先，抓住市场机遇

经过多年的发展，百果园已经成为一家集水果源头采购、采后保鲜、物流仓储、品质分级、营销拓展、品牌运营、门店零售、信息科技、金融资本、科研教育于一体的大型连锁企业，是“水果专营连锁业态”的开创者。百果园的成功，源于企业领导者敢为人先，具备抓住水果连锁市场机遇的敏锐眼光。

2002年，第一家百果园水果店在深圳开业。不足50平方米的店面，第一个月就实现了40多万元的营业额。单个店铺虽然获得了成功，但是如何将个例的经验推广，水果专卖究竟能不能走连锁经营的道路，在当时尚无先例的情况下，这是一个挑战。

水果专卖连锁经营的关键在于确保产品的标准化和专业化。因为水果是非标产品，很难做到标准化经营。为突破这一难题，徐艳林和团队经过长期探索，最终确定了水果的标准——好吃。通过对水果种植环境、口感等多方面严格把控，百果园

参加活动照

门店场景

一门店员工集体合影

与门店家人合影

成功地开启了水果连锁经营的大门。2001 至 2008 年，尽管连续亏损 7 年，但百果园开出 100 家门店，为企业逐步积累知名度和认可度。截至 2019 年，百果园进驻全国 80 多个城市，线上线下一体化会员 5600 万余人，门店数量超过 4000 家，成为中国最大的水果连锁店。

18 年前，百果园开启水果连锁经营的大门，成为第一个敢于吃螃蟹的人。

顾客第一，做有温度的企业

企业不应该是一个只关注利润的工具，相反，作为当今社会的重要组成部分，企业肩负着沉甸甸的社会责任。企业通过商业活动将顾客与经营者联系在一起，由此促进社会经济的发展。百果园作为水果新零售标杆型企业，通过打造“顾客第一、员工第二”的企业文化，温暖了理性的经济行为，使百果园成为一个有温度的企业。

纵观百果园的发展历程，“把顾客放在第一位”一直是企业矢志不渝的信念和坚守。

“不好吃三无退货”，是百果园 2013 年率先在业内推出的服务体系，即消费者对购买的商品不满意可“无小票、无实物、无理由”退换货。2016 年，百果园还在线上 App 推出了“不好吃瞬间退款”功能，顾客在门店购买水果后，也可在百果园 App 上进行自主退款售后操作。

每年一度的“双十二”营销活动结束之后，徐艳林会让团队发出一条温馨信息给顾客，除了表达对服务不周的歉意外，还建议顾客如果对果品不满意，可以“三无退货”。这一举动，让顾客切身感受到百果园是站在顾客角度思考问题，提升了顾客的消费满意度，也提升了企业的核心竞争力。

2020 年，百果园正式提出把“好吃不贵”作为核心战略，切实提升品质性价比和价格性价比。而“好吃不贵”实质上就是把“顾客”放在第一位，从消费者立场出发，把“好吃不贵”提升到战略的高度，充分体现了百果园“顾客第一”的承诺。为拉近企业与消费者之间的距离，百果园在 2020 年 5 月举办了首个榴莲专场品鉴会，通过沉浸式体验，让消费者直观地了解公司产品，提升了品牌口碑与好感度，有力地促进了百果园水果的销售。

顾客之外，加盟门店的员工作为百果园大家庭的有机组成部分，被百果园浓浓的温情环绕。百果园的督导团队经常在门店员工忙得没有时间吃饭的时候，送去点心和牛奶充饥。“投我以桃，报之以李”，这让门店员工从内心里感到温暖，工作起来自然就有干劲儿。百果园给予门店员工支持与关爱，门店员工将这份温暖传递给消费者，从而形成了良性循环。

在 2020 年百果园年会上

出席 2020 年百果园年会

2020 年年初疫情暴发后，百果园门店不少优秀女员工不仅坚守岗位，还有人主动为医护人员送温暖，涌现出不少感人故事。针对这些事例，在 2020 年的三八妇女节这天，不同于以往发放纪念品、举办娱乐活动等庆祝方式，徐艳林和团队策划了一场表彰门店优秀女员工的活动，传播满满正能量。企业管理注重人性化，推动着企业服务方式的人性化，推动着以人为本的企业发展模式。

徐艳林认为，人生就是一场修行，做企业也是一场修行。如何少走弯路，一切在于创始人、创业者的内心是否在不断修正自己，是否在遵循正道，有没有修炼一颗利顾客、利员工、利加盟商的心。如果这一颗利他的心没有实现，很多层面一定是违背了商业逻辑，最后一定很难获得想要的商业成果。

一直以来，百果园遵循把“顾客放在第一位，员工放第二位，加盟商放第三位，公司放最后”的商业逻辑，获得了强大的软实力，有力地推动了企业的可持续发展。

以质取胜，打造金质品牌

徐艳林曾说："要想让天下老百姓持续不断地吃到好水果，靠的就是品牌。你只有让他们知道你的品牌，才能去找到你的品牌，才能吃到你的水果。"多年来，百果园通过标准化经营，为消费者提供了高质量的产品。对质量的严格把控，不仅使消费者享受到高性价比的产品，同时也为百果园铸就金质品牌，无形中提升了企业的知名度和竞争力。

以"质"取胜，在于对产品食品安全的严格检测。为此，百果园狠下功夫，不惜成本，层层把关：严格执行国家食品安全检测标准，经过 200 多项农药残留检测；执行百果园质量内控标准，实施四重果品检测流程；百果园自建三大食品安全检测中心，配备千万元高精度检测设备。通过这三个层面的严格检测，百果园努力确保每一件产品都健康无污染。截至 2020 年 3 月，百果园在农残、食品添加剂、营养成分和微生物检测上已花费 1065 万元。

同时，百果园建成了发达高效的基地与仓配体系，确保产品能在第一时间送到消费者手中。生鲜产品不同于工业制成品，短时间、高效率才能保证高质量。经过近 20 年的发展，百果园已在全球与 200 多家水果特约供货基地合作，从种植端开始管控果品品质，设立 25 个配送仓库，均采用多温区储藏，满足不同果品仓储要求，实现从采购 - 仓储 - 配送的全供应链一体化管理，部分有要求的果品运输采用保温箱加冰板，全程保鲜配送。仓库验收、发货均有严格的品控体系，门店配送采用无打扰信任交接，门店晚上下单，第二天早上开门就有货，确保门店库存优、鲜度好，从而使消费者获得极为优质的消费体验。

以质取胜，还在于百果园的标准化战略。徐艳林认为："把水果标准化，就是让消费者消费得明明白白，实现销售与消费的心理认同。"百果园作为国内"水果专营连锁业态"的开创者，经过长期摸索，找到水果业的标准是"两个字——好吃"，提出"好吃是检验水果的首要标准"。围绕"好吃"的标准，百果园制定了相应的采购标准、品控标准、验收标准和门店标准。2015 年，百果园建立了自己的全品类水果果品标准体系——"四度一味一安全"，"四度"指糖酸度、新鲜度、爽脆度、

百果园外景

细嫩度；“一味”指果香味；“一安全”是食品安全。按照“好吃”标准，将水果分为招牌、A 级、B 级、C 级，在门店销售中与水果价格同时展示。2020 年 1 月，百果园制定了首个猫山王榴莲标准，可以说，这一举措结束了榴莲的无标准盲购时代，对于促进未来榴莲市场健康有序地发展、帮助消费者挑选优质产品都有着积极的作用。

“好吃”意味着新鲜、健康、美味，同时意味着企业的核心竞争力。百果园通过对水果质量的严格把关，并对其进行标准化的规定，使果品的质量得到了有效的保证。

私域流量建设，推动企业转型

近十年以来，伴随着互联网技术突飞猛进的发展，网购在人们的消费中所占比重越来越大。百果园准确把握时代发展的趋势，将线下和线上服务相结合，着力于私域流量的建设，从而推动了企业发展的转型升级。

私域流量是相对于公域流量来说的概念，简单来说是指不用付费，可以在任意时间、任意频次、直接触达用户的渠道，比如自媒体、用户群、微信号等，也就是KOC（关键意见消费者）可辐射到的圈层。对于实体零售来说，门店就是其最大的消费人群聚集地。传统门店的功能主要是销售，追求实际业绩，但在私域流量体系里，实体门店更是一个流量载体，是流量的重要入口。

对于百果园而言，实体门店的意义不仅仅是一种消费场景，更体现在它作为一个流量载体用以拓展线上销售网络方面——门店的两端分别连接着用户和社群、小程序。

社群，是百果园门店营销的核心窗口。门店每周二会针对社群用户做一个“果粉”日，用88折优惠回馈社群，让社群保持一定用户黏性。涉及的玩法有成语接龙、摇骰子等，用户在社群里发生互动，当赢取到一些折扣红包后，可以到门店直接出示给店员，完成消费购买。

此外，百果园共推出了三款小程序：百果园+，主要用于线上订单、拼团等核心业务，外卖订单用户可以选择门店自提或者配送到家，拼团订单能在门店自提。百果园素生鲜小程序，是专门购买百果园开拓的食材品类。百果园好礼，通过礼品卡的形式为用户提供水果送礼的服务。三款小程序共同形成百果园品牌的小程序体系。三款小程序之间可以相互跳转，分别承担着用户不同的需求。

拼团的作用可以说是一举两得：一方面，用户通过拼团可以有效地激活线上流量；另一方面，拼团也可以增加光顾实体店铺的消费者数量，也就是线下流量。线上、线下流量双管齐下，最终达到线上线下的一体化。

2019年4月中旬，百果园宣布正式进军大生鲜领域，推出独立生鲜平台“百果心享”，涵盖“心享商城”“心享会员”两大业务线，正式打响生鲜突围战。2020年3月，百果园的素生鲜业务已经上线了70多个主要城市。

2019年8月起，百果园与京东到家将合作四年，超过2000家门店上线京东到家平台，覆盖全国38个重点城市。2019年11月，百果园和天猫达成战略合作，百果园将为天猫新零售增添水果生鲜即时消费场景，用户在旗舰店下单后，可享受到1小时送达的新鲜及时服务……百果园顺应时代发展潮流，利用互联网经济有力推动了企业的转型升级。

授人以渔，持续回馈社会

百果园在自身发展壮大的同时，也积极践行着服务社会、奉献社会的伟大理想。

俗话说："授人以鱼，不如授人以渔。"十多年来，百果园通过产业扶贫，扎根上下游，进行产业和技术帮扶，整合采销各个环节，打造出让果农长久受益的"造血式"扶贫模式。

2018 年 8 月 31 日，百果园与中国扶贫志愿服务促进会达成"百果百县"全面战略合作，扶贫作为百果园战略性业务全面拉开帷幕。该计划从 2018 年开始，选择 100 个果品品类，在 100 个国家深度贫困地区，采取产销合作、种植基地合作等方式开展果业产业扶贫。例如，百果园在新疆喀什建立林果业产业扶贫示范基地，通过公司 + 合作社 + 贫困户的帮扶模式，贫困群众可通过土地流转、参与劳务、订单收购、收益分红等方式，实现脱贫增收。在海南，通过产业合作，百果园子公司海南王品帮助当地农民开辟了 20000 多亩的蜜瓜种植区域，共带动 800 多农户，年产值 5 亿多元，让蜜瓜基地的村民、种植户、打工者等盖上了"蜜瓜楼"。截至 2019 年，百果园的产业扶贫足迹已遍及全国 17 个省份、110 多个贫困县，销售来自国家级贫困县的水果 180 余款，总销量超 22 万吨。

一方有难，八方支援。2020 年出现的新冠肺炎疫情考验着每一个企业的社会责任感。在自身的生产经营受到疫情影响的情况下，百果园毅然决然地加入到全国人民同心战"疫"的队伍中。

百果园第一时间紧急成立疫情应急管理小组，提前做好疫情防控部署，并将防疫物资和生活物资陆续运抵武汉等地，尽全力保障门店员工的安全与生活。除夕夜，百果园将多方筹措到的 10 万个口罩捐往武汉医院，并联合爱德基金会追加医疗物资与水果捐赠给医护人员。截至 2020 年 5 月，百果园联合生态伙伴共计落地 53 次捐助行动，捐赠各项物资含水果累计达 576 万余元，其中有来自新西兰、智

在广西武鸣阳光玫瑰葡萄基地

利和中国 14 个省区的水果品牌商和百果园联合行动。这些捐助行动累计覆盖 143 家医院、1 家儿童福利院、5 家社区卫生服务站、1 家疾控中心、13 家养老机构、10 家急救站点、75 家社区（街道、村委）、50 支援鄂医疗队、1117 户援鄂医疗队家庭、2 家慈善机构，直接帮助医生、护士、联防、环卫、志愿者、孤寡老人、困难群众、福利院小孩等十余个群体。

作为一家水果全产业链经营企业，疫情以来，百果园一直密切关注全国农产品销售情况，并在业内率先启动了“暖春助农”计划。该计划不仅为滞销的果品打通了销售渠道，也为广大消费者提供了性价比高的商品。2020 年 3 至 4 月份，由于受疫情影响，库尔勒香梨出现滞销困境。4 月 16 日，百果园启动第四波“暖春助农”行动，为处于滞销状态的新疆库尔勒香梨打开了销路。截至 4 月中旬，百果园“暖春助农”行动已累计助力滞销果品 2700 余吨，其中海南金煌芒约 1000 吨，海南沙漠蜜瓜约 700 吨，湖北秭归脐橙约 1000 吨。

百果园服务社会，奉献社会；心系群众，心怀家国；爱心无限，大爱无边。百果园用行动诠释了责任和奉献。

结语

生活中充满了机遇和挑战。每一次的机遇和挑战，也许都是一个全新的开始。能否把握住这些机遇，靠的是自己；能否驾驭这些机遇，比的是能力。从教师到企业家，从首家门店到全国连锁，徐艳林和她的百果园品牌走过了近二十年的风雨沧桑。

她用标准化的规定打造金质的品牌，用“以人为本、顾客第一”的理念赢得了顾客的信任和员工的团结，用品牌和服务打造了过硬的企业软实力。

面对时代发展的大趋势，徐艳林带领百果园顺应时代潮流，打造线上销售矩阵，开发小程序，推动私域流量建设……所有这些都推动了百果园的蓬勃发展和转型升级。

大疆有域，爱心无垠。百果园通过产业扶贫，打造出可持续发展的“造血式”扶贫模式，而在疫情期间，企业积极承担社会责任，做出了应有的贡献，也促进了企业自身的发展。

徐艳林说：“我过去有个座右铭是‘世上无事不可为’，今天我给自己再提一个座右铭，就是‘再战 30 年’。”

所有的苦痛，都将化作负重前行的动力；所有的付出，都将成为引以为傲的资本。有志必成，厚积薄发；心之所向，素履以往。

徐艳林创业历程

- 2002 年 入职百果园，经过行政部、门店运营管理部、配送部、采购部等多个一线业务部门的轮岗实践历练
- 2003 年 带领百果园公司召开连锁加盟动员大会，正式启动加盟连锁经营模式
- 2004 年 团队开始启用 ERP（企业资源计划）系统，为公司全球开店奠定基础
- 2005 年 带领团队将总部及配送中心搬迁至深圳布吉批发市场，有效降低了经营成本，帮助公司渡过了困难期
- 2006 年 担任公司总经理，上任次年将公司扭亏，打造特许加盟体系，全面对门店进行标准化经营管控
- 2007 年 百果园门店突破 100 家，与团队分析市场、研读消费者，确定公司“做最好吃的水果”的战略定位
- 2008 年 带领团队开始搭建百果园网络营销平台，“网上百果园”上线，开创水果连锁业态的库存管理新模式
- 2009 年 百果园年销售额突破 1 亿元，正式提出“不好吃无条件”服务标准，全面规范门店价格管控体系
- 2010 年 创建百果园公司培训体系，推动了水果连锁经营的快速发展
- 2011 年 百果园明确四个“五年规划”
- 2012 年 百果园在广东东莞建立了现代化果品物流中央配送中心
- 2013 年 百果园第五代田园风格门店上线，将“不好吃无条件退货”的服务标准升级为“不好吃三无退货”；建立中国首个果品分级标准体系，让好吃看得见，将公司战略由“做最好吃的水果”升级为“做更好吃的水果”
- 2014 年 成立百果科技公司，完善信息化建设布局
- 2015 年 百果园门店突破 1000 家，完成 4 亿元 A 轮融资
- 2016 年 百果园电商正式上线；战略合并生鲜 O2O 平台“一米鲜”
- 2017 年 线上采购交易平台上线，携手北京最大的水果连锁超市“果多美”实现双品牌运营
- 2018 年 百果园门店突破 3000 家，完成 15 亿元 B 轮融资，并与中国扶贫志愿服务促进会达成全面战略合作，正式启动“百果百县”战略
- 2019 年 联合品类合伙人，发布大生鲜战略，百果园从经营水果到经营生鲜迈进；百果园集团全渠道年销售额达 120 亿元，线上销售额突破 20 亿元，门店数超 4500 家
- 2020 年 带领团队将公司战略“做更好吃的水果”升级为“为顾客提供好吃不贵的愉悦体验”，疫情期间独创“素生鲜”品类

19 /

服务“三农”，温暖乡土

燕君芳和本香集团

陕西杨凌是中华农耕文明的发祥地。早在4000多年前，我国历史上最早的农官——后稷，就在这里“教民稼穑，树艺五谷”，开创了我国农耕文明的先河。今天，在这片热土上诞生了一家以发展现代农业产业化为目标的科技型涉农企业——杨凌本香农业产业集团有限公司，它的创始人就是温婉但有魄力的燕君芳。

燕君芳，陕西周至人，1998年毕业于西北农林科技大学，西安交通大学工商管理硕士、经济学博士，畜牧兽医师。她是陕西杨凌本香农业产业集团公司董事长、杨凌本真有机农业公司创始人、杨凌本真社区公益基金会发起人，兼任全国畜牧协会副主席、国家生猪现代产业技术体系杨凌综合试验站站长、陕西省妇女儿童基金会理事长、陕西省女企业家协会副会长、杨凌企业家协会会长……

1998年，燕君芳大学毕业后毅然放弃了留校的机会，凭着非凡的毅力，筹借了3万元自主创业，学以致用，以创业的激情和改变西部农民致富的梦想，投身到现代生猪产业中去。经过她与团队的共同努力，目前本香集团已经基本形成了以确保肉食品安全为目标，以质量控制为关键，以标准化生产和科学管理为手段，集“饲料生产、良种繁育、商品猪养殖、生猪屠宰、肉制品加工、冷链配送及连锁专卖”为一体的“全产业链模式”，实现了安全猪肉生产的全程控制，形成了“本香”品牌效应，拥有高水平的产品标准、独特的经营模式、别具特色的企业文化的国家级农业产业化重点龙头企业，成长为农业高新技术产业示范区的代表之作，成为杨凌的一张名片。

创业时的饲料加工间（1998年）

燕君芳先后荣获全国劳动模范、全国三八红旗手、中国十大创业精英、国家西部大开发突出贡献、全国巾帼建功标兵、全国光彩事业突出贡献奖、中国优秀女企业家、陕西省三秦巾帼十杰、陕西省三八红旗手标兵、陕西省十大杰出青年、陕西经济发展杰出成就奖、陕西省优秀中国特色社会主义事业建设者、陕西省高校毕业生基层就业先进个人、陕西省为公益事业做出贡献的民营企业家等荣誉。

惟其磨砺，始得玉成

燕君芳老家在陕西省周至县骆裕镇。周至县南依秦岭山边，北靠渭水，风光瑰丽，历史文化浓厚，因交通及产业不发达，是全国有名的贫困县。

燕君芳出身于贫寒的农民家庭。从小学四年级开始，她就靠刺绣为家里赚点收入。改变经济状况和社会地位，是她从懂事起就有的梦想。

她是村里第一位女大学生，读书期间勤工俭学。自西北农林科技大学畜牧兽医学院毕业后，她本可留校执教，但考虑到希望家里三个弟妹可以顺利上学，而从教工资拿来偿还自己读书期间所欠的费用尚需较长时日，最后她决定放弃留校任教的机会，自己创业，即使失败就自己一人担责，如果成功可以帮助到家人甚至更多的人。

她坚信："奋斗是实现自己梦想的方法，只有敢于奋斗才能改变命运。"大学期间，她经常带班上同学去农户家和一些养殖场实习，跟老师学做饲料配方，农户试用后反响良好，于是她对创业充满了信心。

靠着多方筹借的 3 万元，燕君芳在杨凌办起了君达预混料厂，她请已退休的崔中林等几位教授担任技术顾问。

她未曾料到创业之路会如此荆棘密布。当时仅陕西省内就有 500 多家饲料厂，其中知名品牌就有十几家，君达饲料拿到市场上根本无人问津。

燕君芳的口头禅是"办法总比困难多"。她用张扬亮丽的红色、可重复利用的防雨外包装吸引消费者，其产品得以脱颖而出。当然，最终使村民接受的还是君达饲料的品质和厂方真心实意服务的态度、能从根本上帮助农户解决现实问题的能力。

在随后的两年中，燕君芳通过各种方法使饲料逐渐被陕西省及周围省市的养殖户接受，积累了百万元的财富。

光明种猪场的奠基者（2001年）

2001年10月，猪肉市场不景气，燕君芳开始赔钱。猪卖不上价，不少农户只能用猪来抵饲料款。2002年年初，一些饲料厂纷纷倒闭，她开始思考农牧行业的波动问题。经过三个多月的深入调研和思考，她发现农牧行业存在八个方面的问题，只有解决这些问题，才能让农户与企业共赢并让产业健康持续发展。最后她决定要养品种最好的猪，给猪吃最好的饲料，生产最好的肉，提供给消费者。

这就是本香的事业：好一件事情，即生猪产业化。实现两个目标，即一是让农民学一门无公害养猪技术，使农民增收致富；二是让消费者吃上真正安全、放心的猪肉产品。抓好五大环节，即安全饲料生产、优良种猪繁育、无公害商品猪养殖、安全猪肉加工、肉食品连锁专卖。

"我要养猪，要做咱就养品种最好的、标准最高的、规模最大的。本香给农民提供好品种的猪，农户自繁自养，我们收回来，最后实现双赢。"发展生猪养殖产业化的念头就此萌发。

创业的过程艰辛而劳累。她曾创下五天五夜只睡五小时的纪录。她曾遇到种种

在猪场指导工作

困难，但她没有颓唐、没有放弃，而是想尽办法解决。“所有的困难对我来说都是礼物。”黄昏见证虔诚的信徒，她因拥抱难题而成功。

踏石留印，抓铁有痕

2002 年 5 月，燕君芳建成猪场，而这时她只有几万元，距离年出栏万头的目标遥遥无期。通过杨凌农业高新技术示范区党工委书记张光强的介绍，她找到了合作伙伴，与深圳光明猪场合作。

燕君芳深知，只有自己先弄清情况，才能带着大家一起干。贫困户之所以贫困，主要是因为缺乏产业。唯一的解决办法，便是让“富脑袋”促进“富口袋”，产业扶贫才是源头活水。

2004 年给农户培训

早在大学期间，学习兽医专业的燕君芳走村串户时，注意到村民在养殖方面有“三缺”：缺技术；缺市场信息；缺致富脱贫理念。为此，在创业之初，她从提高农民饲养水平、持续增收致富入手，先后聘请了多名专家教授和企业科技人员，通过免费办培训班、技术指导、咨询热线等形式，带领 3000 多农户用科学无公害方式养猪致富，帮助农户新建、改建猪场，让过去农户一家一户家庭式散养逐渐发展为规模化、标准化养殖，为基地、农户优惠购猪款 37 万元，并以高出市场价 10%-15% 的价格收购农户育肥猪。通过重点帮助、典型示范，共建立 150 多个“安全商品猪养殖基地”，协助养殖基地建立养猪协会、分会 15 个，为市场提供健康安全的猪肉产品。

最初，为吸引不屑于学习养猪技术的村民来听课，发展养殖户，燕君芳想出了听一节课发 10 元钱的办法。2003 年上半年，她跑遍杨凌及周边各村，一共发放 5

2004 年第一个肉店开业

万多元，给 700 多个村民讲过课，发展了两百多个养殖户。其中，年出栏两千头以上的大户就有 100 多个。

2004 年 8 月，村民们养的商品猪陆续出栏，燕君芳按约定将猪回收。她开设专卖店卖冷鲜分割肉，几天下来，营业惨淡，连保本都难。通过调研，她终于明白：附近居民多是高收入人群，消费能力没问题，但这些白领太忙，嫌买生肉加工、做饭耗费时间。燕君芳有的放矢找到解决办法：把生肉加工成熟肉，增加供应

本香核心团队

熟食、水果和蔬菜，给忙碌的城市上班族提供便利，从而提升了专卖店的人气，最终带动了鲜肉的销售。

如今的本香集团，已经取得了规模化、标准化、现代化、信息化、产业化的效益。公司有 PIC 曾祖代母猪场 1 个，父母代猪场 5 个，核心公猪站 1 个，育肥基地 3 个，家庭农场 5000 多个。基础母猪 3 万头，年出栏安全商品猪可达 80 万头。本香有年屠宰能力 50 万头的现代化生产线，通过 ISO9001 国际质量管理体系和

屠宰加工厂开工建设（2004 年）

HACCP 体系双认证。

燕君芳一直告诫自己，世界上最长的距离是知道与做到的距离，要知行合一。她始终在补短板、抓基础；她以实干笃定前行，用汗水浇灌收获，踏石留印，抓铁有痕。这与本香集团的价值观“用爱做事、用心讲话，老老实实做人，踏踏实实做事”异曲同工。

农民本色，心系两头

她仰望星空，又脚踏实地，牢记初心。来自农村的她，深知农民的甘苦。为农民服务是燕君芳的创业思路。她坚持一生只做一件事：带领农民致富，发展生猪产业化；让农民朋友学到科学的养猪技术，让他们持续赚钱。

如今，她勾勒的这幅蓝图已经变成现实。在她的带领下，有的农民一年收入达一百多万元。咸阳、宝鸡的几位农民跟本香合作，几个月的时间，通过代养一批猪赚十几万元，他们心里乐开了花。用产业扶贫、实业发展带动地方经济，燕君芳始终以此作为创业的终极目标。

作为一个新型农民，燕君芳在参加第十二届全国人民代表大会期间，就食品安全、大学生创业、农民增收致富等方面提出了相关建议，展示了她的情怀与担当。

本香公司一头连着农民的收入，“生产最好的健康食品”，一头连着市民的餐桌，“让大家都吃到放心肉”。同时满足农民和市民的需要始终是她努力的方向。

在食品安全日益受到重视的今天，燕君芳秉持“安以质为本，质以诚为根”的原则，坚持自繁、自养、自宰、自制、自运、自销的“六自”方针。集团引进现代化屠宰冷却分割生产线，配备各类先进仪器，重点检测猪肉中的重金属含量、药物残留及激素含量，使“放心肉”的概念从无注水、无病害延伸到更营养的“安全健康食品”。

她以能为百姓提供绿色、健康的食品为己任，为产品能给农民带来价值而自豪，始终追求消费者对本香产品的信赖。

本香集团致力于为广大消费者提供绿色、安全、健康、放心的高端冷鲜肉和肉制品，致力于为人们健康保驾护航，与马拉松赛所倡导的追求健康的目的异曲同工。有鉴于此，自 2015 年以来，本香集团冠名赞助杨凌农科城国际马拉松大赛，本香环保志愿者全程热心服务。

2008 年 7 月 3 日，奥运圣火在陕西杨凌传递，燕君芳担任末棒火炬手。“这个时代给了我们年轻人机会，每个人只要心中有火种，都可以去点燃心中的梦想。”她完美地交接这一棒，更期待有更多年轻人去继承她的创业精神与激情梦想。

用爱做事，用心讲话

燕君芳最钦佩德蕾莎修女，因为“她那份博爱，没有民族之分，她的那份博爱可以忘我、可以无私、可以给予，她这份爱就是女人的母爱，非常温暖”。德蕾莎修女是她的榜样，燕君芳一直用心践行忘我无私的博爱。

她追求向上向善，向上就是自强不息，向善就是厚德载物。她德行并重，义利兼顾，积极投入社会公益事业，倾情回报社会。

燕君芳有一个梦想：让更多出身贫寒的西北农村女孩读上书。她创业的动机之一，正是要带领农民脱贫、持续致富，彻底改变西北农村贫穷落后的局面。

多年来她积极投身社会公益事业中，倾情回报社会，带动了上万农户养猪致富；在北京、上海、武汉、甘肃、四川、广州、沈阳、西安等各大高校给大学生及中小企业家做创业、就业和理想信念报告300多场，激励大学生们勇于创新、创业和创造；为近千名大学生提供就业、创业岗位，帮助近百名下岗职工加盟连锁店当老板。她通过各种形式，为贫困户优惠或免费提供的良种种猪价值达30余万元，为农民免费发放产床、保育栏等医疗器械1000多套，总价值300多万元。

本香先后举办培训班600多期，培训80000余人次，现场技术指导800多人次，咨询服务2000多人次，扶持养殖示范户600余户，带动8000多名农村妇女科学养猪。她关注贫困学生，每年资助8名贫困小学生完成九年义务教育，资助贫困大学生10名。

多年来，本香集团为汶川、玉树、雅安地震灾区、贫困户捐款捐物，资助贫困大学生完成学业，并设立“杨凌中学生品学奖”“西北农林科技大学食品学院奖学金”“西北农林科技大学本香奖学金”奖励优秀学子，支持人才培养工程，鼓励更多的年轻人到农业行业来建勋立业；为基金会、慈善协会、村官创业大赛，以及甘肃、云南、四川、陕西等地文化教育等项目捐款捐物，总价值累计5000多万元。

2020年春，新型冠状病毒肺炎疫情暴发，本香集团在第一时间向抗疫一线共捐赠70多万元现金、100箱医用手套和100箱消毒液，诠释了燕君芳的责任感与勇于担当的精神。

本香集团已成为陕西多所高校的实践基地，通过对人才的再教育、再培养，实现了学院人才培养和企业发展有效对接。

对于本香集团的员工，燕君芳在工作上对他们严格要求，在生活上给予无私的关怀。随风潜入夜，润物细无声。她用一颗真挚的感恩之心，给予身边每一个人无限的爱。

地低为海，人低为王

虽然从一个农村女娃一跃成为资产过亿的女企业家，但燕君芳从未忘记以一颗谦卑之心待人。她的灵魂深处，还是一个质朴的陕西老乡。

燕君芳信奉“地低为海，人低为王”，认为本香的成功，离不开各级政府、部门、各级金融机构、各界朋友的支持和帮助。于是她越发怀着谦卑之心去感恩他人，同时在潜移默化中成就了自我。

无论是在农户培训课堂、西安青年培训学校的分享会上，还是猪易传媒主办的种猪产业西北发展讨论会上，燕君芳 90 度的深鞠躬所体现的谦敬有礼、认真而诚恳的态度给听众和来宾留下了深刻的印象。

判断一个企业如何，先看企业负责人怎样。也许正是燕君芳身上所特有的谦逊和执着，新希望六和股份有限公司愿意与杨凌本香集团进行深入的合作和股权并购。

她从不把自己身为女董事长的社会角色带入家庭生活。“面对丈夫你就是妻子，面对父母你就是孩子，面对孩子你就是家长。”她从不追求名牌、奢侈品，尽管她有这个实力。不寒碜、舒适、整洁是她对穿衣的最简单要求。

生命的价值，在于生于平凡，而追求不凡；生命的高贵，更在于经历不凡，而融入平凡。她一以贯之的朴实谦逊的态度，为自己和本香集团赢得了更广阔的未来。

与时俱进，发展创新

燕君芳的企业逐步发展壮大，但她丝毫不敢懈怠。她认为，企业要进一步发展壮大离不开先进的管理经验。

在物质生活上，她对自己相当“小气”，但她愿意在以知识和智慧武装大脑上面花钱。为应对当下技术、市场日新月异的挑战，作为管理层，得有文化，得不断创新，才能带好团队，实现自身价值。为此，她勤奋上进，为了解先进的管理理念，她先后到美国、加拿大、英国、德国、日本、泰国，以及江苏、广州、杭州、

与美国派思通公司合作

深圳等国内发达省市及其食品企业考察学习，借鉴、吸纳先进经验运用到公司管理中，为实现企业管理现代化打下基础。

为带动农民共同富裕，燕君芳与时俱进。从 2017 年开始，本香逐步进入猕猴桃产业，从养殖业的全产业链延伸到种植业全产业链，形成了“本香畜牧食品业与本真种植加工业产业链融合一体化”。

燕君芳始终坚持“不让农民亏”，她的愿景是基于这一原则跟着时代的进步不断变革，最终让农民多受益，给消费者提供优质产品。她通过“公司 + 协会 + 农户”“公司 + 示范户 + 小农户”“公司 + 新型农民创业园 + 农户”等多种组织形式，建设“安全商品猪养殖基地”和“安全果有机基地”，引导农户按照标准进行科学养殖和种植，以高出市场价回收商品猪和商品果。

她注重员工素养与能力双提升，带领员工去高端培训机构学习，统一思想提高

与英国 PIC 育种公司合作

认识，收获甚丰。

从 2006 年开始，她与美国、英国、法国等企业合资合作，通过业务上的频繁往来以及技术上的交流，加快本香集团跻身于世界先进企业之林的步伐。

一路行来，燕君芳深刻认识到本香集团要想发展得又好又快，给企业与员工的未来有更大的空间与平台，就要上市。对于农牧企业来说，资金是很重要的一个方面，走入资本市场必须借助一种渠道——借力。和新希望的合作遭到不同方面的反对，但燕君芳认为这种合作是响应了国家“强强联合，大家一起拥抱，共享共创”的号召。企业是社会的，不属于某个人。企业家的心胸、格局和认知，要跟上企业、时代的发展。她用时间换取了空间。2017 年，本香集团在陕西西北地区不断布局，经过整合资源，员工、企业、品牌在发展，让她有种“轻舟已过万重山”的轻松与惬意。

在“互联网是大众创业、万众创新的新工具”观念的引领下，燕君芳顺应潮流，敢为人先，以颠覆传统营销模式的创举，积极培训，建立起充满朝气和活力的电商、微商专业化团队，通过网络和现代移动通信平台，积极拓展大众市场。现在本香集团在全国拥有旗舰店、标准店、加盟店等700多家。

与时俱进，发展创新，使得本香集团在激烈的市场竞争的浪潮中屹立不倒。这不得不归功于燕君芳长远的目光和敏锐的洞悉力。

结语

燕君芳和“三农”事业的结缘，源于大学毕业放弃留校任教的选择。生命就是一个不断选择和放弃的过程，她放弃了安逸舒适，选择了梦想、奋斗、坚持、担当，收获的是理解、认同与人生价值的实现。

居天下之乐者，同天下之忧。对于她来说，最大的幸福，莫过于自己和本香集团助力民生更美好。

2020年2月27日，陕西省人民政府发布公告：陕西56个贫困县（区）实现脱贫摘帽，区域性整体贫困问题得到解决。得知消息，燕君芳心潮澎湃，感慨万千。她欣慰自己在家门口打赢了一场漂亮的攻坚战。无悔的选择，不懈的奋斗，理想终究变成现实。

“猪粮安天下”，中国的生猪产业占世界总量的50%，猪肉占肉食品的65%–70%。以猪产业为企业核心的本香人，在新的发展阶段，勇于创新，积极进取，保持本色，把“农村富民，城市利民”的本香事业推上了一个新的台阶。

燕君芳，这位陕西周至县农民的女儿，干在实处，走在前列，勇立潮头。她就像一朵根植于泥土中的山花，是平凡的，但她迸发出强大的力量，变成漫山遍野旺盛的生命力。

燕君芳创业历程

- 1998 年 杨凌君达饲料有限公司成立
- 2001 年 杨凌格润尔光明畜牧有限公司成立
- 2002 年 杨凌本香食品有限公司成立
- 2003 年 世界银行开始支持本香
- 2004 年 杨凌本香农业产业集团有限公司成立
- 2005 年 集团办公楼开始启用
- 2007 年 食品产业投产，本香全产业链基本形成
- 2008 年 本香走出杨凌跨入凤县建设第一个大型10 万头仔猪场
- 2009 年 北京专卖店成立
- 2010 年 本香大学生村官就业创业培训班成立
- 2010 年 引进战略资本投入本香
- 2011 年 进入延安地区，复制全产业链
- 2011 年 与美国养猪管理公司合作
- 2011 年 “本香杯”全省大学生村官创业设计大赛正式举办
- 2012 年 与英国 PIC 合作 4500 头曾祖代猪场启动投产
- 2013 年 本香集团志丹县 15 万头标准化生猪养殖基地正式开工。
- 2013 年 国家农业部、财政部授予本香集团“国家生猪产业技术体系杨凌综合试验站”殊荣
- 2013 年 由本香集团与美国明尼苏达州州立大学、杨凌示范区农牧局三方共同组建的杨凌示范区动物疫病防控中心成立
- 2014 年 本香商学院成立
- 2015 年 本香集团独家冠名杨凌农科城马拉松赛
- 2015 年 本香再获“陕西省名牌产品”称号
- 2015 年 杨凌本香农业产业集团变更为杨凌本香农业股份有限公司
- 2016 年 本香集团与新希望集团签署战略合作，并上市发行成功
- 2017 年 本香集团独家冠名 2017 年杨凌农科城国际马拉松赛
- 2017 年 公司成立“爱心互助基金”会
- 2018 年 本香集团参加中国现代投资峰会暨百家投资活动
- 2019 年 延安新永香科技有限公司成立
- 2019 年 临渭区 200 万头生猪养殖项目开工
- 2019 年 本香集团利润达到自成立以来最高水平，成为行业标杆

20／

追梦从未停歇

尤玉仙和鸿博集团

她生在浙江，长在浙江，父亲留下的企业也在浙江，却偏偏跑去福建开辟天地，创建了全新的鸿博集团，用近20年的奋战拼杀出一个商界“神话”。她的成功秘诀是什么？除了机遇和天赋让她拥有比一般人更充裕的启动资本、敏锐的洞察力与独到的市场嗅觉之外，执着与勤奋是核心和基础。无论前面有多少阻力，她瞅准的方向一定不会轻易改变；无论遇到什么困难，她认准的目标一定会坚持到底。她自己则将成功归结为两个字：创新。鸿博集团这些年来一直在追梦，每一个梦想的实现都是创新的结果。

获得“中国经济女性年度创新人物”称号

她是尤玉仙，福建鸿博集团董事长，中国妇女第十二次全国代表大会代表，中国企业联合会副会长，中国女企业家协会副会长，中国民间组织国际交流促进会理事，福建省政协第十一届委员、福建省政协第十二届常务委员，福州市人大第十二届、第十三届代表，福建省企业与企业家联合会执行副会长，福建省光电行业协会副会长。先后荣膺“中国2008年度杰出创业女性”“福建省优秀中国特色社会主义事业建设者”“2009年海西经济年度杰出人物”“2009年世界温州在外华商杰出人物”“2012年中国经济女性年度创新人物”“福建省杰出创业女性”“十大在外杰出温商”“2013年福建省三八红旗手”“第十五届福建省优秀企业家”“2015-2016年度全国优秀企业家”“杰出创业女性标兵”等称号。

受父重托，传承家业转战闽商圈

尤玉仙原先就职于一家国有外贸企业，岗位是质检员，过着朝九晚五的生活，

获得“第十五届福建省优秀企业家”称号

稳定而自在。然而，父亲“创业未半身已疲”，为了完成父亲的愿望，她从父亲手中接过创业的接力棒，成为公司负责人，自此开始了在“守成”中创业的人生道路。

1999年，尤玉仙做出第一个重大决定，即把企业从浙江搬迁到福建。当时很多人不理解，劝她把企业建在杭州、上海。但她力排众议，因为她看好福建宽松的创业环境、一衣带水的台湾市场、东南亚市场以及对福建周边的江西、湖南等地市场。

初入商海，尤玉仙就展现出独到的敏锐度和果敢的决策力，从带领尤氏企业，到挥师南下转战福建，她总能及时洞察市场变化，掌握一手信息，顺势创新。走过创业最初的艰难，她以一个女性的坚忍从无到有一手创办鸿博集团。

她先用九年时间做响鸿博印刷，随着产业发展日益多元，业务逐渐拓展到实业投资、金融服务、创新创业、文化交流、绿色发展等领域。目前，鸿博集团旗下拥有鸿博股份、鸿博光电、鸿博房地产开发、鸿博 LED 创新园、鸿博清洁能源（欧洲）、一带一路创新（福建）发展集团等 15 家子公司，业务涉及高端票据印务、半导体照明、绿色清洁能源、房地产设计与开发等领域。

在企业管理方面，尤玉仙坚持“绿色、低碳、环保、可持续”的发展方向，坚持“创品牌、严管理、重质量、降成本、增效益”的经营方向，凭着“敢为天下先，爱拼才会赢”的谋略和担当，鸿博的事业版图变得越来越大。

一鸣惊人，把握机遇领跑印刷业

尤玉仙创立鸿博之初，就定下企业始终要坚持“高起点、高科技、高质量”的“三高”发展战略。刚开始，企业只涉足单一的印刷产业，名为鸿博印刷，但尤玉仙并不满足于简单的印刷，而是以占领高端印刷市场为目标。她眼光独到，认定技术水平决定生产力，于是从国外引进具有世界领先水平的设备，然而这单是买一条生产线就要花去 2000 多万元。要知道在 20 世纪 90 年代，投资 30 多万就能开一家印刷公司，她花费的成本比别人高出近百倍。当时全国仅有 5 条这样的生产线，其中 4 条都在国有的印钞厂。目标确定后，她确实大手笔，设备投资加上租办公场地、雇员工等开销，共投入 5000 多万元。

印刷公司开业初期，运转极其艰难，但尤玉仙顶住巨大压力，坚信自己的选择是正确的，认为有高科技、高品质产品作为利器，占领市场是早晚的事情。正是凭借她的远见，待时而飞的鸿博凭借自身的实力，不久就迎来了事业发展的春天。

机会总是青睐有思想、有准备的人。2000 年，全国开展第 5 次人口普查，其中普查表首次采用电脑机读的形式统计。国家统计局要求各省自行印制机读问卷，问卷的误差要缩小在 0.001 毫米以内。福建省统计局找了几家企业，都没有印制出标准的人口普查表。眼看人口普查的日子越来越近，福建省统计局一筹莫展。

得知消息后，尤玉仙胸有成竹地找到福建省统计局，要求承接这个项目。尽管对民营性质的鸿博印刷企业实力将信将疑，统计局最终还是把设计图交给了她。

尤玉仙抓住这次机遇，组织技术力量加班加点，如期交付了票样。经检测，鸿博印刷加工的票样竟然比国家统计局确定的标准还高。鸿博就此声名鹊起，业务范围逐渐扩展到彩票、税票、有奖发票等种类，订单源源不断。久而久之，尤玉仙在印刷界的名气愈来愈大。

2008 年 5 月，鸿博股份作为国内第二家票据印刷类上市公司在深交所 A 股市场成功上市。九年时间，尤玉仙把鸿博印刷一步步由小做到大，由大做到强，最后成为国内最大的彩票预制票印制企业，实现了许多印刷界同行想都不敢想的华丽升级。

苦练内功，抢占 LED 行业高地

“滴水石穿，非一日之功。”作为企业家，能从激烈的市场竞争中脱颖而出，尤玉仙自有其过人之处：善于审时度势，立足行业科技最前沿的高度，借势借力，促使企业多元化发展的步伐突飞猛进。

一次偶然的机会，尤玉仙在报纸上看到国家强调节能减排，提出要推广节能产品。随后，她参加了一场由福建省政府组织的外交官演讲会。会上，一位来自芬兰的外交官说，目前全世界都在推广新一代光源 LED。她眼前一亮，“也想成功地做出一款 LED 灯”。

经过前期充分调研和准备后，尤玉仙创立了鸿博光电，正式进军 LED 行业。鸿博光电集 LED 开发、生产、销售与服务为一体。选择 LED，意味着选择了高科技产业，高起点必须高投入。“要么不做，要做就要做到最好”是尤玉仙一贯的做事风格。2005 年，她斥资 2.6 亿元购置最先进的设备，引进最尖端的技术，聘请最优秀的人才。

鸿博光电创立后的最初几年，是公司沉住气专心致志练内功的几年，也是尤玉仙全身心付出和备受煎熬的几年。在此期间，日复一日的高强度工作，尤玉仙消瘦不少，额头上添了几条皱纹，脸上的皮肤从光洁逐渐变得粗糙。她从一个完全不知道 LED 是什么的“门外汉”“技术盲”，摇身变成对发光二极管、光效等技术知识了如指掌的“行家”。

凭着先进的设备和傲人的技术研发团队，通过跟踪国际前沿技术，引进吸收先进的 LED 封装和应用产品工艺，鸿博光电迅速形成独特的创新优势。鸿博的产品一经问世，大功率 LED 封装技术、功率型白光 LED 封装模块、大功率 LED 道路

鸿博光电厂区大门

照明灯具研发等就被列入科技部国际合作研发项目计划、国家发改委核心基础产业产业化专项和科技部重大科研项目。为了不断提高科研水平，有效提升竞争力，尤玉仙带领团队还与清华大学进行紧密性技术合作，双方联合组建 LED 研发中心。

十多年过去了，鸿博光电始终坚持以市场为导向，加强关键核心技术攻关，走创新驱动发展道路。公司始终采用国际标准规范管理，先后通过国际国内权威认证，成为福建省 LED 龙头企业之一和海峡两岸重要的 LED 研发、生产、出口基地。

在尤玉仙的精心管理下，鸿博光电获批“福建省 LED 封装技术及应用研究企业重点实验室”和“福建省级企业技术中心”；承担了国家 863 计划、国际科技合作等十多项科研项目；主导和参与了多项国家、地方相关标准制定，获得了“国际科技合作基地”“中国绿色节能建材十强品牌企业”“国家体育产业示范单位”（国

2010 年 6 月 18 日国际科技合作基地授牌

内 LED 照明中唯一一家）“国家知识产权优势企业”“福建省知识产权优势企业”“福建省创新型企业”“福建省科技小巨人领军企业”“福州市十大节能循环经济示范项目”“福州市知识产权示范企业”等荣誉奖项。在大功率 LED 灯具照明领域，鸿博光电跻身全国 4000 多家半导体生产企业中前 15 名，被列为国家发改委、财政部、科技部、工信部重点扶持培育具有国际竞争力的 LED 新兴行业龙头企业，且是全国 4 家之一、福建省唯一一家室内外产品同时中标 2012 年科技部、发改委、财政部“三部委”财政补贴计划的企业。此外，鸿博光电因具有严格的质量管理体系，与多家世界 500 强企业建立了长期战略合作伙伴关系。

鸿博集团办公楼效果图

重视人才，聚焦制造强国目标

市场经济时代，企业要发展，技术是关键，而技术要进步，人才则是关键。人才是企业发展的核心竞争力，这种观念已经被世人广泛接受。但要真正落地，也需要魄力。

尤玉仙曾说：“没有掌握技术，不谋求创新的企业，或许能有辉煌的今天和昨天，但是肯定没有明天。”她积极加强省市重点实验室、企业技术中心建设，通过推动产学研合作等方式加速技术研发和实践。

随着企业越做越大，她认为，人才和品牌是企业生存发展的两大法宝。有钱不是最重要，人才最关键，人才发挥得好与坏，将成为企业发展快与慢的关键。企业如果想取得长期性的市场优势，就必须重视人才，这样才能保证企业的技术优势，从而把握市场优势。多年来，尤玉仙以实现良好的经济效益和社会效益为目标，让集团上下营造出一种鼓励优秀人才脱颖而出的宽松环境，有效地实现了公司既定的发展战略。

2016 年 12 月 18 日，鸿博集团有限公司福州国家半导体照明国际创新园项目奠基仪式举行

“要做我们就做最好的”，这是尤玉仙常挂在嘴边的口头禅，鸿博的员工对此印象深刻。她对人才的重视，人们也有目共睹。

尤玉仙认为，处在大时代中的企业，需要大格局，更需要大智慧。在“互联网 +”等新思维、新模式引领下，“看着世界地图做布局，沿着‘一带一路’走出去”，托起“制造强国梦”。与时俱进、相机而动、布局广阔，这是尤玉仙的指导思想。

在经济新常态下，尤玉仙率领的鸿博集团，先行一步，乘势而上，精心谋划大作为。2014 年 10 月，鸿博集团与福州市政府成功签署建设国际创新园战略合作框架协议。作为“中国福州国家半导体照明国际创新园”的支撑单位，鸿博制定了创新园五年发展规划，投身“大众创业、万众创新”热潮，不断拓宽合作深度与广度，集聚国际先进适用技术和人才等优势资源，力求将国际创新园建设成福建省半导体照明国际科技合作的重要载体，进一步促进我国及福建省半导体照明产品、技术和企业的国际化发展。特别是在闽台合作方面，大力引进台湾龙头企业和配套产业，进一步加大与台湾的科技合作力度，促进闽台在半导体照明等先进制造业领域的深入对接。

鸿博光电园是涵盖独立研发实验室、先进制造厂房、商务配套设施及员工宿舍等的综合服务型制造业园区。尤玉仙充分利用“一带一路”建设所带来的投资贸易自由化便利化条件，结合光电园自身体量规模，进一步深入拓展欧亚市场。

抱负引领，勇于担当、乐于奉献

尤玉仙认为，目前中国面临的最大挑战是如何加快造就一大批以创新为灵魂、

鸿博梅岭观海鸟瞰图

以国家民族发展为己任的企业家，以彻底打破“创造发明在西方、制造打工在东方”的历史“宿命”。企业家要有强烈的企业公民意识，高度的社会责任感，勇于担当的时代精神，乐于奉献的人生境界，要通过创新发展创造财富，同时也要让财富造福国家、造福社会、惠及民生。中国企业家应有这样的抱负，也有这个能力。

熟悉鸿博、认识尤玉仙的人大都了解，她是一位有强烈责任感的企业家，对待企业的大小事情极其认真。员工们清楚记得鸿博地产开发福州南江滨“梅岭观海”项目的始末，整个过程中，从总体到细节，无不凝聚着尤玉仙的诸多心血。“梅岭观海”项目旨在打造集高端写字楼、住宅、SOHO 于一体的城市精致生活，并融合烟台山历史文化风貌于一体，展现堪与法国塞纳河媲美、与厦门鼓浪屿齐名的闽江风情的百年地标建筑和城市新名片。最终，“梅岭观海”地产的规划设计和建筑品质均获得社会各界的广泛好评。

作为企业家，尤玉仙的责任感和使命感还体现在爱国方面。在厦大攻读 MBA

期间，尤玉仙曾经发表过一次“著名的演讲”。那天，来自新加坡的老师组织班上同学开展一堂讨论课。这些身份多为企业负责人的同学们都关注一个话题：要不要移民？有个四十多岁的男同学在讲台上鼓动大家移民。这时，坐在下边的尤玉仙坐不住了，她疾步走上台，抢过话筒说：“我不同意你的观点！我们要明白，我们是从哪里来的？不论在哪儿，中华民族只要不富裕，走到哪儿人家都会看不起我们；我们不要忘本，改革开放三十年给了我们财富积累的机会，成就了你，你怎能忘本？中国目前与国际发展水平差不多了，你跑到国外去，带走的财富撑大了别的国家，自己的国家又要退步多少年啊！祖祖辈辈梦寐以求的富强梦，需要我们去实现，我们作为企业家要有担当！”这番演讲让原本骚动不安的课堂霎时平静，随即教室里响起热烈掌声。尤玉仙真诚朴实的爱国情感感动了在场的 56 个同学，感动了执教的新加坡老师。她成为厦大那一届的优秀毕业生。

创业女性，要有理想、热心公益

做人难，做女人更难，做创业女性更是难上加难。

尤玉仙认为：女性思维缜密、坚忍不拔、亲和力强、守信用、不冒进，在第三产业有创业优势。同时，创业女性的劣势在于缺乏战略性思考，导致创业层次低，格局小。但她始终坚信“心有多大，舞台就有多大”。女性能否实现人生价值，关键在于是否有理想抱负。多数女性在事业发展过程中，要面临兼顾家庭与事业的矛盾，家里有老人和小孩需要照顾，诸多生活琐事会分散她们的精力。在事业上，创业女性一定要坚定信念、自强不息、精神独立，发挥自己的聪明才智，追逐自己的理想，建树自己的事业。

作为一名成功的企业家，尤玉仙身上有着女性的独特细腻情感。对于社会公益事业，她不仅有着强烈的责任和担当，还有着天生的敏感和善良，具有比常人更强烈的爱心。她在企业专设了“爱心办公室”，无论扶贫济困，还是捐资助学，凡涉及公益慈善，鸿博总是抢在人先，热心奉献。她为汶川地震、玉树地震、雅安地震灾区捐款捐物，总价值达到数百万元；每年资助二十多名贫困大学生，每人每年

2012 年赴肯尼亚捐赠物资

赞助 6000 元至 14000 元不等，直到他们大学毕业；帮助贫困老人解决生活难题，为孤儿捐资助学等等。类似善举，不胜枚举。

在鸿博的各幢楼入口处，残疾人通道十分显目；在生产车间，不难发现残疾残障员工的身影……据了解，尤玉仙的企业共安排了 300 多名残疾人就业，他们与正常人同薪同酬。为做好服务，企业还专门聘请哑语老师对管理层进行培训，并对残障员工的住宿、婚姻等方面提供无微不至的关怀，鸿博因此被评为“全国先进残疾人之家”“全国志愿助残示范基地”，2019 年被福建省残联、福建省人社厅首批认定为“安排残疾人就业爱心单位”。

做一件好事不难，难的是一辈子坚持。尤玉仙说，投身公益，帮助需要帮助的人，是她一辈子的努力追求，乐意而为之。

结语

2017 年，鸿博波兰厂房奠基

1984 年，福建 55 位厂长、经理联名上书，呼吁为企业“松绑”放权，推动了中国经济体制改革。借着那次机遇，尤玉仙驾着她的“鸿博”之舟创业启航。

30 年后的 2014 年，福建 30 名企业家上书，倡议加快企业改革发展。这一次，尤玉仙名列这 30 名企业家之中，此时的她正驾驭着“鸿博号”巨型游轮行驶在改革发展的浪潮之上。

尤玉仙说，她作为致信企业家群体中的一员，坚定鸿博集团改革发展的信心和决心，着力改革创新，运用新技术，发展新产业，培育新业态，再创新业绩，为国家经济社会持续健康发展发挥更大作用，为福建“建设 21 世纪海上丝绸之路核心区”再立新功，以不辜负习总书记对企业家的期望。

2016 年，鸿博集团与波兰政府签订投资合作协议。同年 10 月，鸿博完成在波兰奥波莱省建厂，有序有效地推进制造领域及产能合作。一诺千金，驰而不息。鸿博所体现的“中国速度”，受到波兰政府的高度重视。

历史的车轮不断前行，尤玉仙和她的鸿博还在路上，追梦不断，创新不辍。

尤玉仙创业历程

- 1999 年 6 月 创办福建鸿博印刷有限公司（鸿博股份前身）
- 2005 年 8 月 成立鸿博集团有限公司
- 2005 年 9 月 创办福建鸿博光电科技有限公司
- 2007 年 2 月 被评为中国 2007 年度杰出创业女性
- 2008 年 5 月 鸿博股份有限公司上市（鸿博印刷更名为鸿博股份）
- 2009 年 2 月 被评为“福建省优秀民营女企业家”
- 2010 年 2 月 荣膺“2009 年海西经济年度杰出人物”称号
- 2010 年 4 月 当选“2009 年世界温州在外华商杰出人物”
- 2010 年 4 月 成立福建鸿博房地产开发有限公司
- 2013 年 4 月 当选“2012 年中国经济女性年度创新人物”
- 2013 年 9 月 科技部批复认定以鸿博集团为支撑单位的“国家半导体照明国际创新园”落地福州
- 2013 年 被授予“福建省三八红旗手”荣誉称号
- 2014 年 6 月 被授予福建省“优秀企业家”荣誉称号
- 2016 年 荣膺“2015-2016 年全国优秀企业家”荣誉称号
- 2016 年 6 月 鸿博集团与波兰奥波莱省政府签署第一阶段投资合作框架协议
- 2016 年 12 月 “福州国家半导体照明国际创新园”奠基仪式举行
- 2017 年 3 月 鸿博清洁能源欧洲有限公司一期建设项目奠基仪式举行
- 2017 年 6 月 成立“一带一路”创新（福建）发展集团有限公司
- 2018 年 3 月 被授予“杰出创业女性标兵”荣誉称号
- 2019 年 鸿博集团被福建省、福建人社厅首批认定为“安排残疾人就业爱心单位”

2017 年 6 月，出席 C3E 高峰论坛

21／

创新富民，圆梦小康

郁霞秋和长江润发

她是坚定“创新富民”理念的村干部，是打造“村企典范”的优秀企业家，是践行“圆梦小康”承诺的巾帼先锋。在她的带领下，砥砺奋进的长江人用智慧和汗水灌溉了一株绚丽夺目的“长江名花”，宛如镶嵌在长三角“龙头”上的一粒宝珠，面对世界，熠熠生辉。

父女情深

她是郁霞秋，现任江苏省张家港市金港镇长江村党委书记、长江润发集团总裁；曾获全国三八红旗手标兵、全国道德模范提名奖、全国巾帼建功标兵、中国十大经济女性年度人物、中国民营科技促进会科技企业奉献奖、《中国妇女》时代人物、全国杰出女性标兵、江苏省第三次优秀中国特色社会主义事业建设者、江苏省劳动模范和道德模范、江苏最美基层干部、江苏省优秀民营女企业家等荣誉，为中国共产党第十九次全国代表大会代表。

廿年奋斗，离乡修成医学骨干

郁霞秋出生于江苏省张家港市金港镇长江村。这里因毗邻长江而得名，原本是一片江边滩涂，乡亲们以打鱼为生。长江村曾经穷得远近闻名。她和村里的年轻人一样，盼着能离开这个一穷二白的地方，不再过苦日子。

1981 年，郁霞秋考取了苏州医学院，成为长江村的第一个女大学生，实现了“跳农门”的梦想。大学期间，她勤奋学习，不懈进取，通过考试进入了技术性最

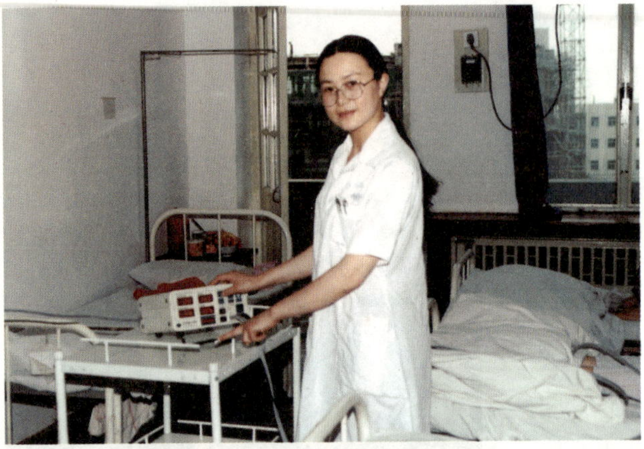

在无锡妇幼保健院从医时工作照

强的肿瘤科，后被派到上海肿瘤医院学习，同时攻读南京医科大学在职研究生。

毕业后，郁霞秋被无锡市妇幼保健医院作为人才引进。由于她认真钻研，业务能力迅速提高，从住院大夫到主治大夫再到副主任医师、肿瘤科主任，她的职位不断提升、责任不断变重。从1986年到2001年，在整整十五年的医务工作中，郁霞秋以其过硬的专业技能和兢兢业业的工作态度为病人服务，赢得了荣誉，获得了尊重。她有六项科研项目获无锡市科技进步奖，被评为"无锡市十佳青年科技工作者""无锡市新长征突击标兵""无锡市卫生系统拔尖人才"。

逆流回乡，脱胎换骨成村书记

2001年，医院把郁霞秋作为学科带头人培养，安排她到北京协和医院进修。还有出国进修的机会等着她。

正当她事业蒸蒸日上之时，2001年5月，她人生最大的分水岭来了。此前，长江村在郁霞秋的父亲郁全和老书记的带领下已经发展为全国知名的富裕村，被誉为"长江名花"。但是，长江村的发展遇到人才瓶颈，迟迟招不到大学生。无奈之下，老书记把目光瞄准了自己的女儿。

“回来帮帮我吧！”父亲简单的一句话，却让心疼父亲的女儿感到心酸。怕父亲操劳，也深知长江村的困境，年近不惑之年的郁霞秋告别熟悉的师友和同事，离开了热爱的医疗事业，放弃了进修、出国的机会，回到长江村。

郁霞秋不再是“白衣天使”，等待她任职的岗位是长江润发集团招商引资办副主任，她就像职场新人，不知如何应对。她面临全新的工作和角色，一切要从零开始，甚至需要“脱胎换骨”。

从事招商工作需要建立、拓展人脉资源，少不了吃饭应酬。很多场合下，她感觉自己与周遭环境格格不入，和一些商界人士不是没话讲就是不想说话，有时她甚至借故悄悄溜走。郁全和提醒女儿：“你这样不行，在商言商，再别扭也要改！”还有一次，她与一位电梯客商谈业务，对方提到的专业术语令她茫然无措。这些经历让她意识到，要想尽快转变为一个企业管理者，领导一个庞大的企业继续快速发展，自己需要学习的东西很多。

郁霞秋需要适应新的环境，并调整自己的知识结构，拥有先进的企业管理方法和管理理念。为尽快适应工作，不断提高对集团的管理水平，她给自己确立了“虚心学习，努力工作”的原则，并利用工作之余刻苦攻读了美国蒙东那大学 MBA、清华大学 EMBA，力求用前沿管理理念来武装自己，指导公司发展。

勤奋的学习，让郁霞秋逐渐拥有国际化视野，思维更加活跃。在实践过程中，她调整待人处事态度和言谈方式，注意总结经验，汲取教训，在招商工作中渐渐获得认可，并大显身手。

大胆改革，科技人才两轮并重

2005 年，经集团董事会研究决定，郁霞秋出任长江润发集团有限公司总裁。

上任伊始，她顶住压力，按照现代化企业管理制度，着手进行公司机制改革：一是股权改革，从集体经济变为混合制经济；二是管理方式改革，从传统的人管人改为制度管人，后来发展为文化管人；三是调整产业结构，抓大放小，把重要行业做好，如将电梯导轨产业做到了国内第一、国际第三，足以与国际品牌抗衡。

走进企业了解情况

在企业管理方面，郁霞秋在继承老一辈优良传统的同时，更新了管理理念。她始终坚持“科技兴企”，非常重视科技的力量。回家乡工作不到一个月的时间，她就策划筹建了长江科学技术协会，并担任协会副主席、秘书长，推出“一套房子、一份股金、一个位子”的“三个一”人才工程。在她的指导下，各子公司成立了科协小组，开展各种科技创新和技术革新活动，推动了集团公司经济效益的提高。她注意倾听科技人员的想法，鼓励他们多提合理化建议，把科协真正办成了科技人员之家，使科技人员的积极性和主动性得以充分发挥。长江科协的出色成绩，得到国家科协、省市科协的高度评价和肯定，被授予“非国有企业优秀科协”“苏州市科普工作先进集团”荣誉称号。郁霞秋被吸纳为苏州市科协常委，江苏省科协兼职副主席，当选为中国科协第七届、第八届委员会委员。

如今，长江润发集团上下已经达成“科学技术是第一生产力，科技人才是第一生产资源要素，科技创新是企业发展第一推动力”的强烈共识。近年来，集团每年都能完成技术创新和新品开发 20 多项，产生直接经济效益 1000 多万元，多个项目获得省、市科技局的肯定和支持，集团的整体科技水平不断上升，有力地推动了公司的发展。

在企业发展过程中，郁霞秋越来越清楚地认识到，科技是基础，人才是关键，科技和人才如同两个车轮，共同承载着企业不断前进，缺一不可。因此，要使企业继续快速稳定地发展，在重视科技进步的同时，还必须在吸引人才、培养人才、留住人才上下功夫。她提出应“人尽其才，才尽其用”，做到“事业留人，感情留人，待遇留人”。

为此，她建立了科技创新奖励和科技人才晋升机制，每年都拿出几十万元的专项资金，按照贡献大小对科技人员给予不同奖励。她在长江科协的基础上，设立技工协会，并创立“一帮一”结对子，“学、帮、带”等不同形式的人才培养机制，培养一流的技工人才。这些措施，不仅提高了科技人员的技术素质，也增强了科技队伍的凝聚力。

郁霞秋秉持“医者父母心”的人文关怀，时刻用一颗充满温暖的心关爱着员工。她深知员工生活不易，更清楚安居才能乐业。公司为进入企业工作的大学生提供免费住房。2008 年金融危机爆发，许多企业减产裁员，员工们人心惶惶。她对员工许下“人员不散、工资不减、工厂不关”的诺言。“三不”承诺不仅稳定了人心，还促进了公司稳步发展，赢得了社会各界的称赞。这些措施将员工的心与企业的发展紧密连在一起。

郁霞秋认为：“没有合格的工人就没有合格的产品，没有一流的工人就没有一流的产品。”长江润发集团之所以拥有一流的产品，成为一流的企业，是公司培养出的一流员工的贡献，直接得益于公司对科技兴企、人才兴企的管理理念的贯彻。

锐意进取，改制上市拓宽布局

在郁霞秋回村接手工作时，集团企业已发展到一定程度，在规模和项目发展上都面临着更快更好发展的需求。

2002 年，集团积极响应省委省政府“南北产业转移、区域共同发展”的号召，在宿迁市宿豫区投资兴建占地 1200 多亩的长江润发（宿豫）工业园，为当地 1500 多人提供了就业岗位，带动 20 个苏南企业项目落户宿迁，被誉为“苏南苏北挂钩合作的成功典范”。

凭着韧劲儿，郁霞秋不断寻求突破的契机。有一次，她去深圳考察，了解到当地企业借助资本市场加快发展的事例，萌生了让长江润发上市的念头。但一家村办企业要上市，谈何容易？她下定决心，发起一场从“领导说了算”到按现代企业制度来的“自我革命”。她顶住重重压力，推动企业完成三次改制，冲击资本市场。

长江润发在深交所成功上市

2007 年，郁霞秋随苏州市党政代表团赴深圳考察回来，更坚定了推动企业上市的信心。董事会召开会议，一致通过启动公司上市运作。2008 年全球金融危机爆发，证监会决定暂停办理公司上市等事宜。工作节奏被打乱，看不到下一步该怎么走，有人开始动摇。

坚持，不能半途而废、止步不前！集团管理层统一意见，终于等到证监会宣布上市工作重新启动。大家憋了许久的激情如水库泄洪，废寝忘食扑在工作上。那段时间，郁霞秋去北京出差就像家常便饭，常常在机场候机厅椅子上眯会儿以缓解疲倦。

2010 年 3 月 12 日，长江润发接受证监会发审委“过堂”。当发审委宣布核准长江润发上市申请时，郁霞秋和她的团队激动得欢呼雀跃。经过 3 年的努力，长江润发机械股份有限公司于 6 月 18 日正式登陆资本市场。成功上市，是长江润发集团发展史上新的里程碑。

从因亲情乡情弃医返乡，到不忘初心、再回大健康事业，郁霞秋是一个有情怀的医者。

在企业转型升级过程中，郁霞秋紧跟国家产业政策，对接“健康中国”战略，

海南海灵化学制药

积极向大健康产业发展，在寻求经济发展的同时，承担更多的社会责任，让百姓享受更好的医疗卫生服务。她认为，相对传统制造业而言，大健康行业处于政策红利期，“十三五”期间，围绕大健康、大卫生和大医学的医疗健康产业有望突破十万亿市场规模，医疗健康产业将引领新一轮经济发展浪潮。

2016 年 11 月 18 日，集团并购重组收购了海灵药业等三家优质药企，成功迈出转型大健康第一步。

2018 年，集团创新转型稳中有进，健康之路行稳致远。传统产业智能升级，大健康产业稳步推进，围绕妇女儿童的健康事业，开工建设无锡怡和医院，成功收购郑州圣玛妇产医院及山东华信制药公司，“医药 + 医疗”双轮驱动实现大跨越。

2019 年是集团的大丰收年。长江润发集团荣登中国民营企业 500 强、苏州民营企业 50 强。8 月，无锡怡和医院主体工程完工，“医药 + 医疗”发展步伐更加稳健；9 月，海灵药业荣登海南省企业 100 强、海南省工业企业十佳企业、海口市工业发展十强；10 月 8 日，为更全面体现公司目前实际业务特征，“长江润发医药股份有限公司”变更为“长江润发健康产业股份有限公司”；12 月，润发机械智能化车间通过省级评审。

无锡怡和妇产医院效果图

成功总是眷顾努力的人，付出总会有回报。如今的长江润发集团，是享有自营进出口权、具有一定自主产品研发能力的民营股份制企业集团，拥有以医药制造、医疗服务为核心的大健康产业；兼营电梯导轨、型钢、耐指纹板、铝型材、船舶的生产与销售，并覆盖房地产开发、四星级酒店服务、水电安装、国际贸易、物流仓储、金融服务、现代生态农业等产业；拥有一家上市公司，两家高新技术企业，拥有院士专家工作站、博士后工作站。

美丽乡村，文明健康共奔小康

在企业经营上，郁霞秋兢兢业业，在为村民办事方面，她同样很上心。

2004 年，长江村与原韩家港村合并，成立新的长江村东区，向老百姓承诺“三年打基础，五年变新貌，十年大变样”。

2013 年，长江村投入 3000 多万元，在东区启动“美丽村庄”即“文化服务中心”

美丽长江村

建设，将工业区、农业区、居住区三大功能按照区域布局，确定了“一心三轴四片”的村域空间布局。如今东区已实现“规划、道路、排污、河道、绿化、路灯、环保”等八个到位，新建高标准配套工程，农贸市场、观景台、智能温室大棚、郁金香公园、老年活动中心、妇女儿童之家、图书馆等便民场所一应俱全，全面实现了当年并村之时的承诺，东区的发展日新月异、欣欣向荣。

郁霞秋完善长江社区卫生服务分中心，打造村民“家门口的医院”，设有全科诊室、中医诊室和康复科室等，聘请了三甲医院专家，每年为村民、员工分批体检，做到预防为主，早发现、早治疗、早康复。

同时，郁霞秋还注重推进公共服务均等化。目前，全村已形成“按劳分配、按资分配、按需分配”的分配体制，实现全就业、全社保，失地农民全部纳入城镇职工养老保险体系，全村医疗保险覆盖率达到 100%，村里人真正享受到和城里人一样的健康保障体系。

要让农民真正脱掉落后的帽子，不仅仅是富口袋，更重要的是富脑袋。郁霞秋

“家和万事兴”长江村“村晚”

按照“物质文明是船，精神文明是舵，政治文明是保障”的思路，弘扬“四德”教育，倡导村民“为人处世讲思想品德，工作岗位讲职业道德，立身社会讲社会公德，家庭生活讲家庭美德”。村里还通过完善道德讲堂、妇儿之家、24 小时图书驿站等载体阵地，精心组织“我们的节日”、农民工人运动会、郁金香文化节等文体活动，创新举办长江村“村晚”，持续丰富村民群众的精神生活。

幸福是奋斗出来的。在郁霞秋的带领下，长江村先后荣获“全国文明村”“全国民主法治示范村”“全国休闲农业与乡村旅游示范点”“江苏最美乡村”“苏州市十大幸福乡村”等称号。尤其值得一提的是，国际编号 5384 号小行星被命名为“长江村星”。

情系公益，满怀爱心回报社会

郁霞秋一直秉承“源于社会、回馈社会、服务社会”的宗旨，在谋求村企自身发展的同时，始终坚持将履行社会责任作为第一使命，积极参与各项公益活动，实

“长江村星”授牌

现从企业责任担负到社会责任担当的升华。

在村里，上了年纪的村民都喜欢称郁霞秋“闺女书记”，然而，在年轻一辈的心目中，她是“爱心妈妈”。

2011 年，郁霞秋参加了市妇联牵头的爱心助学活动，帮助贫困女大学生圆大学梦。这些年来，她累计结对 17 名贫困女大学生，每年资助她们生活费，助她们顺利毕业。毕业前，她安排她们到公司实习，帮她们解决工作问题。

永福中心学校是四川省的一所贫困中学，当地位置偏远，经济发展落后，学校硬件设施严重不足。了解到这一情况后，2013 年国庆节期间，郁霞秋通过内江市红十字会向永福中心校捐赠 20 万元现金及电脑、书包和系统教学用品等。

2016 年 6 月 23 日 14 时许，江苏省盐城市阜宁县、射阳县部分地区突发龙卷风、冰雹严重灾害，多个乡镇受灾。6 月 24 日中午，郁霞秋通知以长江润发的名义，向盐城捐助 180 万元（其中 100 万药品、80 万现金）。

2020 年，新冠肺炎疫情暴发后，得知抗击疫情一线的防护和医疗物资供应存在很大压力，郁霞秋先后三次组织向武汉、海南、新疆等地捐赠海灵药业近 150

来到四川永福中心校捐赠现金及教学物资

万元的药品、红外额温枪等急需防疫物资；向山东、新疆等多地一线抗疫人员及康复期间患者捐赠价值 150 余万的阿胶药品、医用口罩等防疫物资。“健康中国，长江先行，社会需要我们，疫情面前，我们责无旁贷，做力所能及的事。”郁霞秋说。

结 语

昔日是白衣天使、医疗骨干，今日变身为村书记、集团总裁，成绩和荣誉如秋天的硕果累累挂在枝头，郁霞秋从未停下前进的脚步。她还将一如既往地不断挑战自我、超越自我，积极投身“大学习、大创业、大转移”行动，坚定不移地走创业创新之路。

她将带领全体长江村民向着美丽富裕的“新长江”阔步前行，去实现“美丽长江、实力长江、幸福长江”的“长江梦”，谱写伟大中国梦的“长江篇章”。

郁霞秋创业历程

- 2001 年 5 月 弃医返乡，投身长江村建设，担任长江润发集团招商引资办副主任
- 2001 年 6 月 筹建全国首家村级企业科协——长江科学技术协会，制定“一套房子、一份股金、一个位子”的“三个一”政策，吸纳科技人才
- 2002 年 响应江苏省委省政府“南北产业转移、区域共同发展”的号召，在省内率先南北挂钩共建了长江润发（宿豫）工业园
- 2004 年 跨区域合并经济基础薄弱的张家港韩家港村，成立长江村东区，将支柱产业整体“东移”，带动发展就业
- 2005 年 经长江润发集团董事会研究决定，由郁霞秋担任长江润发集团总裁
- 2007 年 长江润发历经三次改制，成为规模国内第一、全球第三的电梯导轨行业民族品牌
- 2010 年 6 月 18 日 在郁霞秋带领的上市团队努力下，长江润发机械股份有限公司在深圳证券交易所成功上市，成为苏州首家上市的村级企业
- 2013 年 8 月 郁霞秋当选为长江村党委书记
- 2016 年 并购以医药制造、研发为代表的海南海灵化学制药等三家优质药企
- 2017 年 5 月“长江润发机械股份有限公司”更名为“长江润发医药股份有限公司”，正式转型大健康产业
- 2018 年 无锡怡和妇产医院项目开工建设；先后成功收购以中药制造为代表的山东华信制药公司、以妇产专科服务为代表的郑州圣玛妇产医院、郑州东方女子医院等五家优质专科医院
- 2019 年 5 月 18 日 位于苏州腾飞创新园的长江润发（苏州）工程科技有限公司、长江润发（苏州）医药科技有限公司正式启动，进一步对接城市化，对接科技人才，对接国内外项目
- 2019 年 8 月 长江润发集团有限公司荣登“中国民营企业 500 强”
- 2019 年 10 月 “长江润发医药股份有限公司”正式更名为“长江润发健康产业股份有限公司”

清华大学 EMBA 班毕业

22/

破解服装密码的靓诺派总设计师

苑永萍和北京靓诺派时装有限公司

苑永萍与北京电视台北京时间制片人、主持人合影

探究一个企业，势必会关注企业领军者。而要说起靓诺派时装有限公司董事长，人们恐怕不会把这一职位与身材纤细瘦弱、气质优雅高贵的苑永萍联系在一起。

背地里，公司管理人员叫她“超人”，常会因跟不上她的节奏而几乎崩溃；爱人说她是拖不垮打不烂的“铁鸟”，和儿子陪她一起度过了8000多个非常规的日子。其实苑永萍打心眼儿里抵触这样的绰号，创业23年一天也没敢休息，每天4小时睡眠、16个小时超紧张工作，拼死拼活地在专业上死磕，只为衣服这张名片。

不甘心、不承认自己已步入老年队伍的她，一心想的就是要把梦圆。

人们问她为什么干得这么惨？

一切起源于不爱。

她不爱看：那么不容易的成功人为参加活动时找件合适的衣服那么难！

她不爱听：“中国人、日本人、韩国人长相相似怎么区分？看穿衣！穿得土的

苑永萍与德国女企业家合影

是中国人。”

为此，苑永萍一心想破解服装密码，找到让中国人穿着合体时尚的秘方。

通过对 3000 名女性的人体数据研究，苑永萍提出了“立裁百号、因人套款、量体套号”的制衣理念，完成了服装高精度号型细分工程，颠覆了服装界成衣和定制两大板块的格局，实现了优雅苗条一件衣服就能体现。获得国家发改委“量产定制高技术含量服务”立项，用立裁百号实现了中国时尚产业“零”的突破。

“立裁百号”可以把每款服装细分到 100 个号型，通过立裁，无论什么样的身材都会有一个真正与之严丝合缝的版型。就像人的第二层皮肤，帮助人们改善身材的比例，通过将腰线上移，把肩线向内借量等方法做出视觉误差，达到调整修饰身材、重塑人体形象的效果。哪怕 3 尺 5 腰围，只要报出身高腰围，就能立等可取比量身定制更合体的衣服。

苑永萍从心底感谢消费者在她创业初期不嫌弃胡同里的店又小又简陋、远道而来购买衣服。

工厂外景

这给了苑永萍勇气，让她能够咬牙挺过对立裁百号 65% 的反对声和 35% 的不理解。

当时一个做 5 个号服装都被压得喘不过气来的同学看到她在做百号，好心地劝她赶紧收口，这实在是刀刃上跳舞、有一半儿在赌，真的是输定了。商场中层看到靓诺的百号更是不可思议：“弄这么多号干嘛？ 5 个号活着都不易，弄这么多号不是和自己较劲儿吗？”苑永萍用十五年常被抛在水深火热之中的坚持，用因愧对爱人、孩子在心里永远合不上伤口的代价，让执意劝她放弃的同学在五年后忍不住惊叹：“还活着呐？”让反对靓诺的商场经理至今也没看懂，没有宣传、没有营销，这么不起眼儿的靓诺，为什么在今天这么“火”？

这一创新让原来每次做工装必数次反复修改而发愁的单位，从靓诺的立裁百号中获三百多套工装竟没有一件修改的惊喜后，发出“照方抓药、再来一遍、一点不变”的需求。

了解苑永萍的人说靓诺的百号不是在做，而是在换，用命在换！

市场残酷，把数百名来自不同省市区，有着不同理念、不同素质、不同专业、不同诉求的人集合在一起，做无法甩掉的高风险、高难度、高费用的事，做大家不是都能理解、却必须同心协力才能做的一件事，确实好难。比如，企业标准必须高于国家标准；验收标准必须高于其他品牌；产品价格不能高于同类品牌。

立裁百号、量产定制，实现了让中国百姓花流水线的钱享受高级定制的服务。

为了坚守诚信，创业前的苑永萍一度为还设计图纸、舍去休息和睡眠时间却成了还不上图纸的人。为了坚守诚信，她创业一开头儿由于服装供不应求、拼死拼活没日没夜干、没挣到钱却升级为“还不起债的女经理”。面对齐刷刷的反对声，没有钱也没有生产能力，她硬是咬牙以泪洗面坚持挺住低价不变，批发来的衣服一分钱不加显诚意，未能解决燃眉之急却直接成了库存。不收顾客一分钱押金为顾客定制特体肥号服装，以至于被同行和朋友认为“愚”。

最难的时候苑永萍也怀疑过自己是不是真的“愚”了，比如行业里大家喜欢连单、创造条件让顾客多买几件，靓诺一反常态地让一件衬衫因可拆卸换领子、换领花、换领带一件衬衫变 5 件。一件西服以假两件形式出席不同场面，怪物一样的“阻碍连单”。靓诺还研发了具有九个专利的新型快速展现高级定制的方法——拼接。这一特殊的拼接方法，就是通过领子、袖子等局部关键部位的搭配组合，让顾客快速地感受到未来成衣的真实效果。将高级定制变得更加简便直接，一目了然。这种拼接不但大大节省了原先设计稿诸多环节的时间，更重要的是让顾客花一件衣服的钱，享受数件衣服的服务。以每款百号、量产定制高科技含量技术，让顾客花流水线的钱，享受立等可取的高级定制的服务。

在产品质量方面，靓诺自成立以来，一直坚持以质量为生命，恪守“企业标准高于国家标准”的原则。苑永萍做服装始终坚持传统高工费的“推、归、拔、烫”工艺不变。一般企业制作几十道，检验三道关口，靓诺派则始终坚持 168 道制作工序和 6 道检验关口。比如靓诺的裤子一向以舒服好看著称。一位应聘来的车间主任看到车间里的人裁裤子，非常惊讶地对苑永萍说：“圈儿里人都在研究靓诺的裤子为什么又舒服又好看，买了几条拆了都没研究出来。原来你家的裤型好是这么大的代价啊！”

就一条裤子而言，特别是垂感好的裤子，通常会出现裤线歪，裤型扭的现象。而靓诺生产的裤子之所以有不同的效果，就在于裁剪前首先拔丝找正，毛裁后提起来反复净片，因为只有保证了纱向才能保证裤型。与将就纱向的通常裁法相比，一般厂家一条裤子的用料率大约是 1.2 米，靓诺却是 1.35 米，每条裤子多费 15 厘米面料，这对于大批量长久生产来说，可是非常庞大的一个成本！这个成本，靓诺并没有摊分在消费者头上，而是以降低企业利润的方式自行消化。加时加料不加价，就面料使用和人工成本高于同行这一项而产生的费用，每年大约就有 500 万左右。长此以往，这可是一笔不小的数额！很多人做了让利，必须让对方知晓。在崇尚吃亏吃苦是福的靓诺，选择了经久的让利和不挂在嘴边，不能不说是一种境界与格局。在苑永萍看来，正是因为始终坚持诚信，才有了靓诺持久不衰的火爆。即便是吃亏了，也不认为是坏事，相反，会逼着企业改变创新，变不利为有利。

苑永萍曾经最痛苦、最让大家不理解的是自讨苦吃的两个必须：无论多忙，质量问题必须第一时间报她，质量事故必须保证她在现场。

有“铁鸟”绰号的苑永萍几乎拖不垮打不烂，很少生病，但有一次发着高烧骨头缝都酸疼的苑永萍接到产品事故通知，强撑着来到事故现场，亲自查验成品出现问题的根儿在哪里。跟了她将近二十年的中层干部，看着她在库房里抽检时的状态，心痛后悔至极，几乎用哀求的语气：“我们知道错了苑董，永远不会再有这种漏检了，您赶紧回去休息吧。”

“衣服做成这样，我有什么资格休息？”她难过地挑出了很难再修复成精品的服装，毫不犹豫地拿出剪子对几个责任人说：“一个月两次事故足以说明我们明知质量是公司生命，麻木到已经不在乎公司生命。人品决定产品、产品代表人品。每人剪 5 件，剪碎袖子挂到车间，每天都到耻辱柱、自己的照片前看看。我们必须每天面对自己人为踩着公司制度标准、糊弄顾客而招来的耻辱！”

这时，有人建议说：“苑董，工厂常常有人参观，能不能不贴照片？”

“必须贴！”

这天中午，责任人以泪水替代了午饭。

但这一次让大家心里有了难忘的警钟，把“质量是命”体会到了心底。

工厂内景

靓诺用良心品质呵护着每一位顾客。无论是北京市质量监督大抽查，还是全国性质量大检查，靓诺服装均全方位达标。靓诺的产品质量，在行业内一直有口皆碑。公司建立了完善而优质的服务体系，为每一位顾客提供具有高附加值的优质服务，同时还提供高级成衣个人定制服务，以满足顾客穿着个性化的追求，公司连年获得“北京市著名商标”“中国质量服务信誉 AAA 级企业”“北京最具文化创意十大品牌”“诚信创建企业”“中国自主品牌 100 佳”“巾帼文明岗”等殊荣。这是政府管理部门及消费者对靓诺多年来秉承良心品质、信守承诺的高度认可。

2019 年 6 月 14 日，苑永萍作为“时代楷模”北京榜样的代表走进人民大会堂作报告，在报告中她简述了“美丽北京人”公益项目的初衷和进展。

衣服是人的第一张名片，也是一个城市乃至一个国家的名片。“服装美丽”是建设美丽中国的应有之义。美丽中国，先从美丽北京人开始。她从靓诺开始实施这个计划，并联合首都文明办发起了“美丽北京人”项目。

“让北京人的形象与大国首都地位相匹配”是该项公益行动的初衷与追求，项目主要包含五大方面的内容：

一是创建一个为北京人提供一站式创造时尚生活方式的直达车平台；

二是提供衣橱管理服务，通过线下上门或者线上图片形式，帮助北京人整理、搭配、改造已有衣物资源；

三是着装顾问服务——通过肤色、身材、气质、场面和习惯，帮助北京人选择最适合自己的衣服配饰；

四是旧衣激活服务——通过款式修改，细节二次设计，帮助北京人把不常穿的服装激活，变成优雅并且百搭的明星款式；

五是如果生活中看到了自己心仪的时装款式，可以发送图片给“美丽北京人”项目组，项目组会让专业的设计师第一时间作出筛选，并对适合当事人气质、职业特征的款式修改调整后，作为高级定制产品赠送给对方。

“美丽北京人”让每一位北京人都能在大众化消费水准的情况下成为最具个性化与原创性的时尚达人与美丽北京人。“你美丽世界，我美丽你”是“美丽北京人”的主旨，这是北京榜样苑永萍孜孜以求的梦想。

为此，她无偿到北京地区各大机关院校开展“美丽北京人，靓出中国范儿”服装礼仪讲座，至今已举办近百场，听众达数万人，预约单位和团体应接不暇。

她希望通过广泛传播服装礼仪知识，让北京人穿得“更漂亮、更有范儿”，更好地展示首都北京形象。比如，靓诺每年为优秀的城市建设者代表免费设计制作服装、全方位打造个人形象，用自己的专业使他们变得更美，用行动感谢城市建设者，回报社会。

2020 年新型冠状病毒肺炎疫情暴发后，苑永萍没有因为暂时困难而忘记承担责任。她在门店销售举步维艰，公司利润日益微薄的情况下，坚持按时给已提出放弃工资帮助企业渡过难关的员工发放工资，并提高在疫情期间冒着风险工作的员工的待遇。她承诺，决不靠裁员摆脱困境，要携靓诺全体员工与国家共担风雨。

苑永萍对舍生忘死驰援武汉的医务人员感到敬佩。1 月 31 日，她决定赠送价值 8898 元的最美天使卡给首批驰援武汉的 136 名北京医疗队队员，免费为他们做衣服，要为凯旋的他们献上最美的“铠甲”。

北京榜样致敬抗疫英雄活动现场

北京榜样苑永萍为援鄂医生惊艳变装

靓诺还推出“感恩顾客抗击疫情真诚回馈，68元爱心慰问白衣天使”的活动，每位顾客在购买产品的时候有68元爱心慰问金将专项慰问一线医务人员。活动得到靓诺2600名顾客的热烈支持，募集捐款18万余元，提交北京市红十字会作为驰援武汉北京首批医疗队回京后的专项经费统一使用。

苑永萍用“美衣”“美行”回报着社会，同时也得到了广泛认可，陆续荣获“中国十大经济女性年度人物”“北京市三八红旗奖章”“2018北京榜样”年度十大榜样人物“纺织服装行业十大风云人物”“首都道德模范”“全国道德模范提名奖”等荣誉称号。

结 语

苑永萍对事业的坚持和自信，对服装产业发展的责任，对梦想的执着追求，是对中国优雅女性的完美诠释和成功见证。

“以信立本，以新领先”是她带领靓诺一路走来的真实写照。乘着诚信和创新这一双“翅膀”，苑永萍和靓诺鹏程万里，为美丽中国增光添彩。

苑永萍创业历程

- 1997 年 北京靓诺派时装有限公司成立
- 2005 年 公司“女装高技术含量服务”被国家发改委立项论证
- 2007 年 LACONIC 女装品牌成立
- 2012 年 公司投资千万，打造“美丽北京人”公益项目
- 2013 年 LAOUL DUFFY 男装品牌成立
- 2016 年“笑尔”高级定制童装品牌成立；9 项新型专利荣获国家知识产权局认证
- 2017 年 公司 3 项新型专利荣获国家知识产权局认证
- 2019 年 “美丽北京人”进驻抖音，用最直接的“素人变装记”方式推动公益项目，帮助人们解除形象上的困扰
- 2019 年 公司 2 项新型专利荣获国家知识产权局认证

在北京服装学院进行公益演讲

23/

创新模式，实业济人

香江集团翟美卿

2017 年，翟美卿荣获卡内基慈善奖

她，从一个普通的广州姑娘到今天拥有两万多名员工，资产规模超千亿、产业板块多元化的大型民营企业掌门人，从一个勇于拼搏、不断挑战自我的平凡女子到一个具有强烈社会责任感与使命感，并通过企业的发展壮大来更多回报社会的民营企业家，用自己的才智书写了一个中国优秀社会主义建设者的时代风采。

她是翟美卿，香江集团总裁，现任中国女企业家协会副会长、中国产业发展促进会副会长、广东省工商联副主席、广东省女企业家协会会长、广州市纳税人协会会长、深圳市侨商国际联合会会长、香港各界文化促进会主席等职务。2017 年，她荣获卡内基慈善奖；2018 年，她荣获第十届中华慈善奖。她还先后获得“中国十大女杰”“中国消除贫困（捐赠）奖”“全国三八红旗手”“中国十大慈善家”“中国商界十大风云人物”、南粤慈善家、广东省道德模范等荣誉称号。

翟美卿的过往人生旅程，彰显了她的境界和格局、智慧与情怀。

砥砺前行，初显身手

翟美卿出生于双职工家庭，父母亲终日劳作，省吃俭用，但一家六口还是过着粗茶淡饭、节衣缩食的日子。高中毕业后，她通过招工考试进入广州华侨宾馆工作。尽管这是个人人羡慕的好单位，但一向不服输、生性特立独行、目光敏锐、头脑聪慧的她认为存钱存不出个富翁，不甘心这种按部就班的生活，一心想的是自己当老板赚钱，提高生活质量，改造生活环境。她在业余时间听做生意的朋友聊天儿，给卖衣服的同学帮忙，三年间摸熟了做生意的门道。她瞒着家人在广州火车站附近租下摊位，请亲戚帮忙守摊，自己在工作之余负责采购，然而第一次就交了“学费”——卖衣服赔了 2000 元。

出师不利，但丝毫没有打消她做生意的念想。这时，一位香港亲戚想从广东进一批家具运到北京卖，却苦于没有进货渠道，翟美卿主动提出帮他联系货源。她利用周末多次往返于广州、顺德之间，冬去春来，终于采购到所有的家具，也掘到了自己的第一桶金——3 万元的提成。这一年，她 21 岁。

尝到甜头的她，瞒着父母辞去铁饭碗。她想把生意做大，把家具放到所有的商场里卖，而不是租个摊位卖。于是，她北上京城，坐公交车，拿着家具图版，一个个国有商场跑推销。在广州组织货源，发到北京郊外验单、提货，然后卸货、装车、押运、批销……翟美卿独立包办一切，忙得不亦乐乎。这段经历，尽管让她尝遍了冷言冷语，却磨平了她有棱有角的性格，锤炼了意志，积累到比金钱更珍贵的财富。

当时，顺德床垫在北京的各大商场是紧俏商品。瞅准商机，翟美卿租下北京丰台区东管头的一个四合院，通过两个哥哥帮忙，从广东的梅县、顺德请到 50 多个工人，就地生产美满牌床垫。因物美价廉，美满牌床垫誉满京城，这使得她创业的激情更饱满。从采购原材料到产品生产再到产品销售，每一个环节她都亲力亲为，边干边学。

“市场的空白就是个巨大的创业机会。”勇立潮头的翟美卿抓住机遇，赚到了人生的第一个 100 万元。

1990 年，第一家家具商场“宝安海马”开业

金海马家居商场早期内景

诚信经营，革新模式

1990 年 12 月，翟美卿在深圳宝安创建了第一个家居商场——金海马家居商场。结合深圳市场供需的状况，她将大众化营销作为产品和市场定位，并凭借“实实在在的一口价，不糊弄消费者”的诚信经营获得消费者的口碑好评。

翟美卿借鉴国外经验，在国内首创大规模仓储式经营模式，以规模效益形成较强的价格优势，快速占领了市场。她成为中国实现家居连锁商贸的第一人。

依靠独特的经营发展战略，到 1995 年，“金海马”发展成为全国最大的家居连锁企业。“香江家居”和“金海马家居”成为零售业的主流品牌，更成为中国家居零售业的翘楚。公司还与多家优质供应商结成强大的战略联盟，进一步确立了“香江家居”和“金海马家居”不可动摇的行业龙头地位。

2011 年，翟美卿倾力打造香江全球家居 CBD，建筑总面积约 3000 万平方米、总投资额约 1200 亿元的家居交易集散平台。它以产销一体化的家居全产业链为基础，以产地批发“零环节”价格优势为核心，以自主创新的研发设计为支撑，以电子商务平台和家居文化传播为依托，提供 200 万个就业岗位，承载和服务全国乃至全球 21 万余家家居企业，年交易量达万亿元，成为全球最大的家居交易集散

欧洲城家居

平台。

翟美卿明白，只有拆掉固定思维的墙，才能打开一片新天地。她独创的“专业化家居卖场”“仓储式销售模式”和“连锁经营商业模式”，在行业内具有示范作用，成为业内争相效仿的对象。她还在国内家居业率先推出“统一采购”“统一经营管理”“统一核算”的国际化先进管理模式，形成独具优势的企业核心竞争力。

多元拓展，定向布局

在而立之年，翟美卿已成为亿万富翁。富有于她而言，不是负担或乐趣，而是责任。富有让她拥有很多社会资源，而如何用好资源，让个人财富增长与公司成长、社会进步同步，才是她最感兴趣、萦绕于心的问题。

翟美卿善于把准时代的脉搏，立于时代的风口逐梦，视野开阔，胸怀韬略。激情与梦想引领她从一个普通的创业者，成长为一位勇于挑战的产业创新者。

随着 21 世纪的到来，翟美卿对香江集团进行了一系列战略性探索和开发。在

香江集团进军房地产的第一个楼盘锦绣香江花园

香江集团的发展之路上，她是一位“多面指挥官”，始终坚持做最专业的“多元化”。

2000 年，翟美卿进军房地产行业。她敢为人先，提出“居住与世界同步”的理念，打造出锦绣香江、翡翠绿洲等品牌。香江集团开发的房产曾先后获得“中国名盘”“亚洲人居环境建设典范工程奖”“中国艺术地产最佳创新名盘”等奖项。集团打造的“后别墅时代”项目，创造了城市全新的居住生活模式。

2005 年，香江集团在洛阳投资建立了年产 200 万吨氧化铝的项目。它为原材料生产地打造出涵盖上下游的完整产业链，解决了当地就业难的问题，累计上缴利税超 10 亿元。

独具慧眼的翟美卿意识到：强大的金融实力是做大企业的根基。香江集团成为较早进入金融业的中国民营企业之一，战略性控股和参股了多家金融机构。集团的金融和战略投资已获得巨大增值和可观回报，成为集团新的业务群、利润增长点和支持实业板块发展的强大金融后盾。其投资范围涉及银行、证券、基金等多个领域。

与此同时，翟美卿紧随世界健康产业发展潮流，带领香江集团进军健康产业领

香江万基铝业有限公司

香江金融集团成立，与德意志银行战略合作签约

域，打造出香江健康山谷。目前，香江健康山谷已实体落地，并将进一步打造成世界级健康养生高端服务基地。

翟美卿认为，为孩子播种梦想，任重而道远。如今，教育板块也成为香江新的产业发展方向。从 2003 年开始，香江进入教育领域，积极探索有香江特色的教育产业发展道路。经过近十年的探索和发展，香江已经构建了从幼儿园到高中的完整教育体系，对接普惠制、中端和国际化高端多层次的教育需求。

在前行路上，翟美卿不畏艰难，敢于开拓，一如既往地张扬自由奔放的灵魂，初心不变，再露锋芒，展现出优秀的商业头脑和资源整合能力。

与时俱进，开拓创新

翟美卿早已体悟到：保持与时俱进是企业家的必修课，管理者的知识储备是基业长青的灵魂。

为此，她从不原地踏步，故步自封。在担任北京丰台美满家具厂厂长时，为管理好工厂，她买来关于管理的书籍，自学生产管理、财务管理。

她从北京南下深圳发展后，意识到“连锁店”是未来零售商业发展的必然趋势。1992 年，她组建香江集团，布局全国连锁店。数年间，“金海马”开遍珠三角、长三角等地。

如何经营连锁店？经过深思熟虑，她提出财务、人力资源、采购的直线管理模式，同时狠抓财务，即在总部设立审计部，对各分店进行监督。1995 年，她率先聘请 IT 技术人员研发销售系统软件。经过几年克难攻关，她的 ERP 管理设想得以实现。金海马在全国的数十家连锁店全部由仓储店模式改为体验店，完成了向现代化经营的跃升。

集团发展之初，她敏锐认识到家族企业模式是绊脚石，精心设计了人员隔层录用模式，主要骨干直接由集团总部派出，并给予充分信任。

对于商场的销售管理，她将每个细节都思考到极致，强调商品展示要有独到风格，但只供陈列摆放，而顾客选中的货品，则直接从仓库提取。

在事业如日中天时，她挤出时间去中山大学和美国杜兰大学读书。2002 年归国后，她在企业管理上大胆改革，引进软件供应商 SAP 公司的 ERP 软件，香江集团成为国内第一家成功引入 SAP 管理系统的家居流通企业。

翟美卿认为，创新是一个企业的灵魂，企业由此实现飞跃。她一直以开拓创新为企业精神，常从经营方式、产业结构的调整和管理的现代化等方面思考企业的发展，努力让企业经营与社会发展同步，顺应市场需求，社会效益与经济效益相统一。现代化科学管理使企业管理网络化、办公无纸化、信息自动化，提高了工作效率，带来了快速增长的经济效益。

以文化人，共建香江

对外开拓市场，对内治理企业，强化企业文化建设，这是香江集团发展的主旋律。

围绕集团凝心聚力问题，翟美卿强调：要用社会主义精神文明占领企业的文化阵地，要用正确的世界观、人生观和价值观塑造员工的思想；坚持“以人为本”的

香江国际金融中心

香江进军健康文旅的第一步，香江健康山谷

管理理念，不断完善员工激励机制和福利保障。

1995 年，《香江集团报》《今日香江》杂志相继创办发行，员工人手一份。报纸、杂志犹如企业的灵魂，香江人在咀嚼精神大餐的同时，升腾起自豪感和责任感。《香江之歌》唱出了香江人忠诚敬业、开拓进取、学习创新的精神风貌。集团还搭建起企业 OA 平台，创办香江网站，编著企业文化教育读本，拓宽了企业文化的传播渠道。

翟美卿确定企业的文化氛围是：香江是温馨的家园，香江是施展才华的舞台，香江是育才的学校，香江是奋进团队。这已成为香江管理人员的共识，并通过企业的管理制度和流程去固化。

她倡导以企业的历史使命和发展战略来激励员工的事业心，使员工与企业共同发展，并通过升旗仪式、晨礼、班前会等方式强化企业文化，使员工永远保持奋发昂扬的精神风貌。

集团还成立了企业文化促进会、香江义工团，通过各种文艺、康体活动丰富员

2017 年，微软云暨平台落户广州南沙区，微软、香江集团携手布局创新生态圈

工的业余生活，宣传“爱、诚、信”的企业价值观。

翟美卿热爱中国传统文化，并身体力行，尤喜国画。有人说她画的牡丹犹如其人。这种文化趣味深深影响了企业管理层。经过多年企业文化的建设和沉淀，香江集团呈现出中国文化独有的气质：谦逊、克制、稳健、行之有道。

办好实业，兼济天下

翟美卿常说：“企业家心中要有中国的灯火。”她始终坚持义利兼顾的企业经营理念。30 年来，香江集团秉承“办好实业，回报社会”宗旨，解决了百万人就业，直接惠及百万个家庭，产业发展间接带来了上万个家庭的幸福。集团自觉担当优秀企业公民的社会责任，呼吁更多企业、社会团体、个人一起，共建美好中国大家庭。

翟美卿从不以物质的富足为人生的终极追求，在她看来，幸福和快乐源于内在精神的富足。早在 1992 年，事业刚起步的她就积极参与公益事业，如参加“春蕾计划”，建希望小学，设立“翟美卿专项基金”等对教育的扶持项目。

香江集团先后在全国 20 多个省市区投资兴建了大规模的光彩市场，建起一个全国性的民族商贸流通网络，解决了 100 万下岗工人的再就业问题，每年为当地增加税源 2 亿多元，极大地带动了当地第三产业的发展。

2004 年，香江集团注资 5000 万元，经民政部批准，成立了香江社会救助基金会。这是中国内地首个以企业为主体的国家级非公募慈善基金会。至今，该基金会已完成“五个 1000 爱心计划”，在广东、贵州、云南等贫困地区的乡村学校建立了超过 1677 家香江爱心图书室，为超过 100 万名学生送去图书，为 8 万多名残疾儿童和老人送去温暖，为 1000 多名孤儿提供成长照顾，为 2000 名贫困白内障患者免费做复明手术，为近 700 名优秀大学生发放奖学金，为 300 名单身母亲建设安居房，为超过 100 名失聪儿童提供帮助，义工队伍扩充至近 2 万人，参与公益活动达 10 万多人次，通过香江社会救助基金会直接受益人群已达 200 多万人次，爱心足迹踏遍全国 18 个省市区。

2011 年，香江社会救助基金会成立了“香江女性创业基金”，以 1000 万元为本金，依托广东省妇女儿童基金会，以金融扶贫的形式，为有劳动能力、有创业愿望和可执行性项目的农村贫困妇女，提供无息贷款，用于购买种苗、生产工具等，同时开展短期技能培训，为她们解决技术难题。

翟美卿寻求创新与突破公益模式，不断摸索适合帮助贫困地区可持续发展的公益方式，实现从“输血”式扶持到“造血”式扶助的公益模式的转变。她认为，扶贫要扶在根本上，让孩子们从小接受教育，下一代人才能真正摆脱贫困，国家才能真正富强。她选择了一系列教育项目，作为香江社会救助基金会的工作重点。2014 年，她引入“香港 ICAN 全人教育”项目，旨在让老师和家长们掌握“全人教育”的教育方式，促进自身树立正确的价值观，帮助孩子走向成功、快乐和进步，最终实现一代更胜一代的目标。

近年来，她还发起成立了深圳市创新企业社会责任促进中心，并实施了“公益星火项目”，至今为社会培养了 1000 多名公益管理人才。2018 年年初，香江社会救助基金会携手 11 家公益组织，首创发起“美好阅读公益联盟”共创平台，联结、整合关注中国儿童阅读公益组织、社会团体、普通市民等社会各界人士的力量，积极参与公益慈善事业，给予贫困地区孩子们更多的服务。

多年来，翟美卿及香江集团为教育、扶贫、救助、赈灾等公益慈善事业累计捐款 16 亿多元。

2020 年伊始，新冠肺炎疫情肆虐。1 月 28 日，她通过香江社会救助基金会捐赠 1000 万元，设立抗疫专项基金。

作为广东省女企业家协会会长，翟美卿每年牵头举办“大爱同行”慈善活动，持续开展慈善晚会，希望影响更多的企业家参与，更希望在全社会传播善言、善行、善念，使慈善成为一种时尚、一种风气、一种文化。

结 语

站在人生风景独好的山峰上，回首三十年创业历程，作为一名成功的民营企业家，作为“一个中国特色社会主义事业的建设者”，翟美卿总结自己“完全是改革开放的春风春雨哺育的结果”。

翟美卿顺势而为，不甘平凡，心怀大爱，传承着中华民族坚韧、刚毅、仁爱的精神。这种精神与现代商业文明碰撞、嬗变，描绘出她浓墨重彩的人生，谱写出绚丽篇章。

30 年前，翟美卿站在时代的风口，选择了挑战、沉潜、坚持。她左手紧握人生理想不放，努力拼搏，和时代共鸣，右手随时清空自我，深悟拾级而上的智慧，让自己有力量，让他人快乐。她将人生的黄金时期投入到祖国经济建设的伟业中来，把自身企业的发展与国家发展结合起来，将自身价值与社会价值统一，书写了一个企业家酣畅淋漓的创业史。

翟美卿创业历程

- 1983 年　帮一位做家具生意的远房亲戚进货，从顺德采购家具发往北京销售，赚下人生第一桶金
- 1985 年　辞掉华侨宾馆的工作，上北京卖广东家具
- 1987 年　在北京创办工厂，生产美满牌床垫，畅销京城
- 1990 年 12 月　刘志强、翟美卿夫妇在深圳宝安创建第一个家居商场——金海马家居商场
- 1992 年　组建香江集团，布局全国连锁店
- 2000 年　进军住宅地产及商贸与物流平台建设领域，先后开发了广州锦绣香江花园、广州翡翠绿洲、恩平锦绣香江等高档花园小区
- 2002 年　引进软件供应商 SAP 公司的 ERP 软件
- 2003 年　进入教育领域，积极探索有香江特色的教育产业发展道路
- 2005 年　成立香江社会救助基金会
- 2005 年　在洛阳投资建立氧化铝项目，成为经国家发改委核准的第一家由民营企业为主导的大型氧化铝企业
- 2011 年　进军高端医疗健康产业，打造香江健康山谷
- 2011 年　倾力打造香江全球家居 CBD，建筑总面积约 3000 万平方米，总投资额约 1200 亿元的家居交易集散平台
- 2013 年　在深圳设立香江金融控股集团，成为前海在全国首批引进的重点企业之一
- 2014 年　进军长沙，建设高岭国际商贸城，打造中部商贸物流中心
- 2016 年　在香港成立香江金融集团，取得证券交易、企业融资、上市保荐等业务牌照，与集团各产业紧密结合，实现了产业联动发展的经济共同体
- 2017 年 5 月　香江集团、广州市政府与微软中国签订协议，共同搭建微软“云暨移动技术孵化计划”——广州云暨移动应用孵化平台（独角兽牧场）
- 2019 年 10 月　成都市郫都区政府和香江集团就（郫都）香江国际科创中心项目签署正式投资协议，标志着香江集团科创板块首个项目落户成都
- 2020 年 1 月　香江集团与招商蛇口正式签约，成为入驻深圳会展湾展贸中心的首个战略合作伙伴，打造集高端家居、智能家居等业态为一体的世界级展贸平台

24/

诚信经营，绿色发展

张荣华和荣程集团

她身份多样：天津荣程祥泰投资控股集团有限公司董事会主席，天津市政协常委，天津市工商联副主席，中华全国工商业联合会常委，第十二次全国妇女代表大会执委……这都是她的头衔。

她大名鼎鼎：“全国非公有制经济人士优秀中国特色社会主义事业建设者”“全国光彩事业奖章”“全国五一巾帼标兵”“全国三八红旗手”“全国巾帼建功标兵”“全国绿化奖章”“中国十大杰出女企业家”“全国十大杰出创业女性”“中国杰出贡献女企业家”……获得的荣誉十个手指头都数不过来。

她就是张荣华，走过三十多年创业路，如今她带领下的荣程集团已 16 年上榜“中国企业 500 强”。作为天津市最大民营企业之一，荣程集团有效地带动了地区经济的繁荣发展，履行了企业的社会责任。荣程集团的故事，被誉为一段传奇创业史。

夫妻同心，勇闯创业路

张荣华的创业之路，前期是与丈夫张祥青一起走过来的。1991 年，听朋友说废钢生意赚钱，张祥青、张荣华夫妇赌上两口子靠起早贪黑磨豆腐、卖早点辛苦挣下的 1 万元，借来 8000 元，前往北京进废钢。没想到，第一笔生意就亏光本

1992 年投身废钢贸易

1999 年天津荣程集团唐山特种钢有限公司正门

2001年5月28日第一炉铁水出炉

2004年4月28日第一炉钢水出炉

钱。天生不服输的夫妇二人下定决心，吸取教训，继续做下去。1993年，张祥青、张荣华夫妇赚到了300万元，在当时这是非常大的一笔钱。随后，国内整个钢材市场低落。废钢是卖给钢厂做原料的，而很多钢厂倒闭导致钢厂卖货收不回钱，工人半年开不了工资，整个行业出现“三角债”问题。

1994年，面临市场困境，张祥青、张荣华夫妇毅然决定砸

2003 年实现集团化管理

入所有的钱投资建设了一个小烧结厂。从此，夫妻两人迈进了实业的大门。

1998 年，张祥青、张荣华夫妇投资成立了丰南冀发特种钢材有限公司。

1999 年，张祥青、张荣华夫妇买断滦南县滦粤钢铁厂，成立唐山市合利钢铁厂，这是唐山荣程的前身。

2001 年，张祥青、张荣华夫妇果断决策，以分期付款的方式，投资 2.8 亿，收购了濒临倒闭的天津渤海冶金工业有限责任公司。从获知消息、联系洽谈到最后签署合同，只用了短短 14 天，天津荣程自此成立。他们带领几名骨干改造天津厂区，夜以继日地艰苦鏖战，住在简陋的小旅店，吃 2 元钱一份的盒饭。但夫妻俩都激情高昂，隐约感到，一个钢铁巨人即将在他们手中诞生。

2001 年 5 月 28 日，仅耗时一个月，1 号高炉顺利出铁，正式恢复生产。铁水奔流声、众人欢呼声响彻厂区。公司当年就实现产值 1.3 亿元，上缴税金 252 万元，上岗就业人数达 500 人。

2003年，受"非典"影响，经济滞缓，钢铁行业遭遇困境，但张祥青、张荣华夫妇带领全体职工，始终坚信"荣程人没有爬不过的山，没有过不去的坎"，并未停下发展荣程的脚步。

2004年4月，飞溅的钢花改写了荣程有铁无钢的历史。在此前的800多个日夜，荣程外运铁水150多万吨，6万多车次，安全行车40万公里，创造了辉煌的成绩。

荣程集团由一个濒临倒闭的钢厂，通过一次次突破，发展为天津有名的"钢铁王国"，也成为职工真心归属的家园。

诚信经营，严守质量关

从做废钢生意到开烧结厂，再到拥有工艺齐全的一条龙生产线可以全流程冶炼钢铁，张荣华夫妇只用了不到7年的时间。

荣程集团长期高速发展的背后，支撑他们成功的理念是诚信。

诚信，在行业发展的层面上，是尊重行业发展的客观规律，求真务实。钢铁行业周期性很强。2015年，中国钢铁市场的低迷愈加明显，钢产量又创新高，但市场需求却持续走低，导致逾半数的大型钢铁企业陷入亏损。

虽然此前荣程完成了生产设备的升级，还进行了一些多元化的布局，账面资金依然吃紧。天津各大银行见市场不好，纷纷收紧了对钢铁企业的放贷。源头关闸，开支却不能减少。最困难的时候，张荣华要一次性拿出1.5亿元，1亿元是近1个月应缴的电费，5000万元是待发的工资。她本可跟员工商量，获取员工理解、支持，推迟发工资，但她仍然坚定选择想尽一切办法按时发放员工工资。在她看来，企业最大的危机不是市场不好、资金短缺，而是信任危机。

诚信的影响力有多大？在困境面前，荣程全体员工拧成一股绳，视厂为家。那段时间，很多员工下班后去捡废钢；把废旧材料压成砖，修整厂区路面；办公用纸双面打印……在市场形势最严峻的2015年，荣程集团实现了1.8亿元的盈利。

多年来，荣程坚持以诚信理念构建和谐客户关系。

“做人要厚道，做事要诚实。”张祥青、张荣华曾为整个企业定下了三条“一分钱”原则：不偷漏国家一分钱税款，不拖欠工人一分钱工资，不欺骗客户一分钱货款。张祥青、张荣华夫妇说到做到，几十年如一日坚守信条，企业也越做越大。

“严格把好质量关，残次产品不出厂”，这是荣程集团定下的又一条铁打不动的规矩。荣程集团把产品质量当作企业发展的生命，把提供优质产品当成守信用的直接体现。荣程集团每一道生产工序都设立了质检员，与绩效挂钩，严格奖惩制度，绝不许一件残次品出厂，对客户负责，对社会负责，对国家声誉负责。对于产品的宣传广告，荣程集团严格把关，坚持实事求是，决不容许虚假、拔高和吹嘘。

商业的本质是什么？不同的人有不同的答案，不同的答案对应着不同的处事方式，而荣程集团的答案就是诚信。可以包容错误，但是不能包容谎言，这是张荣华的底线。诚信成就了荣程，也是荣程的文化基因。

创新转型，开拓前行路

钢铁行业的未来在哪里？资源、人口红利优势还能依赖多久？面对处在发展快车道上的荣程，在张荣华的带领下，荣程人从长计议，将重心放在了企业创新驱动和转型升级上。张荣华确定“五项原则和二二六方针”经营理念，提出“主业做精，多元发展”战略，构建“四位一体”联动发展模式，打造“一体两翼”的发展格局。

荣程在钢铁板块的转型升级、降本增效落实在踏踏实实的行动中。早在 2007 年和 2012 年，荣程就分别上线了高速线材生产线和棒材生产线，并为此从美国、意大利、德国、捷克等国家引进先进设备。通过加快淘汰落后产能和工艺装备的步伐，大力推动科技研发和自主创新，研发生产高科技、高附加值产品的方式，荣程实现了产品升级。有一组数据可以看出当时荣程和行业水平相比存在的优势：扣除正常检修保养设备时间，荣程实际产能利用率 100%，而行业平均利用率为 70%；荣程钢铁总资产 147 亿元，资产负债率不到 50%，而行业平均负债率是 76%；荣程钢材直接产品销售利润率 14.5%，行业平均是 7.6%。

2014 年，就在集团发展蒸蒸日上之时，荣程集团董事长张祥青英年早逝。张

2007 年天津市重点项目——精品高线

荣华悲痛万分，毅然挑起执掌集团的重任。她意识到在集团建立现代企业管理制度的重要性，于是先后在清华大学 MBA、上海交大 MBA 等进修，系统学习企业现代化管理知识。2015 年以来，她带领专业团队绘制集团顶层设计和“十三五”战略规划，在集团原有业务基础上，逐步向科技金融、文化健康等产业拓展业务。到 2017 年，张荣华仅用三年时间，便带领集团跻身中国企业 500 强第 263 位、天津百强企业第 8 位，再现了荣程速度、荣程奇迹。荣程钢铁成功入选中国冶金报社首届中国钢铁企业品牌排行榜“十大优秀品牌钢铁企业”，被冶金工业规划研究院评为 2017 年钢铁企业 A 级（竞争力特强）。目前，在张荣华的带领下，荣程钢铁集团正致力于依托大数据、云平台、5G+ 智慧工厂建设等，打造“未来钢铁梦工厂”。

在科技金融板块，荣程集团快速推进“实体经济 + 互联网 + 金融”的商业模式，目前已形成涵盖第三方支付平台、大宗商品交易平台、商业保理、融资租赁、金融服务、资产管理等多层面的发展模式，开启了科技金融板块的新征程。

在文化健康板块，荣程集团以“国际化发展，文化先行，产业同步”为宗旨，

企业厂房

以“古今结合、产融互动、东西方文化融合”为发展方向，秉承“观古看今，谋未展新”理念开拓文化事业，努力打造“中国的品牌，世界的字号”。目前，时代记忆馆已成为国家 AAA 级旅游基地及天津市重要的爱国主义教育场所；56 个民族研究中心已经落成。健康事业遵循张祥青制订的发展理念稳健推进，形成以“祥青堂国际”为核心品牌，以国内“五大基地”和俄罗斯、加拿大等国际健康绿色资源为支撑，以“祥青堂”中药种植、深加工、中医治疗为基础，以“放心购”电商为平台的大健康体系。2020 年年初，荣程集团将文化与健康两大产业合并，标志着荣程的“软实力”文化健康产业已踏上新征程。

2019 年，张荣华带领荣程全面实行“加减乘除”战略，并积极利用互联网发展经济，铺设智能化销售渠道，坚持低碳环保、节能减排，做精公司主营业务。同时，她借助互联网经济实现实体经济的转型升级，全面打通集团生产、销售、物流、支付及金融文化各环节，带领集团实现一体化、智能化经营管理。这家老牌的民营钢铁企业，在国内钢铁产业普遍处境艰难时，却因为搭上“互联网 +”这趟列

2015 年 12 月 24 日 滨海云商成立

车，跑出了一派新气象。

在新一轮工业革命到来之际，张荣华将带领荣程集团坚持创新，用战略眼光，瞄准长远目标，打造百年绿色荣程。

着力党建，把握风向标

荣程集团是一家民营企业，却有着浓厚的国企氛围。在荣程，部门称“处”，主管为“处长”。荣程的党建工作是天津非公企业里做得最好的，党委书记柴树满常被邀请分享党建工作经验。

多年来，张荣华紧紧抓住非公有制企业党建的切入点和着力点。党的十八大以来，党中央高度重视非公有制企业党建工作，提出了扩大非公有制企业党组织覆盖面、规范非公有制企业党建基础工作等一系列重大观点、重要举措。张荣华对荣程党委提出更高期望和要求，亲自部署，重点督导，让荣程党建工作有了更加坚强的保障。在去产能、调结构、绿色发展、转型升级各层面，她引导荣程管理层深入学习中央和地方战略部署，响应国家号召，深刻理解国家政策，在集团内部形成共识，让党建工作成为荣程转型发展的持续动力，为区域高质量发展贡献民企党建力量。

在繁忙的工作之余，张荣华时常走进各党支部，来到党员职工中间，了解党支部建设情况，关心党员的工作生活，支持党建工作的深入开展，激发基层党支部充分发挥战斗堡垒作用。

在她的关心支持下，荣程党员们落实创新、协调、绿色、开放、共享的发展理念，以实施乡村振兴战略为契机，围绕人与自然和谐共生，加速构建“产融互动、资源整合、互联互通、融合发展”的新模式，立志成为企业运营模式的创新者、产业互联网金融的领跑者、美丽乡村庄园的建设者、健康生活标准的制订者。

此外，张荣华还十分看重荣程的党史文化建设。2014 年年底，她主持改造旧厂房，创建“时代记忆”纪念馆。馆内最大的亮点是一条高清 LED 巨屏组成的时光隧道，记录了中国共产党从 1921 年至 1949 年的苦难辉煌。

2020 年年初，新冠肺炎疫情突如其来。在张荣华的支持下，荣程集团党委坚持“两手都要抓”“两手都要硬”，统筹抓好疫情防控与企业发展工作，团结带领干部职工冲锋在前，助力打赢疫情防控阻击战。

多年来，荣程集团围绕在党的大旗下，努力与时代保持同频共振。这是企业的视野和格局，更源于张荣华的高瞻远瞩。

绿色发展，打造百年荣程

荣程集团始终秉承“人与自然和谐，创造可持续发展空间”理念，聚焦“四生”，把创造价值、履行社会责任作为企业第一要务，致力于发展绿色钢铁，强化智能升级，促进企业与城市和谐共生。

张荣华和荣程集团在天津乃至京津冀地区都颇有知名度。过去，它仅是一家

时代记忆纪念馆

钢铁企业的名字；今天，它更是扎根实体经济、加快传统行业转型、绿色发展的代表。

早在 2003 年，张荣华就提出“打造百年绿色荣程”的发展愿景，指出荣程钢铁的发展必须坚持与城市和谐共生。在她看来，绿色绝不是简单的美化、净化，而是一种健康状态，而未来钢厂肯定是绿色的、智慧的，推动绿色环保是钢企的责任担当。

多年来，荣程投资 2.8 亿元建立了大型水循环再生处理厂，实现了生产地下水零开采、生产废水零排放，每年减少地下水开采量 1100 万吨；另投资 3.5 亿元建设了高炉煤气综合利用发电和高炉余压发电，以及转炉、烧结等余热回收发电的装置，自发电比例达到全厂总用电量的 45%，相当于每年降低能耗 25 万吨标准煤，大大减少了二氧化碳排放。

为主动融入区域绿色高质量发展大局，2017 年起，荣程集团先后投入 9 亿元，

2010 年 9 月 13 日，天津荣智达高新技术股份有限公司开业

实施“脱硫、脱硝、除尘、增绿、节能”五大工程，率先在天津钢铁行业中开展超低排放改造，用实际行动践行荣程对社会的庄严承诺、对每个荣程家庭和个体的庄严承诺。

荣程还大力实施余热回收采暖示范工程。天津荣程钢铁厂不仅能满足厂区供暖，还为厂区所在的葛沽镇居民供暖，让绿色发展成果普惠社会。

截至目前，荣程用于节能环保累计投资达 45 亿余元，成为天津市钢铁企业唯一实现炼钢转炉干法除尘改造的企业，唯一建设炼钢厂房三次除尘的企业，唯一实现烧结和球团工序脱硝治理的企业，唯一实施铁水包加盖的企业，唯一实现高炉冲渣水消白并回收热量进行城市供暖的企业，全面实现料场全封闭的企业之一，也是全国第一家实施高炉热风炉烟气脱硫深度治理的钢铁企业。

荣程集团先后获得环境保护优秀企业、天津工业旅游示范企业、天津市节能减排先进单位等荣誉称号，绿色高质量发展水平不断提高。

践行责任，感恩反哺社会

张荣华认为，企业家的使命是“践行责任，反哺社会”，应时刻保持一颗感恩之心。自荣程集团成立以来，她便积极投身社会公益事业。

2008 年汶川大地震，张荣华夫妇共捐款 1.1 亿元。2010 年，荣程援建陕西省宁强、略阳两县荣程中学；在中央统战部组织援建“同心水窖”工程中，荣程捐助 2 万元。2015 年 12 月，荣程普济慈善基金会正式成立，荣程集团以更加积极的姿态推进社会公益事业。2016 年 8 月 9 日，荣程集团向中国宋庆龄基金会捐资 1000 万元人民币，设立“中国宋庆龄基金会祥青生命之树慈善基金”，用于支持医疗卫生、科学教育、文化体育等领域的社会公益事业……

此外，张荣华策划乡村振兴“百村计划”项目，旨在让更多贫困村庄获得“定制”帮扶。以普济基金会为平台，她以企业或个人名义为儿童医疗、学校师资队伍建设、奖学金及助学金发放、敬老养老等项目捐款捐物，慈善活动覆盖河北、天津、黑龙江、山东、云南、贵州、四川、甘肃、新疆、西藏等地。

2020 年年初，新冠肺炎疫情蔓延，防疫物资严重短缺，一线医护人员的健康和安全牵动着荣程人的心。荣程集团于 1 月 27 日向天津市光彩事业促进会捐款 1 亿元现金及物资，用于预防和治疗新型冠状病毒感染的肺炎疫情防治工作。其间，荣程为火神山医院和雷神山医院建设火速驰援钢铁材料；采购卫生防疫物资近 140 万件，合计近 1500 万元驰援各地抗疫一线；采购 174 台总价值 3500 万元的紧缺抗疫医疗设备用于武汉及天津重点医院抗击疫情；向华中科技大学捐赠 3500 万元设立专项基金用于新冠肺炎防治研究及相关生命科学方面研究；向天津中医药大学捐赠 500 万元设立专项基金用于新冠肺炎防治及相关中医药研究工作……同时，荣程集团主动驰援疫情前线，组织 300 余人的志愿者队伍，抽调 23 辆应急防疫车辆，随时配合指挥部发放货物，已累计向 34 个受赠单位发放应急卫生防疫物资。

迄今，荣程在公益和慈善事业投入累计达近 8 亿元。

为责任而生，为使命而活，为传承而前行。这是张荣华的坚定信念，更是每一位荣程人的坚定信念。

结 语

荣程集团创业 30 余年，张荣华带领荣程人书写了一部扣人心弦的民营企业的成功创业史，但她清醒认识到，在与时俱进创新的同时，更要不忘初心。

2018 年，张荣华曾写过一首名为《坚守》的诗总结 30 年的创业历程，表达其心志：

这个世界
因为纯净而美
我们可以用欣赏的眼光
来接受偶尔不如意的天气
但有些景观值得我们深思
我们可以包容不完美的人生
但不能迁就人为的不合格产品和凑合的服务

迁就了我们日常使用的必备品
就是在变相降低生活的品质调性
在纵容生产者浪费资源、影响生活品质

当每个人都能坚守自己的选择
提升内心的品质、坚守底线时
我相信
中国制造会引领行业……

从万元创业到百亿元资产，从个体户到跨界跨业、相关多元发展迈向国际化的现代化集团，秉承“主业做精”“多元发展”的战略，荣程集团实现了从钢铁到金融、从单一到多元、从制造到智造、从“一业多地”到“多业并举”的布局，实现了钢铁硬实力与文化软实力的有机结合，铸就了产业互联网金融的新业态。

未来，张荣华将继续坚守初心，带领荣程集团开拓更美好前景，谱写崭新华彩乐章。

张荣华创业历程

1988 年 12 月 13 日 荣程创始人张祥青、张荣华结为夫妇，他们开始做豆腐、卖早点，就此走上了风雨同舟、艰苦创业之旅

1991 年 张祥青、张荣华夫妇投身于废钢贸易，与北京首钢签订废钢渣采购合同，对废弃料精选后再发运到丰南交易，为企业以后的发展奠定基石

1994 年 组建唐山丰南顺达冶金原料厂，通过低成本经营，使企业快速成长，而低成本高效率的生产经验，也初步形成了荣程集团精细化管理的传统

1998 年 4 月 组建唐山丰南冀发特种钢材有限公司，在同行业里率先使用高炉煤气生产烧结矿，不仅解决了高炉煤气放散造成的空气污染问题，也给企业带来了可观的经济效益

1999 年 10 月 27 日 成立唐山市合利钢铁厂，拥有了设备合理、能力匹配、工艺齐全的一条龙生产线，开始全流程冶炼钢铁

2001 年 买断原渤海冶金钢铁公司，并改组成立天津荣程钢铁厂，当年即实现产值 1.3 亿元，上缴税金 252 万元，安排劳动力就业 500 人

2003 年 唐山市合利钢铁厂更名为唐山荣程钢铁公司

2003 年 首座拥有年产铁水百万吨能力的 588m^3 高炉点火投产，120 吨顶底复合转炉投产，首条中宽带轧钢线投产，结束有铁无钢的历史；天津荣程联合钢铁集团有限公司正式注册成立，整合丰南荣程、唐山荣程，荣程集团实现集团化经营，步入快速发展轨道

2004 年 自建转炉生产铁水，成为实现钢铁全产业链条开闸源头

2007 年 5 月 1 日 荣程集团转型升级项目——100 万吨精品高速线材生产线举行开工奠基仪式

2010 年 天津荣程联合钢铁集团能源管理中心项目正式启动；荣程集团投资控股的天津荣智达高新技术股份有限公司在天津市滨海新区挂牌成立，正式启动荣程集团“做精钢铁，做强科技金融，做大文化健康产业”的转型战略，荣程进入了一个多元化发展的崭新阶段

2011 年 天津荣程投资 11 亿元从国外引进合金钢大棒材生产线，主要生产汽车齿轮钢、汽车轴承钢、高等级高压锅炉无缝钢管等产品；融宝支付公司成立，并获得央行颁发的第三方互联网支付牌照，成为钢铁行业内继宝钢之后第二个获得互联网支付牌照的钢铁企业，同时还取得全国手机支付牌照；唐山荣程钢铁公司进行生产线改造升级，投入 16 亿元建设资金，装备技术达到行业主流水平

2012 年 提出“四位一体”联动发展模式，并迅速完成工业实体加物流、信息流和资金流服务的综合产业布局

2013 年 融宝支付上线发布会举行；融通物贸（天津）电子商务有限公司成立，并被工信部授予“电子商务集成创新试点工程”项目；天津时代记忆馆投入运营

2014 年 张荣华临危受命，出任集团董事会主席；在云南西双版纳顺利投粮酿酒，荣程集团布局健康产业掀开新篇章；天津联合冶金商品交易中心上线运营

2015 年 滨海云商金控集团挂牌；集团成立荣程普济慈善基金会，公益慈善事业开启系统化、

规范化运行；出台集团顶层设计和“十三五”战略规划

2016 年　与中国金属学会合作，在荣程成立“院士专家工作站”，为产品研发引进高级专家智库

2017 年　先后开展“时代记忆美国行”“时代记忆英国行”和“时代记忆斯里兰卡行”“时代记忆捷克行”，传播与展示中国优秀传统文化，开启集团国际化新征程；天津荣程小百花越剧发展有限公司成立，创作演出的交响乐越剧《红楼梦》取得成功

2018 年　荣获中国钢铁工业协会“改革开放 40 周年功勋企业”称号

2019 年　天荣公司率先实现高炉热风炉脱硫超低排，运输结构调整全面实现“公转铁”，国内首条 1100mm 全连轧带钢生产线投产；荣程集团获“全国企业文化优秀成果”一等奖、钢铁企业综合竞争力特强 A 级、“国家级绿色工厂”、全国工商联“万企帮万村”先进民营企业称号、天津市“精准扶贫突出贡献企业”

2020 年　注册资本 1 亿元，成立天津荣程新智自然科学研究院

2013 年 1 月 12 日，融宝支付上线发布会举办

25／

创新无止境，缆绳领军者

张旭明和海丽雅集团

2012 年，海丽雅集团海洋特种绳缆助“蛟龙号”载人潜水器下潜深度达到 7062 米，并成功替代进口产品，标志着公司研发生产能力达到国际先进水平

当“蛟龙号”载人潜水器完成 7000 米级海试第五次下潜试验后安全返回，我们可能会注意到一根绳索，正因有它护航，“蛟龙号”才得以刷新深潜深度而震惊世界。

这根绳索是她带领攻坚小组，用两个月经过一系列攻关后的成果。凭借着对绳缆的热爱和一股拼劲儿，她完成了从一名普通的织绳工人到民营企业负责人的华丽转身。是她，带着对创新的不断追求和凭着对市场风向的准确把握，将一个濒临破产的小厂发展为有着“中国绳王”美誉的绳缆企业，并使其成为世界缆绳领域的“领头羊”。

她是青岛海丽雅集团董事长张旭明，青岛市第十六届人大代表、中国高科技产业化研究会特种缆绳与应急安全产业研发推广基地主任、国家行政学院应急管理培训中心客座教授、中国消费者协会科普工作委员会委员、中国应急管理学会社区安全专业委员会副主任、中国消防科普专家团成员、山东省安监局安全生产专家、青岛市应急自救产业技术创新战略联盟理事长，曾被评为2016年全国三八红旗手、全国纺织工业劳动模范、全国“巾帼建功标兵”，入选“泰山产业领军人才”。

热爱执着，练就一项“绝技”

1981年，张旭明进入海丽雅集团的前身——国营青岛花边厂工作。这是一家创立于1922年、以生产女士扎头绳起家的花边厂，是国内最早从事专业绳带产品研发生产的厂家，曾拥有纺织行业“江北第一家”的美誉。作为一名普通的织绳工，张旭明打心眼里喜欢这份工作，喜欢在不起眼儿的绳子上下功夫琢磨。冬天，在潮湿的车间里，她常躺在地上看工人维修机器，期待着以后维修机器时，自己也懂一些。

她专注、热情地投入到琢磨绳索产品中。经过日复一日、年复一年的刻苦钻研，她脱颖而出，成为厂里的技术比武状元。她还练就了一项“绝技”——随手拿来一根绳子，可以准确估量出绳子的克重、直径和原材料，与检测结果相差无几。

凭着扎实的专业技能，她从一名普通的织绳工人一步步晋级为企业计划科长、副厂长。

如今，海丽雅集团转向制作高精尖特种绳缆，她依然没放下自己练就的“绝技”。制作一股特种缆绳，每股绳芯要捻多少圈，捻的力度要什么级别，编织绳芯的密度是多少，直径得达到多少……这些她都了然于胸。

雷厉风行，创新引领转型

上世纪90年代，随着行业竞争不断加剧，公司陷入订单萎缩、库存积压严重、入不敷出的困境，连续5个月发不出职工工资，职工医药费连续8年不能报销，集资款10年未偿还。单位人心涣散，有能力的职工纷纷辞职。

1998年4月，张旭明临危受命，出任公司总经理。为节省成本和开支，她带领工人们将公司搬到青岛水清沟一带，甚至带头清理堵塞严重、污渍满目的厕所。

1992 年，始建于 1922 年的西藏路老厂房搬迁至四方区大沙路。图为张旭明带领职工艰苦创业、改造生产厂区

同年，张旭明调整改革战略定位，关、停、并、转 9 个与主业无关的子公司，集中人力财力，发展主业。公司通过各种渠道筹措资金，引进台湾广野电脑无梭织带机，实现产品更新换代，当年就扭亏为盈。随后，高薪聘请技师，攻克技术难关，产品逐渐打开市场。

当时，公司为面包服做拉绳，一根拉绳价格为 0.36 元。全体员工加班加点完成 100 万的订单，之后核算利润，去掉生产成本，去除材料涨价因素，公司亏损 2 万元。失败经历让张旭明认识到，公司必须转型才有前途。

2000 年，青岛海丽花边织带有限公司注册商标“海丽雅”，迈出实施品牌战略第一步。转型初期，公司给一个做户外休闲运动用品的台湾客户做代工。经过近一年的时间，根据客户的来样，历经无数次实验，克服原材料选择、工艺技术难点等问题，研制出浮水绳等产品，并常年供货给美国沃尔玛等大型超市，自此实现产品升级。

2004 年，海丽雅正式启动改制，在艰难解决了 1000 多万元的“实际”负债后，由国有制企业改制成股份制企业。

海丽雅集团总部外景

2014 年 7 月，青岛海丽雅集团有限公司成立，下设青岛海丽花边织带有限公司、青岛亿和海丽安防科技有限公司、青岛华凯海洋科技有限公司、青岛海丽应急安全管理咨询有限公司四个子公司。公司业务不断拓展，产品服务国家和社会。

技术领先，创造多个第一

2000 年，公司组建了技术研发中心，由张旭明直接分管。她念念不忘产品创新，认为只有创新，才能使企业更具有竞争力。借助企业自身的生产设备优势、研发实力，她带领研发人员通过科技创新，将攻关目标瞄准了技术含量高、附加值高的特色产品。技术研发中心致力于特种绳缆的深层次研发工作。每一种绳缆的研发，都要充分考虑其使用环境、功能等因素，根据需要而采取不同的工艺。海洋绳缆要具有耐腐蚀、拖拽能力强、延伸系数小等特点；工业绳缆要具有高强度、强拉力等特点；户外登山绳是生命之绳，更要具备高强力、轻重量的特点。根据不同行业的需求而采取不同的制作工艺。在一次次的艰苦实验中，一种种性能优越的特种绳缆相继诞生。

公司确立走科技创新之路的可持续发展战略，不断加大研发资金投入。为激发员工勇于探索的创新精神，张旭明拿出自己的奖金和讲课费，设立“董事长创新基金”。对于创新员工，公司不仅奖励物质，还以发明人姓名命名品牌。在短短几年内，公司研制开发大批特种缆绳，拥有专利产品两千多项。

2007 年，我国提出“发展海洋产业”战略。海丽雅利用自身几十年绳缆生产经验与优势，紧紧抓住这一机遇，将触角伸向海洋特种绳缆。2009 年，在一次国内展会上，负责大洋科考的国家海洋局负责人注意到海丽雅生产的海洋绳缆，张旭明决定先免费提供几款产品给海洋局试用。当时，国内使用的高端绳缆基本采用进口产品，为科考船提供专用绳缆，这对海丽雅来说无疑是一个极大挑战。而正是这次机遇让海丽雅的转型真正找到对接口，而后一路振翅高飞。从此，公司与中国海洋局北海分局海洋装备保障中心结缘，开始了海洋特种绳缆的研发之路。

2009 年 7 月，海丽雅为中国科考船“大洋一号”成功研发出配套的深海勘探高强力绳缆，助力它下潜至 3000 米，开创了国内先河。

2011 年，张旭明带领团队成功助力“蛟龙号”载人潜水器下潜至 5188 米。在这次海试中，海丽雅研发提供了三个关键系统需要的特性不同的绳缆。海域定位仪专用绳缆托力可达 5 吨，在 150 摄氏度高温下收缩率为 0，高温 560 摄氏度不分解不熔化，在零下 196 摄氏度至 204 摄氏度范围内可长期使用。海丽雅绳缆经受住考验，达到国际先进水平。

2012 年，海丽雅助力“蛟龙号”载人潜水器成功下潜至 7062 米。为保障试航科研人员的安全，首先需要一条 9000 米长的救生绳。它必须有韧劲儿、耐受力强，不能太粗重，便于在有限空间里存贮施放，关键时能提起 22 吨的载人潜水器。张旭明和研发团队花费两个多月攻关“生命之绳”，反复进行压力、弹性、硬度等试验，最终交出一条 108 千克重的绳缆，重量不到“蛟龙号”载人潜水器的千分之五。

2017 年 1 月 2 日，公司为国家海洋科考船“科学号”配套的“蛟龙”牌脐带缆助力深海潜标，通过有线数据传输，破解观测数据实时传输的世界性难题

如今，海丽雅生产的海洋特种绳缆先后为“大洋一号”“蛟龙号”“雪龙号”“科学号”进行产品配套和技术服务，参与国家多项重大科研项目，还配合“探索一号”万米深渊级科考国产海底地震仪布放回收，刷新了国产地震仪工作水深的新纪录。

凭借技术积累和沉淀，海丽雅在专业特种绳缆以及相关装备研发方面的整体技术水平一直保持国内领先地位，创造出中国绳缆界四个第一：绳缆表皮与内芯移滑度为零的“中国精度”，在 196℃ -560℃环境下不分解、不熔化的“中国温度”，强度是同直径钢缆 2-5 倍的“中国强度”，深入海下 8000 米的“中国深度”，成为“中国绳王”。

张旭明深知，企业发展的核心是优秀的研发团队。为此，海丽雅集团绝不吝啬技术方面的投入，不仅签约了国内绳缆专业博士，并与国际顶尖的绳缆研发中心 TTI，清华大学、海洋大学、中国科学院等达成战略合作关系。

目前，海丽雅正在研发一种将应用于太空环境、抗太空辐射、耐高温、高破

国家科学技术进步奖

证 书

为表彰国家科学技术进步奖获得者，特颁发此证书。

项目名称：高性能特种编织物编织技术与装备及其产业化

奖励等级：二等

获 奖 者：张旭明

中华人民共和国国务院

2018年12月12日

证书号：2018-J-212-2-02-R09

2019 年集团参与的纺织项目——高性能特种编织物编织技术与装备及其产业化，荣获国家科学技术进步二等奖

断强力、质量轻、体积小的纤维绳缆。若研发成功，或打破传统钢缆的局限性，解决全球在这方面面临的技术难题，填补国内深空领域绳缆空白。

下一步，张旭明将带领海丽雅实现以下发展规划：继续加大研发投入，借用“外脑”力量，成立国家绳缆技术研发中心；继续与国际一流的绳缆研发机构英国 TTI 合作，成立国际专业绳缆检测中心；以国际安全绳缆第一品牌法国 BEAL 公司为标杆，不断向它学习，力争在技术研发方面达到并超越国际先进水平。

造福民生，进军民用安防

有一次，张旭明在美国底特律参加展览会，发现橱窗里展示着很多用海丽雅绳缆为原材料加工制作的民用产品，公司绳缆被代理商卖到“天价”。她第一次意识到公司产品原来可以这么高大上。她想，如果海丽雅能开发出更多民用产品，不但能大大提高企业经济效益，还可让中国制造造福百姓，让中国创造走向世界。

随着城市建设规模不断扩大和高层建筑日益增多，潜在的危险和各种安全事故相对增加。张旭明敏锐觉察到百姓对于家庭和公共安全与应急的需求日渐提升。

2011 年 11 月 15 日，某城市一高层公寓失火，而救援人员受设施限制，无法救助高层居民。这件事深深触动了张旭明，坚定了她研发民用救生产品的决心。

她带着技术人员到北京、上海，跟高校、科研院所相关部门交流。最终，海丽

2014 年 8 月 2 日，公司与中国航天科技集团中国空间技术研究院 508 所签订《战略合作框架协议》

雅与清华大学联合研发出高层楼宇逃生缓降器，并推向市场。海丽雅把此前出口美国的车载应急箱、家庭应急包进一步完善，研发出家庭应急逃生、校园应急逃生的工具等产品。海丽雅由此走上蝶变之旅，加强并延长原有产业链，生产应急自救产品，逐步做强安防产业。

当灾难发生时，一条逃生绳、一只呼吸面具、一把逃生锤，成为人们脱离危险的希望。发展安防产业，建设安心家园是利国、惠民、兴企的良心活儿。

顺着这条新路，海丽雅集团在民用安全领域越走越远。2015 年 3 月，青岛海丽雅集团成为中国地震应急搜救中心下属中国国际救援队及国家地震紧急救援训练基地国内首家训练救援用绳供应商。海丽雅所属亿和海丽安防科技有限公司经国家民政部所属部门授权，建立国家级紧急救助员（青岛）培训站，截至目前已培训数百名国家紧急救助员。此外，海丽雅还联合 25 家企业、科研机构、院校，在青岛联合发起“青岛应急自救产业技术创新战略联盟”。

"中国绳王"不是海丽雅的终极奋斗目标。融入"一带一路"建设，让海丽雅找准了在国际市场上的新落脚点。张旭明组织团队参加了俄罗斯国际国防与军警展、中国西部国际博览会等，将公司产品推广到俄罗斯、乌克兰等国家。不久前，海丽雅研发的应急类产品完成了横跨亚欧 12 个国家的品牌宣传。

海丽雅将持续推进技术创新，将"青岛智造，服务全国"的特种绳缆，推向世界行业领域的前端，打造绳缆行业新标准。

爱护员工，践履博爱精神

张旭明常说："企业的'企'字，上面是'人'，下面是'止'，失去了人，事业也就停止了。"作为党员，她十分注重发挥党员的模范带头作用，亲自带头冲锋，爱护员工。

在张旭明看来，她从国家手里接过海丽雅，应把它还给社会。她以真知卓识、人格魅力凝聚起海丽雅员工的巨大合力。不少员工把企业当作大家庭。当技术人员不分白天黑夜搞科研时，包括张旭明在内的公司管理层常常跟着一起加班。节假日时，公司管理人员会和回不了家的员工一起过节。

员工把海丽雅当家，除了情感上的关怀外，更因公司有明晰的晋升空间和充足的物质奖励。针对每一位新入职员工，公司会根据个人兴趣制定职业发展规划，达到什么标准，拿到多少工资，升到什么职位，公开透明。公司不仅设立"董事长创新基金"鼓励创新，还给优秀员工分实股。

公司成立爱心基金会和股东基金会，通过发动全体员工募捐和股东捐赠 1%–5% 的分红，为员工解决看病、住宿等生活难题，截至目前已累计捐出爱心善款 4 万余元。

她还着眼丰富职工精神文化生活，以党支部名义建立了图书室、音乐厅、健身房等活动场所，丰富职工业余文化生活，增强职工归属感和党组织的凝聚力。

在她看来，企业家首先应该有博爱精神，不仅要爱国家，还要爱企业、爱员工。她以身作则，用实际行动践履博爱精神。

热心公益，展现企业担当

对于公益事业，张旭明有着强烈的责任和担当。她带领团队积极搭建了党建工作对外交流协作平台，带动企业自觉履行社会责任，热心投身社会公益事业。

近年来，海丽雅与青岛市应急办等部门共同筹办了全市首家青少年应急自救实训基地；先后义务参加省市消防、应急等部门举办的全民消防安全宣传教育和演练活动 200 余次，免费提供安全应急演练产品；深入社区、企业、院校、养老院等组织开展安全应急知识公益讲座，受益群众达 5 万余人；为困难家庭、养老院、偏远学校等免费发放应急自救产品累计 6 万余元。

2014 年，海丽雅投资 800 多万元建立青岛市应急安全体验培训（市北）中心，这是中国首家由企业投资、设计、建设、运营的规模化、专业化、特色化的防灾应急避险安全知识互动式综合体验场所。培训内容涵盖消防、高层缓降、地震等板块。公司在山东省首开“应急第一响应人”“国家应急救援员”等应急教育课程，

2016 年，海丽雅集团在国内首创“移动式应急安全体验馆”投入使用

海丽雅集团投资近 3000 万元，在青岛市西海岸新区建设、运营了全国领先的综合性、交互式体验基地——青岛西海岸新区应急安全体验教育基地

先后为社会各界 50 多万人次提供应急安全教育培训。

2016 年起，海丽雅投资建设的山东海丽应急安全教育培训中心成为青岛市 8 万余名中小学生指定安全培训基地，首创“移动式应急安全体验馆”，设有“地铁应急逃生”“6.8 级地震实感模拟”“暴风雨体验区”“校园防欺凌、防拐骗体验区”等多个应急功能区。

2017 年 7 月，海丽雅承建、运营了由青岛市妇联成立的全国首个家庭安全应急演练实训基地。

2018 年 1 月，海丽雅集团成为青岛市应急管理协会会长单位。

2018 年 10 月，公司投资近 3000 万元，在青岛市西海岸新区建设、运营了全国领先的综合性、交互式体验基地——青岛西海岸新区应急安全体验教育基地。

海丽雅还在北京、杭州、呼和浩特等地参与建设了 76 个应急体验场馆。

为满足医护人员和人民群众对口罩的需求，张旭明下线车间里高附加值的特种绳缆订单，生产附加值低、利润薄弱的口罩耳带

张旭明还针对不同年龄阶段学生的特点，在青岛市首创校园应急安全运动会。工作之余，她身体力行地开展应急自救知识与技能的公益培训与演练，让老百姓真正掌握自救和互救的知识与技能，受益人数十万余人次，并为困难家庭免费发放应急自救产品。她因此荣获全国119消防奖先进个人称号。

2020年新年伊始，新型冠状肺炎病毒疫情暴发后，海丽雅作为岛城应急行业的领头企业，时刻关注疫情发展情况，组建海丽安心防疫应急队，参与全民疫情防控阻击战。

结 语

一个一度濒临破产的企业，在张旭明手里，在两年时间里获得员工、市场信任，起死回生，并不断创新技术，成为“中国绳王”。她带领企业走出一条专、精、特、新的道路，致力于将“绳索”做好、做专、做强。

张旭明有着女性的干练和雷厉风行。在她看来，多数女性属于感性群体，有时候会显得不够理性，不够果断，战略性思维较弱。同时，受传统观念的影响，女性要做到“家庭事业两全其美”往往要比男性付出更多的努力。在事业上，女性要勤奋刻苦，坚持不懈，精神独立，用智慧和担当去追求事业和理想。女性更需要广阔宏大的眼界，敏锐地抓住机遇，锐意创新。

未来，张旭明带领下的海丽雅将继续以科技创新引领企业向更广阔的领域发展，努力把工匠精神、感恩文化、简单文化、创新文化等内化成强大的生存基因，成为闪耀在世界绳缆领域上空最明亮的星。

张旭明创业历程

- 1998 年　张旭明担任青岛海丽花边织带有限公司总经理，关停并转 9 家与主业无关的子公司，专心生产绳缆产品
- 2000 年　公司有计划、按步骤地实施了“五大发展战略”
- 2003 年　海丽工业园举行奠基仪式
- 2004 年　海丽工业园首期工程竣工，投入使用；公司由国有企业改制为股份制企业
- 2006 年　注册成立青岛亿和海丽安防科技有限公司
- 2010 年　与清华大学合作，共同研发自冷却式高层楼宇救生缓降器；注册成立青岛应急安全管理咨询有限公司
- 2012 年　公司海洋特种绳缆助“蛟龙号”载人潜水器下潜深度达到 7062 米，标志着公司特种绳缆达到国际先进水平，替代进口产品；公司编制的山东省建筑标准设计图集《救生缓降器设计选用与安装》颁布实施
- 2013 年　注册成立青岛华凯海洋科技有限公司
- 2014 年　注册成立青岛海丽雅集团有限公司；公司与中国航天科技集团中国空间技术研究院 508 所签订《战略合作框架协议》
- 2015 年　海丽雅集团牵头，联合国内应急自救产业领域 25 家企业和科研机构、院校，在青岛发起“青岛市应急自救产业技术创新战略联盟”；公司编制的山东省地方标准《民用建筑消防安全应急箱配备》颁布实施
- 2016 年　海丽雅集团在国内首创的“移动式应急安全体验馆”投入使用；在国家万米深渊级科考中，公司的“蛟龙”潜标绳缆配套国产海底地震仪工作深度首次突破 7000 米
- 2017 年　公司研发生产的“蛟龙牌”脐带缆助力我国海洋综合科考船“科学号”成功破解深海潜标数据有线实时传输的世界难题；该绳缆项目获得中国高科技产业化研究会授予的“中高会高科技产业化奖”
- 2018 年 6 月　公司参与制定的国家标准《城镇应急避难场所通用技术要求》正式实施
- 2019 年　集团参与的纺织项目——高性能特种编织物编织技术与装备及其产业化，荣获国家科学技术进步二等奖
- 2019 年 6 月　公司参与制定的国家标准《公共安全应急管理突发事件响应要求》正式实施

2010 年，海丽雅与清华大学合作，共同研发推出自冷却式高层楼宇缓降器

26/

科技兴企，顺势而为

赵晓红与九洲电气

问渠那得清如许？为有源头活水来。

“我从一名科研工作者，到创办科技型企业和经营一个综合能源集团，我深深感知科学技术的创新发展，将不断引领人们的生活走向新的美好和未来。企业的长久发展，也将从科技创新中获得绵延不绝的原动力。在我的人生经历中，身份的几经转变，都让我有了更大的舞台和更强的力量，去实现科技强国、保卫蓝天的梦想！这是我的人生信念，也是我的自信！”在接受记者采访时，知性儒雅的赵晓红这样娓娓道来。

怀着这份对科技创新工作的热爱与信念，怀着一份家国情怀的信仰与担当，在东北这一片共和国老工业基地的热土上，赵晓红于 1993 年始创九洲电气，历经十余年磨砺，带领企业于 2010 年在中国 A 股上市，成为黑龙江省第一家登陆创业板的民营企业，改写了自 2002 年起黑龙江省内八年无一家新上市公司的历史。时至今日，她所创办的九洲电气已走过二十七载春秋，从国内知名的电气制造企业发展到以可再生能源及相关产业为主的综合性能源集团，跻身“中国能源集团 500 强”，并在相关领域掌握着世界领先的技术成果。

她是哈尔滨九洲电气股份有限公司总裁，一位朴实严谨的科研工作者，曾获得“中国杰出创业女性标兵”“中国优秀女企业家”“全国三八红旗手”等称号，更是一个热爱旅游、摄影，追求生活情趣的优雅女人。她敏锐果断，是个睿智干练的企业经营者；她心怀大爱，是个有社会责任感的企业家。

科研为基　毅然开启创业之路

1984 年的初秋，刚从黑龙江大学以优异成绩毕业的赵晓红，踏上了人生第一个岗位。在黑龙江省科学院石油化学研究所就职的八年，是她锋芒初绽的时光，她在科研岗位上如鱼得水，参加了很多重大科研项目。严谨的科研经历锻炼了她的逻辑思维能力和缜密的工作策划能力，为日后创办科技型企业及大力开展新技术、新产品的研究开发奠定了很好的基础。

1992 年，赵晓红面临第一次人生之路的转折。经历了八年的潜心打磨，她凭借出类拔萃的工作能力和取得的优异成绩被选调到黑龙江省科委科技成果管理处工作，负责化工、轻工等行业的科技成果管理工作。这段特殊的工作经历使她感受到了当时专家们优秀的成果与形成产品化、市场化、产业化、效益化之间的距离，同时也萌发了她创办高科技企业，实践高科技产品的市场化、效益化，走科技兴企、产业报国的志向。

机会总是留给有准备的人。1993 年，《中华人民共和国科学技术进步法》施行。它规定了四项与科技成果转化有关的制度，鼓励科研人员下海创办企业。这是东北大地上响起的一声“春雷”，对于她来说则是打开人生大门的又一次邀请。站在人生的十字路口，经过激烈的思想斗争后，不到 30 岁的赵晓红第二次华丽转身，毅然放弃了科研院所优越的工作环境和“铁饭碗”，带着年轻人特有的自信和豪情，怀揣着科技兴国的梦想，下海创业。她在哈尔滨高新技术开发区创办了哈尔滨九洲高技术公司，从此走上了不平凡的科技创业之路。

创业初始时期那段难忘的时光是赵晓红人生中最美好的青葱记忆。她每天骑着自行车跑工商、税务、电业局、客户……每一天都很充实、充满新意而富有收获，每一天都在进步。

赵晓红和同事们把在居民区租来的废旧的独门小院改造成车间和厂房，用从废旧市场淘来的各种物资“武装”起九洲高技术公司的生产基地。一个只有十几个人的九洲高技术公司就这样诞生了，虽简陋、渺小，但它是那样的温暖和充满激情，大家经常在这里彻夜研究和工作。挫折和困难是难免的，可她没有一刻想过放弃，始终坚守着自己的创业初心。

创业的第一年赵晓红就在市科委申请了科技攻关立项“电力系统大容量的阀控密封式免维护铅酸蓄电池”，并申请了科技攻关的无息贷款 30 万元。她带领着一群年轻人通过无数次科技攻关和反复的生产实践，采用当时世界上的前沿技术，解决了铅酸蓄电池需要定期加酸加水维护及严重的环保问题。公司的第一个产品“大容量的阀控密封式免维护铅酸蓄电池”诞生了，而产品生产小试的成功带来的只是暂时的喜悦。由于用户对新产品新技术缺乏了解，产品推广面临着极大的难度，市场曾一度难以打开。在与市场局面的博弈里，赵晓红渴望抓住每一次的机会。无论

刮风下雨，她都会骑着自行车，到现场去为用户讲解新技术的原理、新旧产品性能对比，以及产品的安全使用。她查找资料、编制教材、制作产品解剖模型，不厌其烦地给用户运维人员培训、上课。功夫不负有心人，公司的产品终于通过一次次的试用对比，得到了用户的认可，并通过黑龙江省电力局的集中招标，打开了进入电力系统市场的大门，实现了阶段性的战役目标，企业收获了“第一桶金”。

公司在刚刚接到订单的时候，由于人手和设备紧缺，赵晓红便下车间带领员工夜以继日地加班工作，和员工干在一起、吃在一起，坚持不懈地攻坚克难，将一批批产品按时交付到了用户手中。

1997 年，河北省电力系统筛选实力较强的设备制造商现场投标，在竞标会上，赵晓红挺身而出，在限时三分钟发言中，简明扼要地把九洲电气产品的先进性、安全性、方便性，以及能为用户带来的经济效益等进行了全面、专业、详尽的陈述，充分展示了自己的才华和后劲儿，赢得一片掌声和认同。最终，她用真诚和实力战胜众多实力强大的公司，一举夺得四个电厂的全部标的。

赵晓红带领团队一年一小步，两年一大步，经过历时四年的初创发展，九洲电气立项研发的四项高科技系列产品，均通过原国家电力部的新产品鉴定，并被指定为电力系统专业定点生产厂，从而奠定了九洲服务于电力行业的发展方向。

都说创业是艰辛万苦的，都说做企业是伤痕累累的，当记者采访赵晓红问及她创业的艰难时，她笑着回答："从创业初期一路走来，我感受到的和记忆中的都是那些排除万难终获胜利的喜悦，攻克难关的自豪，很开心、很满足，很享受这些过程和成果。当看到企业和员工都在一天天进步成长，更是累并快乐着！"正是这份豁达的心胸和乐观的天性，造就着企业家百折不挠的精神，也正是企业家这份执着坚韧、自信和顽强，感召着员工紧紧跟随，同心齐力，一往无前。

科技兴企　在创新的道路上砥砺前行

沧海逐浪，不进则退。"只有走科技创新之路的高新技术企业才能不断创新，脱颖而出，立于不败之地。"这是赵晓红坚信的信念。她以前从事科技研发、项目攻关的经验和她科技成果管理的工作经历，为她经营高科技企业积累了深厚的科研底蕴。九洲公司从一开始就明确"以科技创新为本，创九洲发展之路"，为日后企业建立完善的研发体系和组建精干的科研队伍奠定了基础。

2000 年，赵晓红带领企业成功地进行了股份制改制，引进战略投资者，建立现代化的股份制企业管理机制。她从苦心钻研学术的科技工作者转变为民营企业的职业经理人，她的儒商之路便由此开始。

她精心谋划构建了九洲电气完善的三层次科技体系框架：在国家人事部申请获批了黑龙江省第一个民营企业的企业"博士后科研工作站"，引领九洲电气的科研方向；经省科委批准组建企业独立自主的电力电子研究院，研发新产品新技术，确保企业核心竞争力；健全企业生产技术体系，快速实现新技术的生产转化、产品化、产业化。企业由此形成了强有力的科研"铁三角"格局，将企业带入了规范健全的高科技型生产制造业的发展轨道。

在企业发展初期，赵晓红为了更有效地吸引社会上高科技人才为企业所用，调

整确立了企业的两项人才计划：一是“不求为我所有，但求为我所用”，九洲确立了“小项目自主研发，大项目联合开发”的研发方针。与清华、哈工大、哈工程、哈理工、北方交大、天津电气传动设计研究所等高校和科研院所广泛开展共建研究室、联合立项、合作研发课题等紧密合作。将高校和科研院所的高科技人才为企业所用，既提高了企业高起点研发新技术的速度，又吸引大量社会高精尖人才为企业研发新技术所用。二是实施“带土移植，人才发展计划”。1998 年有科技人才“带土移植”加

盟九洲，当年就在企业立项研发“高压大功率内反馈串级调速电机及其控制装置”，申报了省科技攻关项目，并获批省科技项目产业化发展资金的支持，在九洲的企业平台上仅用两年的时间，就实现了该项目年产几千万的销售额。既为企业带来了新技术、新产品、新效益，又为技术人才实现梦想和自我价值提供了大展宏图的舞台。

赵晓红带领企业连年在国家科技部、省市科委申请科技攻关项目，企业累计获批专利 234 项，承担国家、省、市重点科技攻关及产业化项目共计 34 项。荣获省、市科技进步奖 5 项，荣获黑龙江省重大科技效益奖，企业被荣评为“国家级高新技术企业”，2008 年被国家五部委评为“国家级技术中心”“国家规划布局内重点软件企业”。企业专业技术达到国际先进水平。

在赵晓红看来，创新是一个企业发展的永恒主题。市场浮沉、大浪淘沙，优胜劣汰、不进则退。九洲电气正是凭借着产品和技术的不断创新，管理与经营的不断变革，才逐步发展壮大起来。

借帆出海　携手巨人合作共赢

“虽有智慧，不如乘势。”面对成绩，赵晓红清楚地意识到，面向世界科技前沿、面对祖国发展的重大需求，企业比历史上任何时期都更需要加快科技创新。掌握竞争先机，唯有不断吸收国际先进理念和技术，与巨人共舞，才能在保持企业的活力和竞争力的同时，迅速成长。

她和团队审时度势地全力打造现代化工厂，苦练管理内功，“筑巢引凤”，与多家国际知名电气企业合作，践行企业“借帆出海，合作共赢”的品牌发展战略。

2004 年 4 月，九洲电气接待了世界五百强企业罗克韦尔自动化的第一批来宾，拉开了与罗克韦尔自动化为期一年的合作考察与谈判。通过对九洲电气的生产加工能力、质量控制水平、技术研发能力、市场推广能力等全方位十余次的全面考察，最终于 2005 年 4 月，九洲电气与美国罗克韦尔自动化达成战略联盟合作。九洲电气从此驶上国际化发展快车道。

美国·罗克韦尔自动化——中国·哈尔滨九洲电气股份有限
ROCKWELL AUTOMATION
HARBIN JIUZHOU ELECTRIC CO
战略合作签约仪式
SIGNING CEREMONY FOR THE STRATEGIC PARTNERSHIP

哈尔滨九洲电气股份有限公司——西门子（中国）有限公司
Harbin Jiuzhou Electric Co.,Ltd.
Siemens Ltd.,China
技术合作签约仪式
Schmid
李寅

赵晓红常说，思维的开阔是市场战略的保证。国际合作的共赢，为彼此都带来了丰厚的效益和品牌的提升。但赵晓红并没有止步于此。为了维持企业的健康发展和良性循环，她和团队又大胆地决策“靓女先嫁”。2012 年，九洲电气将 37 项自主知识产权和自主研发生产的高压变频器业务，以 5.3 亿转卖给美国罗克韦尔自动化，一次性回收了这项业务的近 20 年净利润，并保留了企业自主品牌，再一次证明了九洲电气的技术水平已经达到国际领先水平。

2010 年，赵晓红又带领公司与德国西门子、法国施耐德电气（中国）有限公司和 ABB 公司分别签署了战略合作协议，并以强大的竞争优势成为以上四家国际电气巨头企业在中国指定的设备生产制造商。

赵晓红带领九洲电气借势“国际合作”的大舞台，积极拓展海外市场，九洲电气的电力设备跟随海外工程总包项目远销海外 70 多个国家与地区。

她带领企业实施“国际合作，品牌升级”战略，通过与国际知名企业合作，提高了公司整体技术创新能力和经营管理水平，拉近了与世界一流企业的距离，实现了与国际同行业领先技术的接轨，大大提升了公司品牌的认知度，推进了企业国际化品牌战略和国际化市场营销战略的实施。

百尺竿头　企业战略转型升级

2010 年 1 月 8 日，九洲电气在深圳创业板成功上市，在龙江大地上再一次刮起了助推企业上市的“春风”。这对于赵晓红和九洲电气来说都是一件具有里程碑意义的大事，同时也让她对企业未来发展进行了深层次思考：“在当下全球处于瞬息万变、飞速发展的时代，现在以生物技术、互联网、大数据和人工智能为主导的高科技不断改变着全球格局，企业在这个变动不居的竞争环境当中只有不断创新和变革，才能够保持旺盛的竞争力，才能够基业长青。”赵晓红带领团队制定了企业新一轮的战略发展目标：横向联合拓展，纵向延伸发展。

2014 年，她带领企业投资 4 个多亿，在哈尔滨新区建设了占地 30 万平方米的“九洲电气科技产业园”，投资近亿元购置了几十台套的现代化机械加工设备，

建成了国内最大规模的机械加工与智能电气装备的生产基地，并建设了 2 兆瓦的自发自用余电上网的棚顶太阳能光伏发电站，全力打造国内电气行业“绿色、节能、环保”的现代化工厂。

2015 年，在全国制造业都面临巨大发展压力的竞争环境下，她又领导公司成功并购了行业领军企业“沈阳昊诚电气股份有限公司”。强强联合，实现了全产业链上产品系统的拓展和市场领域的延伸。通过兼并重组，将九洲电气打造成了三北地区最具规模、最具竞争实力的电气设备制造企业。

2015 年，她率领团队向产业下游延伸，成功进入新能源投资领域；并通过 EPC（或 BT）总承包、自投资建设等方式进入了风力发电站、光伏发电站、生物质发电站等可再生发电站的建设和运营。仅仅五年间，公司在建和运营的新能源电厂项目已达到 1.5GW，快速实现了企业由“单一的电气设备制造商”向“新能源电站投资商、建设商、运营商”的快速拓展。

赵晓红提出：企业要顺势而为，要转变观念，变革企业经营模式，跟上时代的变迁和客户需求的变化。

她率先带领企业变革运营模式：借助上市公司平台搭建资源整合平台，与高校

研究院所、终端客户、生产供应商、设计院和工程总包公司等产业上下游形成了产业联盟，将九洲的优质资源社会化、平台化，提供给联盟企业，创造性地提出“你设计、你研发、我来制造”的协同发展理念，整合联盟企业集群的社会资源，共同分享，互融互通多角度的合作共赢。

面对我国制造业的产能过剩、竞争激烈、利润率下降的现状，她提出产品延伸服务化的新运营模式，将企业从上游制造环节向下游应用环节延伸，使企业从单一的“产品制造 + 销售”这种模式向可再生能源投资和综合能效管理转型，为客户提供了从电气设备到电站建设、金融服务、电站运营和能效管理全套服务，最后实现了制造服务化的商业模式转型，实现了企业由一个设备制造商转变为可再生能源的投资建设和运营的综合服务商的转型升级。

她为实现企业从资产运营转变为资本运营，她带领企业与国家电力投资集团旗下的融合基金和融合租赁共同组建了 20 亿元的新能源产业基金，打通了公司的融资渠道，同时与多家融资租赁公司保持良好的合作关系，通过直租和售后回租的方式解决了电站 70% 的投资资金。2019 年九洲电气利用资本市场发行可转换债券融资 3 个亿，公司在资本市场股权融资及债权融资渠道均已畅通，使得公司商业模式

可以快速进行复制和运营，支撑了公司向新能源投资领域进军的步伐。

几个转型升级的跳跃，几个运营模式的变革，说起来容易，做起来确实惊心动魄，步步艰难，但还是坚持走过来了。她以企业家顽强的毅力和坚韧的精神，带领她的团队越过沼泽低谷，走向更加光明的未来。

心系环保　深耕清洁能源产业

企业家都是有情怀的，他们在做好企业的同时，也会心心念念地去完成和实现他们情之所至的梦想。赵晓红也将她的环保情怀体现在企业发展的愿景里，她和企业都是在不懈地追求“让电拥有智慧，让人们享有蓝天”的梦想。

回首创业发展历程，早在 1997 年从她带领团队研发、生产、销售“内反馈串级调速电机及其控制装置”时，就已经将企业带入了“环保节能”领域。2002 年她带领团队在国家科技部立项“大功率高压变频器”，2005 年和美国罗克韦尔自动化合作，生产 AB 品牌的高压变频器销往全球，都是在用心耕耘着“节能环保”项目，二十几年来的研发、生产、销售，企业生产的几万台“节能环保”设备，在祖国大地乃至全球多个国家安全稳定地运行着，每年都在为“节能、低碳、环保”，为减少大气污染，为人们享有更蓝的天空而贡献力量。公司上市后从建设5A级绿色环保产业园、开发电动车充电桩项目、研发储能蓄能项目、实施电锅炉清洁能源供暖，到投资风电、光伏、生物质电站及综合能源的开发利用……无一不与“节能、环保、低碳”密不可分。

“人的一生总是要做些有意义的事情，能在发展壮大企业的同时，为国家的节能、低碳、环保事业贡献自己和企业的绵薄之力，是个非常值得欣慰的事，也是非常有意义的事。”这是赵晓红的心声，是她的社会情怀，也是她对生命价值的体味。

2018年，赵晓红带领公司向生物质热电联产电站、清洁能源供暖，以及分布式综合能源系统集成和利用等能源互联网领域进军。

黑龙江是农业大省，秸秆的综合利用和秸秆焚烧造成的大气污染一直以来都是地方亟待解决的难题，也成为赵晓红心中的一个牵挂。她带领企业通过秸秆再利用技术，进入生物质热电联产电站的开发与建设，这为公司的转型升级开辟了广阔空间。这一因地制宜的举措，既能解决秸秆的综合利用，禁烧秸秆还蓝天与民，又能促进绿色能源的良性发展，还能助力解决“三农”问题。

环保，功在当代，利在千秋。九洲电气的风电和光伏项目，可有效实现温室气体减排，减少大气污染；九洲电气的生物质热电联产项目，不仅能够改善生态环境，实现清洁供暖，而且能够增加农民收入。

践行公益　用爱心行动回馈社会

企业家都是有博爱之心的，赵晓红愿意尽己之力用心地去帮助那些需要帮助的人。

截至目前，赵晓红带领企业用于捐资助教、抗震救灾、扶危济困、精准扶贫等方面的投入已达一千多万元，集团各企业安置就业人员1500余人。

通过企业经营，赵晓红看到了社会对高技能人才的缺口和地区资源分配不均的差异，她主动参与到大学生就业创业指导工作中，百忙之中挤时间走进十几所大学校园做创业指导报告，分享个人创业历程，与大学生互动。用亲身经历感召大学生们投身到“大众创业、万众创新”浪潮中。她还将公司作为大学生的实习就业指导基地，为提高大学生的实践能力提供场地和机遇。在她的倡导下，九洲电气在多所大学设立了“九洲奖学金”来鼓励高校培养人才。

为了能让贫困地区的孩子不要错过读书的大好年华，赵晓红组织省女企业家协会创建了持续运作的公益品牌项目：“巾帼助学图书馆”捐建项目，持续每年选择贫困地区辐射性强的学校捐建藏书 2 万册的现代化图书馆，并作为“全民阅读基地”辐射和带动周边乡镇学校孩子们读好书，还为他们在省城选择优秀对口学校结成“手拉手帮扶结对”互动交流，让贫困孩子们感受优质的教育课程和读书环境。现在已经在三个国家级贫困县建成了三所“巾帼助学图书馆”，每年受惠于图书馆阅读教育的孩子近万名。无论多忙，赵晓红总要定期联络学校图书馆管理员了解孩子们的读书情况，每每看到孩子们发来在图书馆阅读的照片，寄来的读后感和温暖的感谢信，总能纾解她工作的辛苦，露出开心的笑容。

“授人以鱼，不如授人以渔。”为了能从根本上解决贫困妇女的生活问题，赵晓红持续每年追加捐款十万成立“九洲创业基金”，支持贫困妇女脱贫创业，并联合省女企业家协会创建了持续运作的品牌公益项目：“巾帼创业扶贫循环金”项目，鼓励贫困妇女创业脱贫，用劳动和智慧改变家庭的经济面貌，创业致富，活出新的人生。该公益项目连续运行 4 年来，累计循环基金达到百万元，帮扶了近百位贫困妇女改变了家族的命运。

赵晓红连续三年多次深入村屯考察，带领企业家们对两个国家级贫困村开展扶贫工作。组织企业家捐款，帮助贫困村组建“福利村扶贫合作社”，帮助贫困村实施“产业脱贫”。企业善捐 30 万元通过建设“村级光伏扶贫电站”支持了泰来县、富裕县等贫困县的精准扶贫工作，并承揽投资建设了四个市县 118 个村 50MW 的光伏扶贫电站。每年通过企业自投的扶贫光伏电站帮扶泰来县、齐齐哈尔市梅里斯达斡尔族区、莫力达瓦达斡尔族自治旗建档立卡贫困户 2006 户，每年投入扶贫金额达 595.1 万元。

在赵晓红的心中，在自己通过拼搏和奋进，点燃生命之光的同时，还能用莹莹烛火，照亮别人前进的方向，这是非常幸福的事。每一份公益与付出，都不能浮于表面，不只要为有困难的人带来一些温暖、带来一些改变，还要让他们从精神上真正找到自己追求幸福的道路与动力。

2020 年，新型冠状病毒肺炎疫情暴发后，九洲电气于 2 月向黑龙江省红十字会捐赠资金 200 万元，由黑龙江省红十字会统一调配使用，全部用于疫情地区前线的抗击以及防治工作，其中 20 万元定向捐给黑龙江省第一批驰援武汉的医务人员作为防疫补助，助力打赢这场疫情阻击战。4 月，九洲电气再次向哈尔滨医科大学第二附属医院、哈尔滨医科大学第四附属医院捐赠医用口罩 1 万个，用实际行动支援战疫前线。

结语

海到无边天作岸，山登绝顶我为峰。从曾经的学术科研工作者，到今天叱咤商界的民营企业家，赵晓红的身上既保持着学者的朴实与沉稳，也充满着行业开拓者的激情与豪迈。她用行动彰显出一个儒商睿智淳良、忘我无私的创业格局，诠释着一个企业家艰苦奋斗、志存高远的内心世界。

二十七年的艰苦创业，满腹经纶，一身实战。她的沉稳与智慧，帮助她一次次避开了资本与市场的激流险滩。物换星移，大浪淘沙，一代代创业先锋砥砺奋进，笃志前行。

十年前，在赵晓红的带领下，九洲公司实现了成为“中国电气巨人”的企业愿景；十年后，一步一个脚印地履行着“将九洲电气打造为百年优质企业”的诺言。不断进步、不断超越，如今的九洲电气在赵晓红的带领下，正在综合能源领域中创造未来。

理想与道路，价值观与方法论，产业报国与走向世界……她曾经坚持的、改变的、盼望的，所有这一切，都对她人生的下一步规划了无数个目标。赵晓红将带领拥有科技创新基因的九洲电气，继续以行业先锋者的姿态筑梦未来。

赵晓红创业历程

- 1993 年 创办科技型企业——哈尔滨九洲高技术公司
- 1997 年 成立哈尔滨九洲电力设备有限公司
- 2000 年 企业整体改制，成立哈尔滨九洲电气股份有限公司
- 2000 年 获批成立黑龙江省民企第一家“企业博士后科研工作站”；被评为“国家级高新技术企业”；成立“电力电子研究院”
- 2003 年 兼并哈尔滨电控设备厂
- 2008 年 企业被国家五部委评为“国家级技术中心”“国家规划布局内重点软件企业”
- 2005 年 与罗克韦尔自动化签署战略合作协议，成为罗克韦尔自动化在全球唯一生产合作商
- 2010 年 与西门子、ABB、施耐德签署战略合作协议，成为三家国际电气公司在中国的授权合作商
- 2010 年 九洲电气在深圳创业板上市
- 2012 年 公司将 37 项自主知识产权的技术和业务以 5.3 亿元出售给罗克韦尔自动化
- 2014 年 投资 4 亿元建成三北地区最具规模的电气制造产业园
- 2015 年 兼并沈阳昊诚电气有限公司
- 2015 年 公司成功进入风力发电站、光伏发电站、水电、生物质发电站等可再生发电站的建设和运营，向能源互联网领域进军
- 2018 年 九洲电气投资清洁能源供热领域
- 2019 年 九洲电气进入环境综合能源开发利用领域，投资生物质热电联产

27/

刚毅柔韧，技术点亮梦想

周亚仙和神冠集团

上世纪 90 年代，周亚仙在简陋的实验室进行胶原蛋白肠衣研究实验

她，在农村插过队，从一个普通的工人成长为企业高级管理人员，是中国胶原蛋白肠衣技术的最早发明人之一，是中国肠衣领域“领头雁”。她先后建立 8 个党支部、党员先锋岗、党员活动阵地和党建宣传阵地，用 8 年时间把一个不到 5 亿资产的民营公司打造成几十亿市值的龙头企业，成为中国最大的胶原蛋白肠衣专业生产基地。

她是周亚仙，神冠控股（集团）党委书记、董事局主席兼总裁，中国女企业家协会副会长，曾获得全国巾帼建功标兵、全国三八红旗手、全国优秀党务工作者、全国五一劳动奖章、全国创业就业优秀人才、中国商界杰出女性、中国经济女性年度发展人物、中国肉类工业领军人物等多项荣誉，是享受国务院政府特殊津贴专家，为中国共产党第十九次全国代表大会代表。

入门肠衣行，挫折何所惧

香肠是一种利用传承久远的食物生产和肉食保存技术，将动物的肉绞碎成条

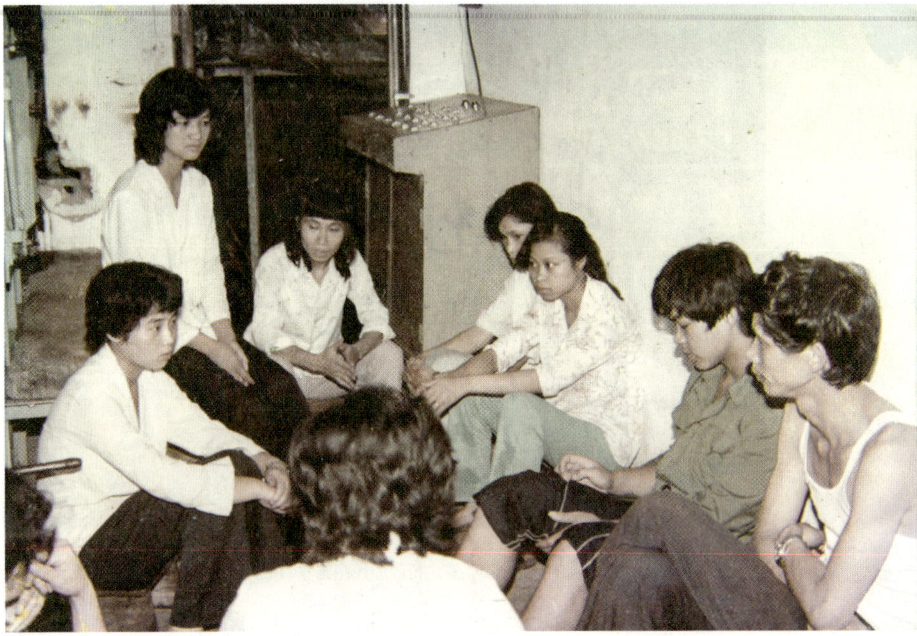

20 世纪 80 年代初期，蛋白肠衣试制小组在防空洞开会讨论试验结果（背向镜头者为周亚仙）

状，再灌入肠衣制成的长圆柱体管状食品。中国的香肠有着悠久的历史，香肠的类型也有很多。香肠外面那层薄薄的“衣服”是香肠得以延长保质期，方便食用、运输的关键所在，其生产有着极高的技术要求。

在上世纪 90 年代，人造肠衣的生产技术一直为国外垄断。我国不少高校、科研机构的食品专家争相研究人造肠衣，但因技术应用过于前瞻，国内市场推广难，最后纷纷放弃。这个僵局却被广西梧州市一家不广为人知的食品公司打破，而周亚仙正是这家公司科研攻关小组组长。

周亚仙与胶原蛋白肠衣结缘纯属偶然。1979 年，根据安排，她结束“上山下乡”锻炼，返回梧州。恰逢梧州市食品公司招工，她接受父亲“去那里起码是国有企业的一个名额”的劝导，勉强考进去，被安排到一个“开荒”岗位上——人造肠衣研究项目。梧州人爱吃腊肠，肠衣需求量大，但由于国际技术垄断，我国人造肠衣很大程度上依赖进口，严重制约着国内肉食制品业的发展。公司领导下决心：一

从技术员成长起来的周亚仙（左一）依然坚持到车间指导生产

定要开发出一种能替代猪、羊、牛肠衣的肠衣品种，并组织人员着手人造肠衣研究项目。

老厂长看中周亚仙能吃苦、肯动脑的个性，让她当科研小组组长。当时，周亚仙手上只有几份国外人造肠衣发明专利索引的资料，而她仅有初中文化水平，连水的分子式都不记得，对于制药学和塑料学领域更一无所知，要成功研制出肠衣，难度可想而知。

没有太多技术资料可查阅，甚至连产品样板也极为难得，周亚仙带领一班技术人员白手起家，在艰苦的环境下创造条件。没有空调恒温，大家以防空洞为实验室；没有生产机械，大家用家用菜刀、腌菜陶罐、手推石磨等最普通的工具来反复试验提取胶原纤维。

周亚仙只有一个信念：不辜负上级的期望，一定要把人造肠衣做出来。为此，她白天做实验，晚上自学高中化学、制革等知识，搜集资料，甚至废寝忘食。她家离工厂步行只需十五分钟，但为工作方便，她干脆连铺盖都搬到简陋的实验室旁“扎营”。

她和同事们经常到隔壁屠宰场买来一袋袋腥臭的猪肠做实验，采集天然肠衣的准确数据。重重碰壁后，周亚仙改变思路，将原材料锁定为易得价廉的牛皮。他们不顾手指上划出一道道伤痕，把牛皮切了又切，搅了又搅。

1980 年，试制小组拿着小试样板请教化学教授，教授说：“要用牛皮提取物做人造肠衣，简直是新‘天方夜谭’。”这句话使他们感到相当受挫，重新转向猪皮试验。

整整三年，历经数千次试验，她带领的科研小组以猪皮为原料，手工制成了一片片胶原蛋白纤维，首次做出手涂管状肠衣，并通过了梧州市市级小试鉴定。小组实验的成功给她莫大的鼓励。人造胶原蛋白肠衣的梦想终于迈出了至关重要的一步。

苦心谋攻关，征服洋机器

试水投石，先行者总有超乎常人的耐心和勇气，更需有无数大胆的创意和想法，并付诸实践。传统香肠肠衣多选用猪肠为原材料，而猪肠来源有限，周亚仙大胆提出用动物胶原蛋白做原料，用猪皮生产人造肠衣，即用高新技术生产传统产品。她决定突破传统工艺的局限，将这个“天方夜谭”变成现实。

她带领技术团队耗时三年研究工艺配方和机械化生产试验。1985 年，蛋白肠衣通过国家级中试鉴定。从此，中国人造蛋白肠衣实现了零的突破，我国拥有了胶原蛋白肠衣制造的核心技术，打破了发达国家在这一行业领域的技术垄断，填补了这一技术在我国的空白。

1989 年梧州获批筹建胶原蛋白肠衣生产企业。为了使这项独特技术由“星星之火”变成一个大产业，在引进先进生产力的理念指导下，建厂初期，企业便从国外引进生产线。生产线运抵梧州安装后，梧州人却遭遇迎面一击——这种技术设备只能生产符合东欧灌肠使用标准的西式肠衣，无法与国产原料匹配，不能生产我国市场需要的广式腊肠肠衣。企业坠入破产困局。

周亚仙（左二）与外国客户一起探讨胶原蛋白肠衣的产品适应性

最让周亚仙痛心而难忘的，不是技术受制于人，而是外国专家对中国的态度：当他们找到设计生产线的波兰总工程师，请他改造机器以便生产广式肠衣时，对方以“不可能改造”一口回绝。她清醒地意识到技术的差距，却不甘心让数年心血付之一“拒”。

周亚仙临危受命，担任企业技改开发攻关组负责人。她再次出征挂帅，从消化吸收洋设备入手，反复进行技术攻关和工艺改造。历经四年科技攻关，上千次实验，一群“土工人”最终征服了“洋机器”，生产出符合国内市场要求的胶原蛋白肠衣。

设备国产化的成功使企业实现了质的飞跃，企业从此进入自主研发阶段。从产品到生产线和生产工艺，自主进行数次更新换代，既节约了大量资金，也为企业独立自主发展民族品牌之路，打下了坚实的基础。

艰危齐努力，改革方行远

企业势必与时代同步，而改革之路从来不是一帆风顺。无论是产品开发、市场开拓，还是机制创新等各环节，辉煌背后怎么会没有困难？ 1992 年，33 岁的周亚仙全票当选为梧州蛋白肠衣厂厂长。初创的屡屡受挫磨平了她的锋芒。1994 年，企业一度陷入僵局。为解决企业生产资金困难，她想尽多种办法筹措资金。她到银行去贷款，科长和办事员都不愿接见她。为拓展市场，她在客户公司门口苦等五小时却没人搭理。人情的淡漠让她备受煎熬，她甚至想过放弃。

但周亚仙坚持下来。动力来自同甘共苦的团队和员工。在最困难的时刻，员工主动要求同舟共济：公司有困难，可以迟发两个月工资，先买原料，组织生产。周亚仙深深意识到她不仅负有使命，更承担着整个工厂的前途。在资金周转困难的情况下，工厂上了五条生产线，用迟发职工的工资买来原料投入生产。而联系到客户后，她直接到客户生产一线，指导工人操作。凭着十分传统却最能令人信服的推广方式，梧州市蛋白肠衣厂逐渐打开了中国市场。

对企业来说，上世纪八九十年代是一个挑战与机遇并存的时代。改革开放使得很多人从体制内出走，很多国有企业成功实现民营化，“下海”和“个体户”成为热词。人们争相朝金钱和物质看齐，想成为第一个“吃螃蟹”的人。

周亚仙站在十字路口，最终选择拥抱变化。国企改制的大浪潮让她看到了工厂未来发展的更多可能性。2004 年 11 月，梧州市蛋白肠衣厂进行产权整体转让，从国企改制成为一家中外合资企业，改名为神冠控股（集团）有限公司。

产权整体转让和改制激发了公司的活力。2009年，顶着“胶原蛋白肠衣第一股”的光环，神冠控股成为在香港资本市场上市的广西第一股。此后，在周亚仙的带领下，神冠迎来了蓬勃发展的十年。

金融危机给予了周亚仙警示和教训，她深知企业必须加大拓展内需市场的力度，才有可能渡过危机，使市场运作正常、公司稳健发展。

在市场经济环境下，周亚仙并没有因为资本的逐利性而蒙蔽双眼。她坚信，坚持多年高标准的投入，向着最初的目标坚定前行，才是企业的长青之道。做企业不能做一个“粗糙”的企业，要做一个相信时间的企业。无巧可取，要做难事，做长远的事，做可持续发展的事，才有希望和未来，这是她始终如一秉持的信念。

周亚仙提出，在企业背后支撑的三根支柱：一是核心技术；二是诚信；三是社会责任。在这种理念指导下，她以超常规的毅力不断推动企业破浪前行，走上现代管理和创新之路。企业生产规模从 13 条生产线扩大到 280 条生产线。神冠不断创新工艺、创新产品，赢得了市场的竞争力，成为肠衣领域国家与行业标准的起草单位。

2004 年 11 月，原为国有的梧州市蛋白肠衣厂改制成为合资的梧州神冠蛋白肠衣有限公司（后排左三为周亚仙）

2009 年 10 月，神冠控股于香港上市（左六为周亚仙）

开发新市场，神冠耀寰宇

现在超市里的香肠琳琅满目、质优价廉，深受广大消费者喜爱。如果没有胶原蛋白肠衣的基础，也许中国肉制品加工业发展不会如此迅猛。神冠是国内蛋白肠衣当之无愧的大品牌，占据了国内市场 90% 的份额。而在神冠企业迅速占领优势市场份额的同时，肠衣的价格在过去十年间只涨了一分钱。

在国产胶原蛋白肠衣没有自主研制之前，进口肠衣的价位保持在每米 1 元到 1.2 元，而神冠研制的产品平均不含税的价格还不到 5 角。多年来，神冠肠衣保持价格不变，很大程度源于公司不断应用一些新的技术，把生产技术和所有资源整合。

神冠最大的特点是公司高管既是股东又是总裁，同时是技术总工，所以产品开发速度、市场推广速度，远远比其他公司快，仅用 30 多年的时间就赶超了国外企业花 100 年时间取得的世界市场和生产规模。在打开新市场的过程中，周亚仙常身体力行，遇到问题便和团队一起研究解决。作为科研领头人，她一直活跃在科研一线，参与每一项大的技改和项目开发。

传统企业秩序与积极的拓取精神在周亚仙的身上激烈碰撞，直至融合出一个新事业。身处变革中心的她，仿佛成为一个活在未来的人。市场激流与组织线性相互激荡，意欲撬动目之所及的潜在市场。周亚仙明白，市场波动带来的冲击可以击垮一个企业，驾驶着“神冠号”这艘大船的她，只有把握住技术的核心主导地位，凭借超常规的毅力和坚持，才能推动企业走上现代管理和创新之路。

世界胶原蛋白肠衣市场竞争非常激烈，一些规模小、市场份额低、能耗高的企业纷纷破产，至今行业内的淘汰比例已近一半。2000 年，全球胶原蛋白肠衣生产企业共有 13 家，神冠排在第 11 位；而现在，神冠已是行业第二。引人注目的是，自 2009 年神冠控股在香港上市以来，生产线由 126 条增加到 280 条，年产能力超过 50 亿米。

现在，神冠已成为全国最大胶原蛋白肠衣企业，业务线已从一根肠衣裂变出三个产业：胶原蛋白肠衣食品、胶原蛋白护肤品、胶原蛋白医用材料。产业的转型升

神冠集团生产区一隅

级不仅解决了 3000 多员工的就业问题，更带动了相关产业链的延伸和发展。

党建聚能量，饮水常思源

周亚仙最初是国有企业的一名普通女工，因遇上改革开放的时代大潮，在而立之年走向了商品经济的汪洋大海。她格外感恩党和国家对于神冠控股企业的大力支持，更将行动落到实处，用党建工作打造企业团队，让党的血液在非公有制企业内流淌。

说起周亚仙的党建情结，不得不提到一件让她刻骨铭心的事。上世纪 80 年代末，还是国有企业的神冠选派数十名技术人员出国深造，当他们学成归来之际，恰逢企业艰难时期，在企业最需要他们的时候，他们却选择了离开。

神冠创新产品

这件事深深地触动了周亚仙。后来她走上领导岗位，一直思考着凝聚人心促进企业发展的有效方法和途径。企业改制后，曾借鉴过外企的管理经验，但效果不佳。周亚仙认为，管好企业必须先管好人。职工思想不统一，光下行政命令没用。几番探索，她最终决定在企业推行党的组织建设，用党的思想来提高职工的主人翁意识和奉献意识。

在她的倡导和支持下，公司专门成立了党建领导小组，同时改革领导班子，让党员成为“定心丸”：公司董事会中七成是党员，公司专职副书记担任监事会主席，而公司管理团队里，有一半是党员。在科学发展、人才管理等事关企业发展的重大战略问题上，党员代表积极参与决策，使党组织活动与企业生产经营管理目标同向、同步发展。

同时，周亚仙以创新工作为载体，发挥党建引领作用。在她的推动下，公司党委大力推进党员“三培养”工程——把企业生产经营骨干培养成党员，把党员培养成企业生产经营骨干，把党员骨干培养成企业经营管理人才。

诚心做公益，内敛过生活

周亚仙从未忘记自己的党员本色和社会责任。她格外重视社会弱势群体，将目

2017 年，神冠集团捐资 300 万元设立神冠骄阳公益基金用于扶助贫困儿童完成学业

光投向城市中的困难群众。因受时代局限没能完成学业的她，基于补偿心理，更愿意将精力投入到助学公益中。她主动捐资助学、救灾扶贫，在女企业家中发起慈善义拍活动，为全市孤残留守儿童筹集善款……充分发挥了女性人才服务妇女儿童发展的标杆带动作用。

周亚仙还积极倡议公司股东共同参与到捐资助学、救灾扶贫等公益活动中来。她带领公司党委开展“党建 + 公益”主题活动，连续两年捐赠爱心款 120 万元，持续 11 年定点扶持“春蕾计划”贫困女童就学，资助全市超万名以上困难、孤残儿童，共捐建 100 所贫困村“儿童家园”。企业先后捐资资助考上大学的贫困学生，增加神冠班的费用，让无数寒门学子圆了大学梦。

事业上雷厉风行的周亚仙，生活中却低调而朴素。她有时壮怀激烈，有时乐如孩童，集大气与细腻于一身。闲暇之余，她会精心布置家中每个饰品，做菜插花。提及家人，周亚仙便神情舒展，幸福感溢于言表。她感谢丈夫多年来给她很大的支持。在与神冠同行的艰苦岁月，丈夫陪她度过。八十年代中期，她的生活就是反复做实验，他一有空就到实验室里陪她。1985 年手工试制胶原蛋白肠衣成功，实验工作告一段落。她和那位跟她在防空洞里谈恋爱的男孩走向了婚姻的殿堂，收获了人生的幸福。此后，他分享神冠的甘苦，分担周亚仙的喜与忧。

以周亚仙所代表的女企业家身上有着共同的精神特质，比如感恩他人，回馈社会，她们不会因为事业而选择牺牲平凡生活的幸福。在今天的“她”创时代，无数女企业家的奋斗历程让我们看到女性更多的潜在可能性。她们屡次把危机转化为转机和生机，使我们一再欣赏到风雨后的彩虹。

结 语

在周亚仙的办公室，荣誉奖杯琳琅满目，其中一尊“诚信金鼎”是她格外珍藏的。铭文云：“至诚至信，是待人处世的基准，是现代商业社会稳定的磐石。以诚铭鼎，以诚铸鼎，依金鼎铸诚信，乃不可多得的兴业之宝，为人之训。”在过去的风雨历程中，她始终以“诚信专注、坚韧不移”为基准，用产品和质量来说话。这种独特的气魄和理念，使她始终有着一股昂扬向上的精神，一种朝气蓬勃的风貌。她从不言弃，永不言退，在顺境时保持清醒，在困境中尤能奋发，甚至愈挫愈勇。周亚仙如同胶原蛋白肠衣可弹可缩，刚毅且柔韧。

“厚德载物”在她身上有独特体现。她大力倡导并切实践行的道德规范引领企业健康发展，格外具有活力。创业以来，周亚仙与员工甘苦与共，一步步将神冠做大做强。她挚爱家人，报答伙伴，回馈社会。慈行善举，如同镶上金边的宝石，格外夺目。

她从普普通通的底层做起，敢于担当，不负众望。她与员工打成一片，激情饱满，视野开阔。她有着企业家的理想和追求，也有着现代女性的智慧和超脱，“方而不割，廉而不刿，直而不肆，光而不耀”是对她最好的评价。

有限与无限，后贤追前贤。作为敢为人先开拓创新的实践者，周亚仙继续着她的奉献，带着她的神冠舰队向着百年梦想前行。

穿山跨壑不辞劳，远望方知出处高。周亚仙和神冠集团，未来可期。

周亚仙创业历程

- 1979 年　进入梧州市食品公司工作，被安排到胶原蛋白肠衣科研小组参与研究，并担任小组组长
- 1985 年　带领科研小组研制的胶原蛋白肠衣通过国家中试鉴定，国家因此批准将中国第一家胶原蛋白肠衣工厂定点在梧州
- 1992 年　周亚仙参与 GB14967《胶原蛋白肠衣国家卫生标准》起草工作；经职工大会选举，周亚仙担任梧州市蛋白肠衣厂厂长
- 1995 年　作为第一发明人的首项发明专利《一种蛋白肠衣的制作方法及设备》获得国家授权；由周亚仙主持研发的"胶原蛋白肠衣（干法生产）试制"获得国家科技进步奖三等奖
- 2000 年　参与 SB/T10373《胶原蛋白肠衣行业标准》起草工作
- 2002 年　获得高级工程师称号；入选广西"十百千人才"第二层次人选
- 2008 年　被评为享受国务院政府特殊津贴专家；获得全国妇联授予的"全国三八红旗手"荣誉称号
- 2009 年　神冠控股（集团）有限公司在香港成立，并在香港联合交易所主板上市
- 2012 年　获得国务院授予的"全国创业就业先进人才"荣誉称号
- 2016 年　获得"全国优秀党务工作者"荣誉称号
- 2017 年　获得科技部授予的"创新人才推进计划科技创新创业人才"荣誉称号

2016 年，神冠集团在广州举行盛大发布会，宣布企业全面进军大健康产业（左三为周亚仙）

28/

重新定义家政行业

周袁红和北京嘉乐会家政有限公司

在老龄化社会加速到来以及生育政策改变的当今中国，家政服务已成为产值高达万亿的刚性需求市场。然而，对于雇主来说，要找个合适的家政服务员实非易事。电视剧《田教授家的 28 个保姆》在现实生活中处处上演。找保姆难，找个好保姆更是难上加难，为了帮助千万个家庭解决这一难题，周袁红相机创业做家政。

周袁红，知名互联网家政品牌“阿姨来了”的创始人兼 CEO，“家政改变中国，我们改变家政”理念的提出者，十余年来她只做一件事：为您找到好阿姨。

天生我才做家政，从高级白领到家政领军者

自北京电影学院研究生班毕业的周袁红，在投身家政行业之前，曾经是一个高级白领。1997 年，周袁红进入中央电视台经济部《商业名家》栏目任记者，五年里她采访了无数位名列全球 500 强、中国 500 强的企业家，并跟其中很多人成为朋友。在中国经济转型发展最为关键的几年里，周袁红以记者的身份亲历了很多人、不少企业的成长，做的节目获得了多个奖项。在央视做记者期间的这段被她戏称为“坐飞机”的经历开拓了她的视野，让她有了一个大的格局、大的情怀，让她至今受益。离开央视后，周袁红进入创维集团担任董事长助理，在这段她称为“开飞机”的经历中，周袁红获得了很多宝贵的企业工作理念和方法，学到了许多企业管理细节与经验。不同职业岗位上的勤奋钻研与学习积累，为后来她自己创业——她称之为“造飞机”——奠定了良好的基础。因此，周袁红认为，在她的家政公司既能找到央视的影子，也能找到创维的痕迹。

放着好好的高级白领不做，为什么突然跑去创业做家政呢？这还得从周袁红自己请保姆的经历说起。作为一个职业女性，周袁红在怀孕生子期间一直都请家政阿姨帮忙，四年里用了 7 个阿姨。2006 年，周袁红家新请的阿姨，分不清什么是抽水马桶什么是洗衣机，把她家的一个小洗衣机当马桶用。这件事彻底触动了她，让她产生了舍我其谁、天生我才做家政的想法。就这样，周袁红一个猛子扎进了家政行业。

2007 年，周袁红创办北京嘉乐会家政服务有限公司。2013 年，公司改名为“阿

周袁红参加“2020 爱你爱你服务者大会”

姨来了”。公司创办之初，周袁红确立了公司的三大出发原点：第一是要做互联网的家政，第二要做品牌的家政，第三要做培训的家政。围绕这三个出发原点，十余年来，周袁红带领团队孜孜以求，苦苦探索，在低端服务业走出了一条品牌化、专业化、规模化的发展道路。

周袁红首创了家政经纪人模式，让集约化经营成为可能。她把互联网引入家政行业，率先研发了融合在线预订、支付、点评为一体的家政经纪平台，又带领公司从互联网向移动互联网转型，使得数十万的家政服务员、雇主的信息数据得以运营和开发。公司创办阿姨大学，打造理论与实践相结合的教学体系，努力实现家政服务的规范化和标准化。

目前，“阿姨来了”已发展为拥有遍布全国 30 个城市的近百家门店、500 名以上家政经纪人、服务客户累计达 30 万、注册家政服务员近 24 万人的互联网家政典型代表、家政行业的领军企业。公司先后荣获“北京市诚信建设单位”“全国巾帼建功标兵”等荣誉称号。

周袁红被推选为中国家庭服务业协会理事、北京市女企业家协会副会长、北京家政服务业协会常务理事，并被评选为全国先进家政管理工作者和北京市优秀女企业家，多次出席国际劳工组织论坛、全球妇女峰会并担任演讲嘉宾，成为众多媒体竞相报道的对象。

首创家政经纪人模式，一手托起雇主一手托起阿姨

在周袁红进入家政行业时，家政公司基本上处于一个小门脸、一个人、一张桌

子、一部电话、一张床的“五个一”状态，雇主想找阿姨，就在那些坐等的阿姨里面挑，虽然面对面，但根本无法真正了解对方，想找一个合适的阿姨非常困难。同时，各家公司各自为政，很难形成家政服务员的有效供需，导致客户和阿姨资源流失。如何在雇主和阿姨之间进行高效匹配，突破单店经营的局限性，是周袁红在公司创办之初考虑的问题。

2007 年，在进行大量市场调研的基础上，针对家政行业资源流动性大的特点，周袁红投资研发了一个基于互联网的管理平台，这是一个基于流动性人口管理的平台，把四散分布且流动性大的家政服务阿姨整合在一起。通过这个平台，周袁红对传统的家政工作方式进行了提升与优化，极大地提升了公司的工作效率，扩大了公司的管理半径。迄今，“阿姨来了”已建立拥有数十万雇主、家政服务员、经纪人的数据库。“阿姨来了”互联网平台可完成在线预订、支付、点评、雇佣查询与匹配、订单分配与管理、征信调查、投保等一系列服务。

搭建一个互联网平台，并不能从根本上解决找阿姨难的问题。通过调研各种商业模式，周袁红将经纪人成功引入家政行业，首创了家政经纪人模式。所谓的家政经纪人，就是受雇主或家政服务员的委托，既为雇主找家政服务员，又为家政服务员找雇主，进行雇佣撮合，从而获取佣金。这听起来与介绍人、房地产经纪人、猎头很相像，但实际上完全不同。因为，家政服务是一种重度、深度服务。家政经纪人的服务内容，包括进行前期雇主与阿姨的筛选与匹配，负责主导面试撮合、背景调查等；在雇主和阿姨双方合作、深入的接触、磨合和交互过程中，帮助双方进行沟通与协调，排解雇主和阿姨在合作过程中的疑虑、困惑、矛盾、纠纷，负责售后保障；最后还需承担后续的风险管控，负责换人或解约。可以说，家政经纪人的服务是一种全过程、全工作周期的全方位管理服务，贯穿雇主和阿姨合作过程的始终。

为提高家政服务质量，周袁红将阿姨服务的质量、服务的稳定性以及雇主对阿姨服务的满意度与家政经纪人的信用等级和薪金收入挂钩，极大地激发和调动了家政经纪人的积极性，使家政经纪人能够发自内心地关注雇主的需求，关注阿姨的服务质量与成长，使得诚信和高品质、职业化、专业化、长久稳定的家政服务成为每

日本文化交流团来访

个家政经纪人的自发追求与目标。

正是因为有了一手托起雇主一手托起阿姨、在雇主和阿姨之间担任巧红娘的家政经纪人的存在，周袁红的公司得以快速扩张并稳定发展，实现了连续十余年业绩翻番的奇迹。在周袁红看来，这支家政经纪人铁军是推动公司发展的最大“引擎”。

这种创新性的家政经纪人模式，一经推出就受到了投资者的青睐。在吸引到著名的天使投资人何伯权之后，很快获得了著名投资机构清科创投数百万美元的投资。周袁红回忆道：“那是 2014 年 3 月 24 日，我记得是一个周末，清科创投的倪振东倪总说要见我们。我们去了他的办公室，倪总就问了我们两三个问题，我看到他的眼神就变了，我就知道，这个投资我们搞定了。”从倪总的办公室出来，周袁红和同事就在倪总办公室楼下喝了有生以来最贵的一杯咖啡。

2016 年年底，“阿姨来了”获得北京生活性服务发展基金数千万人民币的投资。2017 年，周袁红首创的“家政经纪人模式”被北京国际服务交易会授予“模式创新服务示范案例奖”。

创建阿姨大学，推动家政服务规范化、标准化

做有培训的家政，是周袁红投身家政的最初目标，也是她一直以来不变的坚持。她开创了家政服务员模拟上岗 360° 、24 小时的第二家庭培训模式，并开展适应性、提高性培训，帮助家政阿姨提升服务素质。2015 年，在原“阿姨来了”培训部的基础上，周袁红创办了阿姨大学。

阿姨大学是一个线上与线下相结合的家政服务员学习与关怀平台。线下设有北京总部校区以及上海、武汉、深圳等十几个外地教学点。得益于互联网管理工具的支撑，阿姨大学成为用互联网、微信等手段连接、覆盖全国 24 小时在线的教学平台。阿姨大学面向全国招生，教学分为家政管理、家政技能、雇主培训三个方面，打造有理论与实践相结合的教学体系，研发出数万课时的 50 多门课程，主要有高级家政经纪人、高级家政培训师、母婴护理师、育婴师、早教师、小儿推拿师、家庭营养配餐员、收纳师、少儿厨师班、家庭与婚姻等课程，还引入了红酒课、烘焙课、插花、家私及收藏品保养等高端服务课程。至今，经阿姨大学培训的人数已超过 5 万人，有效推动了家政服务的职业化、规范化、标准化发展，为“阿姨来了”的品牌建设与口碑工程奠定了坚实的基础。

在回答为什么取名叫阿姨大学而不是家政培训学校的问题时，周袁红说：“我希望给阿姨们一种理念、一种精神，把擦桌子、带孩子、刷马桶当学问来做。”把一种大学精神带到家政服务的培训中去，培养家政服务人员的职业技能、职业精神与职业自豪感，是周袁红创立阿姨大学的初衷。

为了开拓家政从业人员的国际化视野，周袁红组织阿姨们开展国际学习与交流，带领阿姨走出去，到香港、澳门、日本甚至欧洲，与境外同行交流联欢，亲身感受并学习国际化的家政服务与管理。

2018 年，“阿姨来了”与日本知名养老企业和平航行株式会社签署协议，和平航行株式会社成为“阿姨来了”在日本的专业养老型人才培训基地，这意味着周袁红朝她的目标——家政服务向国际化标准看齐、与国际化标准接轨迈出了重要的一步。

“阿姨来了”第五届高端阿姨选拔赛现场

心灵陪伴，为家政阿姨打造精神家园

在致力于提升家政阿姨职业技能的同时，周袁红非常关注家政阿姨的心灵成长。她最想做的是，帮助家政阿姨这一弱势群体树立正确的价值观，让她们的心灵不断健康成长，让她们享受这个时代，享受这份工作。

在周袁红看来，管理家庭、完善家庭和改善家庭生活是社会赋予家政服务岗位的伟大职责，家政服务在促进社会稳定与家庭和谐中所起到的作用，是其他行业难以达到的。她要帮助阿姨们认识到自己的价值，培养并提升她们的职业自豪感，让她们在周而复始烦琐而复杂的家务劳动中，在第二家庭的生活中，找到自尊、自重、和谐共处的支点。

在公司创建后，周袁红很早就特别注重家政阿姨的心理疏导与企业文化的建立，经常举办心理疏导会，帮助阿姨排解各种苦闷与烦忧。她将这个活动取名为“伤心女子客栈”。这种疏导活动一般都在周末举办，周袁红常带着儿子一起去。次数多了，儿子说："老妈，你不要把公司办成伤心女子客栈，你要办成五星级宾馆。"儿子的话犹如醍醐灌顶，让周袁红猛然醒悟：是呀，生活的磨难，发生了就发生了，我们要做的是享受人生、享受工作、享受生活赐予的一切。儿子的一句话让周袁红的企业文化观念发生了转型与改变，她将疏导变成了感恩，引导阿姨们感恩家人、感恩雇主、感恩公司，帮助她们做一个自信、快乐的家政服务工作者。

在周袁红看来，做家政阿姨的精神导师和知心姐妹，是一个家政公司老板天然应该承担的责任和义务。直到现在，她仍然坚持去一线门店，与阿姨和家政经纪人同吃同住，了解她们的感受与需要。她的手机从不关机，以方便全国各地的阿姨随时与她交流。周袁红因此赢得了她们的最大信任。一位名叫苏菊娥的阿姨，只有小学文化程度，但她非常爱学习，用业余时间写了一部自传，把自己的痛苦、童年、青春、婚恋全都写下来。传记写完后，她第一时间拿给周袁红看，说："周总，你帮我改改吧。"周袁红成为她自传的第一个读者与分享者。

为了丰富阿姨们的业余生活，周袁红组织她们开展丰富多彩的活动，如定期举办游园活动、徒步大赛、感恩大会、服务者大会、春节年夜饭、最美阿姨评选、高端阿姨选拔赛、阿姨子女参与的"团聚北京"夏令营等等，让背井离乡、远离亲人的阿姨们能够有尽量多的机会互相学习和交流、放松心情、释放压力，感受来自群体和公司的温暖与关怀。

为家政阿姨打造一个精神家园，帮助她们有尊严地工作、有活力地生活，是周袁红投身家政十余年不懈努力的一个目标。

家政扶贫，做女性为主体的公益性企业

在周袁红看来，家政公司不是一个单纯的生意，而是一个有着公益性的社会企业。一方面，要为千万个家庭提供放心的职业化服务，解除他们的后顾之忧；另一方面，更要给中国贫困家庭的女性一个自立自强的工作机会，带领她们通过家政服务改善家庭经济状况，走出贫穷，走向富裕。

"阿姨来了"与黑龙江、辽宁、河北、陕西、山西、四川、湖北、山东等省份

“阿姨来了”感恩大会

的 80 多个贫困地区的就业局、妇联建立了直接的劳务输送关系，并且在多个贫困地区设立了培训基地。公司对贫困地区的阿姨能接收的都接收，岗前费用能减则减，能免则免，每年大约要帮助 2 万名农村贫困妇女实现稳定就业。早在 2016 年，“阿姨来了”就组建了阿姨同乡会，推举一些口碑好、能力强、服务过硬的阿姨当会长，通过她们的现身说法，吸引了许多贫困家庭的姐妹加入到家政服务中来。

2018 年，“阿姨来了”作为精准扶贫“百城万村”行动的典型企业，启动了“精准扶贫百人计划”，通过遴选出来的来自全国不同地方的 100 名家政致富带头人，带动她们身边的贫困家庭女性投身家政，实现家政就业扶贫。“阿姨来了”负责对这些人进行免费的专项培训。2018 年完成免费培训 67 批次，培训 3558 人次，带动了 491 名贫困家庭的女性走上脱贫致富的道路。

周袁红规划，未来将继续在家政扶贫的道路上走下去，在更大的范围内鼓励和支持贫困家庭的女性通过家政就业，帮助更多的人走得出村、进得了城、上得了岗、干得长久、拿得到钱，实现脱贫不返贫。

2016 年，周袁红创立“阿姨爱心基金”，每年拿出 10 万元的预算，专门用于

2017 年服务者大会现场

阿姨重大疾病的援助。2018 年，“阿姨爱心基金”共捐出了 14 笔善款，让患病的阿姨得到及时救治。

多元记录，让社会关注家政阿姨

目前，我国家政从业人员数量达到 2800 万人左右。在中国经济大潮风起云涌的今天，这些大多来自贫困家庭的阿姨们不仅没有给国家添负担、给社会找麻烦，而且自立自强，告别家庭，忍受分离之苦，来到陌生的城市，通过家政服务，改善一个个家庭的生活环境，提高一个个家庭的生活质量，成为这个时代肩负社会服务重任的一分子。周袁红一直认为家政阿姨是新时期最可爱的人，她们离开自己的家庭来服务另外一个家庭，通过诚实劳动服务社会换取财富，她要让更多的人知道她们的故事，了解她们的不易，理解、尊重并善待她们的劳动。

周袁红拍摄的电视系列片《阿姨访谈录》，关注家政从业人员的生命、生活、职业状态，播出后产生了深远的社会影响。

“2020 爱你爱你服务者大会”歌舞表演

“2020 爱你爱你服务者大会”合影

从 2016 年起，周袁红连续五年推出《阿姨年鉴》。《阿姨年鉴》以“阿姨来了”上岗登记的数万名阿姨为样本，进行了全面的数据分析统计，描绘出家政阿姨的群体画像，分析了这一群体的共同特征。

2018 年，周袁红访问了 30 多位家政阿姨，将她们的故事编写、整理成册，出版了《家政阿姨口述实录》一书。

无论是通过《阿姨访谈录》和《家政阿姨口述实录》展现家政阿姨的个体特写，还是通过《阿姨年鉴》描绘家政阿姨的群体画像，周袁红想做的是：记录快速奔跑中的中国，这些一度跟不上时代前进步伐的阿姨们，她们的喜怒哀乐，她们的生命和生活，以及家政服务这个职业给她们带来的改变。她将坚持通过这一个系列片、一本书、一份年鉴，来聆听她们、记录她们。这是向家政阿姨们的致敬和献礼，也是一份极具社会意义和史料价值的行业记录。

结 语

从自 18 岁起到退休一直在湖北天门市皂市镇一家敬老院做院长的母亲身上，从坚持 40 年做基层农业技术研究与推广的父亲身上，周袁红学到了爱与坚持。

在她看来，凡是过往，皆为序章。未来她仍然只做一件事：为您找到好阿姨。

周袁红创业历程

- 2007 年 成立北京嘉乐会家政有限公司；嘉乐会家政信息管理平台诞生
- 2008 年 出版《嘉乐会》杂志
- 2011 年 入选“亚杰摇篮计划”第六期创业家
- 2012 年 首创经纪人模式并推广；知名天使投资人何伯权入股
- 2013 年 建立全新移动互联网团队，公司正式更名“阿姨来了”；上海公司成立，开始全国发展
- 2014 年 武汉、深圳分公司成立；“阿姨来了”获得清科创投 A 轮数百万美元投资
- 2015 年 阿姨大学成立，袁岳出任校长
- 2016 年 公司获得生活服务业发展基金数千万元人民币 B 轮投资
- 2017 年《百位明星育婴师的育儿经》《百位明星月嫂的月子经》出版
- 2018 年 《家政阿姨口述实录》出版
- 2019 年 成立嘉乐会月子会所；公司入选“北京地区人力资源服务品牌 50 强”；公司成为首批“北京市巾帼家政服务企业”

北京分公司门店开业

29/

巾帼筑梦展作为
勇立潮头敢担当

朱桂莲的创业故事

她，力挽狂澜，使濒临破产的建筑公司起死回生；她，从零开始，为内蒙古自治区女企业家协会尽心尽力；她，借助女企业家协会平台，积极践行公益，勇担社会责任。

她是朱桂莲，中国妇女第十二次全国代表大会代表，曾获得“全国三八红旗手”“中国女企业家协会杰出创业女性”“内蒙古自治区建筑业优秀企业家”“尽责圆梦践行者·北疆最美女性”等荣誉称号。2003-2016 年，任内蒙古天亚建筑安装工程有限公司董事长，现任中国女企业家协会副会长、内蒙古自治区女企业家协会会长、内蒙古自治区女企业家协会妇联主席。

家风熏陶，照亮人生之路

朱桂莲出生于内蒙古自治区巴彦淖尔市磴口县的一个普通家庭。这是一个有着八个兄弟姐妹的幸福大家庭，兄弟姐妹们积极进取、团结关爱、互相扶持。父母从小对他们谆谆教诲并以身作则、言传身教，培养他们健全独立、自主善良的人格。对朱桂莲来说，是父母坚韧的品格照亮了她的人生之路。

朱桂莲小时候家里条件不好，生活艰苦，再加上孩子多，家庭情况无疑更加困难。但她的母亲却从来没有让一个孩子穿过一次露膝盖、破袖子的衣服。一天劳作下来，不管怎么辛苦，母亲总是拿起针线为孩子们缝补，决不允许破衣服过夜。要是衣服实在窟窿太大，补不了了，母亲就把大一些的衣服改成小一些的，姐姐不能穿了，改成小的后让妹妹接着穿。从小到大，朱桂莲和兄弟姐妹的衣服总是整洁、利落的，从不显得邋里邋遢。母亲的言传身教影响了朱桂莲的生活习惯，使她不论做什么事都不畏艰苦、认认真真、精益求精，凡事都力求结局完美。每当朱桂莲遇到困难、产生厌烦情绪，有退缩念头或自满自足、骄傲自大的时候，就不由自主会想起母亲灯下不知疲倦缝补衣服的情形，这是激励她继续前行的力量。

朱桂莲的父亲善良、纯朴，从不与人争强斗狠，谦让、恭敬、隐忍，是他为人处世的风格。好人缘、好性格、好脾气、善良，是大家对他的评价。而正是父亲的这些优秀品质的熏陶，影响着她和她的弟弟妹妹们——做人就应该做一个好人，做一个让人放心、诚实厚道之人。朱桂莲在与同事相处中，在与客户交往中，都坚定不移地践行着父亲教给她的做事、做人的标准——待人诚恳、为人诚实，坦诚相待、真诚做事。

朱桂莲最初是在商业部门当售货员。由于她做事诚信，替别人考虑得多，而且工作认真、尽心尽力，被调到综合门市部当主任。朱桂莲属下有 14 名员工，她对所有员工们都是以诚相待，处事公平，大家相处很融洽。她在这个部门一干就是五年，门市部的经济效益非常好，奖金多，大家其乐融融。

在后来经营内蒙古天亚安装建筑公司的过程中，朱桂莲始终坚持诚实守信的经营之道，视质量和安全为第一要义。经过十多年努力，公司的运营得到内蒙古自治区住房和城乡建设厅、工商行政管理局、建筑业协会等多方认可，曾获 30 多项荣誉称号。

临危受命，力挽破产公司

建筑工程领域女性不多，带领工程企业开创出新局面的女性更少，朱桂莲堪称其中佼佼者。

1986 年，朱桂莲调入内蒙古石油化学建筑安装工程公司工作，一直从事财务管理。由于管理体制僵硬、长期经营不善，90 年代后期，公司一直处于亏损状态，到 2003 年已经严重资不抵债，亏负银行债务高达 2900 余万元，拖欠职工工资 100 多万元，公司账户存款总共只有 103 元，工程业务没有着落，看不到希望。资产管理公司清理贷款，公司没有可抵押的资产，上级部门决定对公司进行破产拍卖。面对这样一个烂摊子，没人敢接手，公司只剩下破产清算一条路可走。

在二十年的工作生涯让朱桂莲对同事和公司有很深的感情。她深知，如果公司垮了，737 名职工将面临下岗失业，几百个家庭将陷入困顿，这在当时的社会环境下是无法想象的。经过激烈的思想斗争，强烈的责任感和直面挑战的勇气占了上风，朱桂莲选择了风险和担当，将濒临破产的公司接过来继续经营下去。贷款付清要退出公司投资股东的股本，必须解决钱的问题。为此，朱桂莲将家里所有积蓄都

上都电厂一期：西山湾水库至蓝旗输水工程

投入到公司中，还向亲戚朋友借了不少钱，甚至背着家人抵押了房本。

为了让公司起死回生，提高市场竞争力，朱桂莲着手大力推进公司内部改革。2003 年年底，朱桂莲将公司重组为内蒙古天亚建筑安装工程有限公司，解决了以前公司因管理不善导致的种种混乱现象。

转制淘金，促进公司发展

公司重组后，朱桂莲带领公司全身心投入市场，找米下锅。但转制后承揽的第一项工程就遇到了重大的危机。

这项工程是呼和浩特市新建西街道路改造工程。在施工过程中，由于现场管理分工不明确，挖掘机司机缺乏经验，不小心挖断一条光缆，造成一个区域电话及信息全部中断。事情非常严重，项目经理被电讯、公安控制，朱桂莲被通知前往公安局谈话。电信光缆不比电缆，罚款力度特别大，各项合计罚款 128 万元。当时公司刚组建，工程回款一点儿都没有，前期施工全部垫资，家里的积蓄已全部拿来用于公司资金流转。朱桂莲当时感觉天要塌下来，一点儿办法都没有，只能厚着脸皮给甲方领导打电话，最后经甲方领导出面多方协调，公司被罚 12 万元就把这件事

呼和浩特市低碳供热项目——呼和浩特市城发公司辛家营、金桥、毫沁营区域集中供热工程长输管线施工

解决。这件事发生后，朱桂莲汲取了深刻惨痛的教训，她意识到不加强管理，哪个环节出问题，就如同遭遇灭顶之灾。加强质量管理、安全管理就是企业的生命线。

2004 年，公司承接了上都电厂的输水工程，全长 9.78 公里，双排管。项目沿途地形复杂，施工过程困难重重。最大的困难是其间经过一片长达一公里多的水滩。当时项目部想尽各种办法降水，把蓝旗和多伦县的水泵全部买断也没能降水成功，最后请来专业队伍打井降水。经过全体项目部人员半个多月的奋力拼搏，水位终于下降，水管得以安放，项目最终按期交工，朱桂莲由此成功淘到转制后的第一桶金。

经过几年的拼搏，2008 年，企业从破产时的房屋建筑施工三级资质晋升为二级，增加了市政总承包资质，注册资金从 637 万元增加到 5000 万元，同时，工程技术人员通过公司培训满足了项目的需要。公司晋升二级以后，经营稍有好转，承

内蒙古东升庙矿业新建年产 150 万吨选矿厂工程

揽工程任务慢慢增多，公司管理逐步走向规范化，更注重安全与质量管理，此后多年再没发生过任何质量及安全事故。

改进管理，打造优质企业

朱桂莲十分重视公司管理团队的培训学习。在她看来，企业要发展升级，首先领导的思维要转变，要提升自身的综合实力，必须通过学习改进管理模式。

2009 年，朱桂莲带着公司四位管理人员到清华大学继续教育学院进修。通过在清华两年系统性的学习，朱桂莲对公司管理有了新的认识和思考。为了让员工有更大更好的发展平台，她决心让公司持续升级。

按照国家相关规定，如要将公司从房屋建筑施工二级资质晋升为总承包一级资质，硬性的指标很多，注册资金超亿元，工程技术人员必须注册 300 人以上，一级注册建造师 12 人以上，此外还有业绩要求。要满足这些硬性的指标，困难不小，但朱桂莲想，打铁还需自身硬，一定要多开辟市场，多做工程，多积累资金。

有目标就得有行动。她一手抓生产，以保质量、重安全的好口碑赢得更大的市场；一手抓员工技能提升，加强员工培训。当时一级建造师非常稀缺，公司只有一个，于是朱桂莲开始做员工的思想工作，并设立物质奖励标准、鼓励员工积极报考一级建造师。通过几年不懈努力，天亚公司于 2011 年晋升为房屋建筑总承包一级资质，市政公用施工总承包二级资质，还有六七个专业承包资质，满足了企业发展的需要。

作为一名曾长期在国企工作的共产党员，朱桂莲十分重视党建和工会工作。在她心里，企业是家，职工是家人，只有关心照顾好职工，切实提高大家工作和生活的幸福感，企业才会有凝聚力与向心力，从而具有旺盛而长久的生命力。

她大力推动在公司建立了党支部和工会委员会，党支部和工会脚踏实地、深入群众，为公司员工献爱心送温暖，举办了很多广受大家好评的活动。鼓励党员和工会会员积极参与热爱环境公益环保活动，徒步大青山健步道，沿途捡拾垃圾，倡导“绿色、环保、低碳”理念；组织单身会员参加呼和浩特经济技术开发区如意工业园区工会联合会举办的“相约工会、牵手情缘”青年职工相亲交友联谊活动，帮助解决个人问题；在和林电厂项目部举办“劳动创造财富，安全带来幸福”的安全生产宣讲活动，组织大家观看建筑施工安全事故案例，提升职工安全生产意识；工会委员会举办“帮扶济困、奉献爱心”的救助捐款活动，组织大家向职工突患再生障碍性贫血的母亲伸出援助之手，捐款 3.53 万元；举办“加强学习，相互交流”的业务技能比赛，提高职工理论水平和业务能力……通过这些富有成效的工作，公司成了党员之家、职工之家。

针对脱贫攻坚要求，天亚公司主动承担社会责任。2019 年对清水河县窑沟乡窑沟村摸排调研，制订出帮扶计划、方案、措施。由公司出资投资 10 万元，新建米醋作坊 106 平方米，让窑沟村群众普遍受益，收入稳定提高，壮大村集体经济取得实效。

北疆最美创业女性表彰现场

多年来，朱桂莲自捐近百万元，组织社会各界和公司员工向社会捐款捐物累计总价值多达亿元。她经常说："我们这一代人，从小生活贫困，现在幸福生活来之不易，尤其改革开放以来，我是改革开放的亲历者、践行者、受益者，我特别感谢伟大的祖国和伟大的党，所以无论到什么时候我都会尽我所能去发光发热，去帮助和支持更多需要帮助的人，去回报社会。因为这样我觉得很开心、很快乐。"

肩负使命，做强女企协

2015 年 8 月，朱桂莲当选为内蒙古自治区女企业家协会第三任会长。上任之初，为更好贯彻自治区妇联要求，即将协会建设成为自治区女性企业家和女性创业者又好又快成长的"温暖之家"，朱桂莲逐渐把工作重心从经营公司转移到管理协会。

对她来说，这是一个全新的领域、全新的挑战，无异于再次创业。为了不辜负大家的信任和期望，更好地肩负起这一新使命，朱桂莲干脆不再担任天亚公司法人。

2019 年第一次妇女代表大会合影

为了大力推进协会规范发展，扩大协会女企业家的规模，任职以来，朱桂莲主要做了两件事情：

第一件事：使内蒙古女企业家协会会员覆盖全区。

2017 年，在庆祝内蒙古自治区成立 70 周年之际，内蒙古自治区党委宣传部和内蒙古自治区妇联联合主办的“我为大庆添光彩——寻找 2017 年北疆最美女性”的活动，由内蒙古自治区女企业家协会承办，在内蒙古范围寻找“北疆最美创业女性”100 位。

朱桂莲意识到这是一个发展协会的大好机会，于是她带领协会成员与十个盟市妇联组织接洽沟通，寻找当地女企业家。她们用近 5 个月的时间走访了全区 12 个盟市。在自治区女企业家协会的全力推进下，活动于 2017 年 7 月 26 日顺利收官，内蒙古各盟市女企业家协会或商会陆续成立。借助活动，凝聚了一大批优秀女企业家，大大提升了内蒙古女企业家协会的社会影响力，建立起与各盟市妇联的良好沟通渠道。

在朱桂莲的带领下，在不到三年的时间里，内蒙古女企业家协会会员人数从原来的 28 名增加到现在的 2500 多名，建立了分会并协同联动，实现了各地区女企业家协会在内蒙古 12 个盟市的全覆盖。

第二件事：2019 年，朱桂莲领导协会踏上妇联改革的快车。

7 月 17 日，正式成立内蒙古自治区女企业家协会妇女联合会，给女企业家女性创业者提供了参政议政的机会，同时得到了妇联的大力支持和帮助，使协会和妇联真正成为上下级关系。自治区女企业家协会按照妇女联合会的章程，将全区 12 盟市优秀会员纳入妇女联合会，引领建设基层妇女组织，使协会的工作更加清晰规范，在服务全区广大妇女方面发挥了更大的作用。

热心公益，勇担社会责任

朱桂莲的人生格言是“业精于勤，成于信，功于义”，事业的成功要依靠勤奋努力和诚实守信，而事业的功绩在于彰显道义。她一直心怀感恩，尽自己所能帮助需要的人，积极地回报社会。2008 年汶川大地震，她先后通过多种途径向灾区捐款 10 万余元。2009 年，她在六一儿童节向和林县舍毕崖小学捐赠学习用品及体育用品。2011 年，她通过内蒙古妇联对口资助清水河一名贫困儿童，直到这个孩子读完大学学业。自 2011 年起，朱桂莲抓住各种学习机会提升自我，在参加了清华大学的进修后，对清华大学雄厚的教育资源羡慕不已，她坚信扶贫先要扶智，她萌生了对接清华大学教育资源服务家乡的想法。

经过多方奔走努力争取，2011 年在磴口县建立了内蒙古自治区第一个清华大学远程教育教学站，她个人先后捐款 30 万元用于配套措施的推进，先后在巴彦淖尔市乌拉特后旗、鄂尔多斯市鄂托克前旗、乌兰察布市察右中旗、乌拉特前旗、乌拉特中旗共建立 6 个清华大学远程教育教学站。教学站的建成大幅度增加了地方教育系统干部和教师获得高水平教学辅导的机会，教学站每年直播清华大学远程高考辅导，实实在在地帮助高考学生提高学习效果和考试技巧。8 年来，到清华大学

由协会筹建的乌拉特后旗教学站、磴口教学站、察右中旗教学站获得优秀教学站荣誉

朱桂莲获得清华大学教育扶贫先进个人荣誉

内蒙古女企协组织 16 家企业参与招聘

接受面授培训的教育系统干部、校长、教师已达 650 多人次，1500 余名学生接受清华中外大学生支教团的辅导，此举得到了家长和学生的一致好评。通过面授、直播、课件、暑期支教活动等受益群众达 8000 多人次。朱桂莲仍在继续努力将教育扶贫推广到自治区的其他地区，她希望借助清华大学的教育优势，促进自治区教育水平和师资力量的提高，助力孩子们成长成才。

2019 年，协会妇联成立之后，在朱桂莲的领导及执委会的协作下，各盟市逐步开展妇女工作。

2019 年，朱桂莲发起医疗扶贫活动，与自治区妇联共同启动“关注女性健康·青城女性中医药救助公益活动”，分期分批为符合条件的女性提供医药救治，旨在保护女性健康，促进家庭幸福，动员更多社会力量共同关心关注女性身心健康。

2019 年 4 月，自治区妇联开展每年一次的“春风行动”活动，朱桂莲组织 16

家企业走进校园，走进呼和浩特市职业学院，和大学生面对面沟通，为学生就业和企业用人搭建桥梁，并签订合作协议，为企业有针对性地培养人才，帮助大学生就业。

她深知靠她一己之力是有限的，她2015年出任内蒙古女企业家协会会长以来，一直坚持带动全区女企业家们依托女企协平台更广泛地动员全区女企业家们参与社会公益事业，积极开展母亲水窖、春蕾女童救助、抗震救灾、教育扶贫、产业扶贫、贫困女性医疗救助、金融帮扶、女大学生就业等多项公益活动。设立教育扶贫基金，帮助失学儿童重返课堂。仅2018-2019年两年里，内蒙古女企业家协会在她的带动下，累计捐款捐物近4000万元，充分体现了内蒙古女企业家协会这个社团组织对社会的责任。有位女企业家感慨地说："一定要向朱桂莲大姐学习，学习她对事业的热爱，对人的善良，学习她的奉献精神。我要用少买一件衣服省下来的钱，跟她去做公益，回馈社会中最需要的人，让人生更有意义。"

2020年伊始，新冠肺炎疫情暴发后，在朱桂莲的带领下，内蒙古女企业家协会于1月29日发出倡议，积极号召全区12个盟市2000多位女企业家以个人或单位形式捐款捐物，希望女企业家们慷慨解囊，伸出援手，献出爱心，以实际行动投入这场疫情防控阻击战中。该倡议得到内蒙古各盟市女企业家协会积极响应，全区近2000名女企业家参与，累计捐物捐款2864.73万元。所有款项和物资均用于内蒙古地区和武汉地区抗击防治疫情工作一线。

结语

慈善是一种大爱，朱桂莲的愿望是尽己所能，通过协会、协会妇联和企业的平台，帮助到更多的人，为自治区经济高质量发展贡献巾帼力量。

展望未来，朱桂莲将带领内蒙古自治区女企业家协会与各位成员不忘初心、砥砺前行，在推动经济高质量发展的大潮中，一如既往发奋图强、开拓进取，为建设祖国亮丽北疆贡献巾帼力量！

朱桂莲创业历程

- 2004 年 接手内蒙古石油化工建筑安装工程公司，带领员工创业，公司更名为“内蒙古天亚建筑安装工程公司”
- 2008 年 企业从房屋建筑总承包三级晋级为房屋建筑总承包二级、市政公用工程总承包二级
- 2011 年 企业从房屋建筑总承包二级晋级为房屋建筑总承包一级
- 2012 年 带领团队完成内蒙古金桥污水处理厂工程
- 2013 年 带领团队完成舜和国际花园住宅工程，盛世名筑建筑工程一期工程、二期工程，内蒙古东升庙矿业新建年产 150 万吨选矿厂工程，魏家峁电厂公用及附属生产系统建筑工程
- 2014 年 带领团队完成华能北方内蒙古和林电厂 2×660MW 机组输煤系统建筑工程、内蒙古京能盛乐 2×350MW 冷热电联供机组工程
- 2015 年 带领团队完成盛世名筑建筑工程三期综合体工程
- 2016 年 带领团队完成呼和浩特市低碳供热项目——呼和浩特市城发公司辛家营、金桥、毫沁营区域集中供热工程长输管线施工
- 2019 年 带领团队完成蒙牛乳业四川眉山新建年产 18 万吨低温牛奶生产项目工程

经中国妇女基金会捐赠物资价值 20 万

30/

有用、有趣、有爱，领军绿色食品

杨秋平和铁骑力士

什么是成功？不同个体的不同回答往往反映了个体对自我价值的认同。对于她来说，“有用、有趣，更要有爱”是她衡量自我价值实现与否的标准，也是她一直坚守的座右铭。

她是杨秋平，四川铁骑力士实业有限公司副董事长、中国女企业家协会副会长、四川省女企业家协会副会长、中国妇女第九次全国代表大会代表，曾获全国三八红旗手、全国巾帼建功标兵、中国优秀女企业家、四川省十大杰出女性等荣誉称号。她的家庭荣获全国“书香之家”、全国“五好家庭”、全国“最美家庭”等荣誉称号。她，家庭和事业双丰收，不仅收获了事业的成功，而且享受着家庭的温馨。

因书结缘，同成长共成功的夫妻俩

1964 年 9 月，杨秋平出生于重庆荣昌。少女时代的她，是个信奉“学好数理化，走遍天下都不怕”的勤勉学生。每天，她都会抱着专业书，沉浸在图书馆安静的氛围中。渐渐地，她发现同班同学雷文勇也是这里的常客。他涉猎范围极广，人文、历史、社科、哲学……都是他的心头好。随着两人的交流越来越多，愈发觉得彼此志趣相投。

从粮食工程专业毕业后，杨秋平进了机关，雷文勇进了工厂。虽远隔两地，心灵的沟通和碰撞却从未中断。这段情缘，从“象牙塔”宁静的书桌，走到柴米油盐酱醋茶的小日子，又走到风云变幻的商海，直到今天仍然新鲜如初。

1992 年，在女儿雷博即将降生之际。两口子商量着想法子结束“异地生活”，希望雷文勇也能调回家乡，凭借扎实的专业技术进个好单位，一家人踏踏实实过日子。那一年，“下海”成了热词，很多人都希望抓住机遇创业致富。杨秋平、雷文勇的想法简单朴素，希望自己学有所用，创造一个展示才华的平台，做些对社会有用的事情。此外还有一个很实际的愿望，攒够钱，出国留学。

在杨秋平支持下，时任绵阳市粮食局饲料技术科长的雷文勇“下海”，创办了四川铁骑力士实业有限公司。没多久，杨秋平将不满半岁的女儿交给家人抚养，奔

双流总部

赴创业一线。

下海创业需要远见卓识，这是一条艰难坎坷的路。创业伊始，夫妻俩仅有的“机会”不过是一间空荡荡的闲置厂房，能做点儿什么，谁也没谱。在一段时间里，杨秋平就像公司“勤杂工”，哪里人手不够，她就出现在哪里，开收据、买建材、跑市场……

功夫不负有心人。杨秋平和丈夫共同创立并为之奋斗的铁骑力士，已经发展成为集饲料、牧业、食品及生物工程为一体的大型农牧食品企业集团，是农业产业化国家重点龙头企业、国家高新技术企业、百强民营企业、行业十大领军企业，也获得“全国民族团结进步模范集体”、全国“万企帮万村”先进民营企业、全国“双爱双评”先进企业、全国模范职工之家等荣誉。

多元布局，提高企业综合实力

在企业发展过程中，铁骑力士注重多元布局，从饲料生产、牧业到提供安全美

味的食品，铁骑力士以全产业链全程可控的溯源体系构建起强大的食品安全保障。在对经营范围进行多维度拓展的同时，铁骑力士还注重自身的发展转型，尤其是向科技密集型企业的转向。1997年，公司成立唯一一个以个人名字命名的实验室——冯光德实验室时，提出“科技是我们的命根子”“产品就是人品”的产品质量方针。实验室相继与中国农科院、中国农业大学、四川农业大学、四川大学等建立起固定的合作关系，共建院士（专家）工作站、博士工作站、联合实验室、战略发展研究院等高校产学研合作平台，承担了国家科技部、自然科学基金委、四川省科技厅等科研项目50余项，荣获国家科技进步奖3项、部省级科技进步奖20余项，申请专利100余项等，是行业内唯一一家同时承担国家现代生猪、蛋鸡、水禽三大产业技术体系综合试验站的企业。集团自建蛋鸡研究院，对标日本、德国等国际先进标准，打造SDL标准为国际级的蛋品品质标准。

2017年，铁骑力士集团提出“做中国高端食品领导者”的愿景，布局食品产业，开拓食品产业的发展模式。2019年以来，集团在变革路上日趋加速：成立乡村振兴实验室，以产业扶贫为模式助力乡村振兴；确立了T+新型业务发展路线，提出“客户价值为先、奋斗者为本、生态共享为重”的经营理念；启动全集团数字化变革。

近年，铁骑力士还用“聚合、高效、共享、赋能”的中台思想，打造多个生态共享的创新创业项目“加速器”——优食谷，建成了集“现代农业、循环农业、智慧农业、品牌体验农业”为一体的食品产业集群。以产业链、区域链驱动的创业孵化为抓手，为服务园区产业建立连接技术、商业、资本、政策四个维度的综合服务平台。促进传统企业加速转型，带动产业发展，为食品产业集群的发展做好配套、赋能服务，成为当地极具现代化、科技化特色的农牧食品名片。

创新模式，带领群众脱贫致富

2002 年 7 月，铁骑力士收购了原中国工程物理研究院院部梓潼旧址，在此组建了四川圣迪乐村生态食品股份有限公司（以下简称“圣迪乐村”），全力打造一个新型和谐的集农、工、贸、科、教为一体的新型社区。

以“圣迪乐百万绿色蛋品基地建设项目”为载体，杨秋平创造了独具特色的“公司 + 农户 + 园区”的圣迪乐模式。在这一模式下，圣迪乐村吸纳了近千名下岗职工、贫困农民（其中 70% 是农村妇女），使他们走上致富奔小康的道路，取得了农民增收、企业增效、政府满意的效果，成为当地社会主义新农村建设的典范。

杨秋平注重对广大农民加强科学文化知识的教育。圣迪乐村的村民通过铁骑力士大学的培训和企业文化的熏陶，不仅掌握了科学养殖技术，还养成了健康文明的生活方式。

通过多年校企合作，圣迪乐村的发展拥有了强大的智力支持和技术保障，科技的力量使企业的产值和规模迅速发展壮大。2005 年，圣迪乐产业推广模式在江西省丰城市、四川省邛崃市成功复制，标志着圣迪乐产业推广模式向商业模式转化。

在杨秋平带领下，圣迪乐村坚持高标准、严要求，努力达到国内外有关标准的最高要求。圣迪乐村出产的高品质鸡蛋采用全程可控、安全可追溯的质量管理体系，全程近百个关键点控制，从而使每一个鸡蛋的品质得到保障。2002 年，“圣迪

梓潼圣迪乐现代化基地

枫叶牧场

乐”牌绿色蛋品先后通过中国绿色食品认证和国际食品安全管理体系（HACCP）认证。

坚持“品牌化、标准化、规模化”发展战略，依托圣迪乐村模式，缔造中国高品质鸡蛋的领导品牌，同时引领群众脱贫致富，获得了良好的经济效益和社会效益。2005年，圣迪乐村获国家级扶贫龙头企业称号。

2015年，中国打响脱贫攻坚战。铁骑力士贯彻落实“产业扶贫是稳定脱贫的根本之策”，充分发挥产业优势，通过创新产业模式，构建产业生态网络，以生猪、蛋鸡产业带动，先后在四川、云南、贵州、江西、重庆、黑龙江等6个省市、10多个地市州、30多个区县、400多个村镇投资60多个亿，带动万余户农户脱贫致富。

人本管理，精心培育一流团队

如果说勇气和魄力是创业的必备素质，那么拥有一支高素质、高水平的专业团队则是企业得以发展壮大的关键因素。纵观铁骑力士的发展史，“以人为本”作为它赖以生存的基础，不仅营造了良好的企业文化，也使企业在市场经济的激烈竞争中赢得了核心竞争力。

铁骑力士人本管理模式根源于杨秋平内心中对平等、尊重的敬畏。上世纪八十年代，戴尔·卡耐基的系列著作被译介到中国。她被书中洋溢的自信、热忱、快乐、和谐的情感深深打动，尤其是卡耐基提倡的平等、尊重、独立理念，更与她的想法不谋而合。尊重和平等，虽然早已在她的内心埋下种子，然而直到此刻它才破土而生，进而滋养企业发展，并对她的人生产生深远影响。

铁骑力士在发展过程中，坚持“坚守专注、人才第一、创新驱动、开放合作、客户为尊、持续增长”的战略方针。杨秋平提出，铁骑力士不仅要打造精品，也要打造精英。基于此，她逐渐形成“以人为大，尊重人、关心人、理解人、信任人、发展人、成就人”的人本观，从而使员工与公司同成长共成功。她倾心构建和营造了一个“留得住、引得来、长得快”的员工成长、成功的软环境；把人才资源看成第一资源，人才资本看成第一资本，注重人力资源开发，使人力资源向人力资本转变，由此打造了铁骑力士的核心竞争力。正是得益于她亲手打造的人才培养体系，才使得铁骑力士在28年的发展中，骨干员工队伍较稳定。

如何才能够做到尊重、做到平等、做到以人为本呢？杨秋平的方法很质朴——赏识。她相信：人的任何一种角色都应该有一种信念贯穿其中。赏识应该成为永恒的理念，才会持续不断产生作用。她亲手打造别具特色的人际相处文化——“赏识文化”，并将其付诸企业管理实践。

在铁骑力士发展的过程中，杨秋平并没有像许多企业那样把财政大权牢牢掌握在自己的手中，而是出人意料地选择走上人力资源管理岗位。她认为，员工犯错，只要不是主观恶意，那就可以原谅并给他们机会。员工做好一件事情，哪怕只是受到领导的口头表扬，也会觉得做事有劲头，从而激励自己慢慢从普通变得优秀。

此外，杨秋平始终致力于将企业打造为一个学习型组织，致力于对员工能力的培养、技能的训练、潜能的开发，并逐渐建立起一套行之有效的激发员工积极性、创造性的完整的人才体系。

1997年，公司创作了铁骑力士厂歌，制定了公司活动礼仪规范，确立了“一个家庭、一支军队、一所学校”的企业文化基础。

2002年，集团创办铁骑力士大学，下设职业经理人学院、职业技术学院和职业经销商学院。2005年，职业经理人学院设置了CEO班、总经理一班、二班、三班、少年总经理班及甲A班，形成了人才培养梯队和“铁五环”（选苗子、接对子、压担子、给位子、结果子）为主要内容的人才选拔培养机制。除公司高级主管授课外，每年还邀请来自加拿大、荷兰、以色列、德国等国，以及来自北大、清华、川大、川农大等高校的知名专家学者到校讲授最新的国际国内管理知识、管理思想、科技动态、为人处世等知识。截至目前，公司已培养了博士、硕士达1000余名，总经理、副总经理上百名。2019年，顺应新时代对经营管理人才的新要求，立足于为集团打造国际化人才出发点，铁骑力士大学升级为骑士商学院，聚焦全球资源，全方位为企业培养精英管理者与专业人才。

2015年，铁骑力士在员工大会上宣布，要在各公司建立“三吧”，其中一项就是成立了读书吧，由员工自发主动捐书，这一行动得到中国工商联合出版社的大力支持。如今，铁骑力士旗下分公司均建有书吧。员工们在工作之余尽情徜徉于书海之中，整个公司呈现出人人阅读、积极向上的良好企业氛围。

作为人力资源总监，杨秋平创建了铁骑力士人本管理模式，打造了铁骑力士最大的财富——铁打的精英团队，为公司快速健康扩张贮备了一大批人力资源。

书香常伴，倾情继承良好家风

书籍见证了杨秋平与丈夫相识、相知到相守的罗曼蒂克史。从书籍中汲取的力量又深深地影响了杨秋平和她的家人，从书籍的智慧中提炼的“雷门家训”已成为他们一家的“传家宝”。

杨秋平和雷文勇本是同班同学，又都是图书馆的常客。从工作到恋爱再到结婚，在8年的时间里，他们书信来往不断。在杨秋平的眼里，这些信件是过去岁月宝贵的纪念。

婚后，书籍的智慧为夫妻之间的生活带来了宽容和理解。当女儿才两岁时，雷文勇就带她逛书店。他常教导女儿：人生有了书香，就少了铜臭气。在父母的影响下，女儿雷博也成了十足的书迷。每到假期，读书就是一家人最好的休闲娱乐方式。如今，杨秋平和雷文勇家庭藏书超过200万册，门类繁多的书籍塞满家中书柜和随手可取的各处地方。他们的办公室也俨如一座小型图书馆。

杨秋平一家人与书香常伴，知识给他们带来高贵的灵魂。曾经读过的书，最终融进了他们的血肉，更变成一家人的精气神，成为全家进步和幸福的源泉，并在此基础上形成了他们一家良好的家风。

杨秋平夫妇营造的家风，是对父母长辈的孝行。百岁高龄的雷父喜欢坐车，雷文勇常自己开车载他；杨秋平夫妇常在百忙之中抽出时间去陪伴老人，陪他一起吃饭、聊天儿、散步。

杨秋平夫妇营造的家风，是对子女的谆谆教诲。爱是可以传承的，在耳濡目染之中，女儿深谙孝道。她假期回国的第一件事便是陪伴爷爷，为他洗脚、按摩。女

2018 年 5 月 30 日，雷文勇、杨秋平家庭获得“全国五好家庭”荣誉

儿留学归国，杨秋平夫妇送了一件特殊的礼物给她——一把刻着雷门家训的金算盘：厚道做人，勤奋做事，诚信立业，厚德载福，身有绝技，善干善成，孝道为先，爱国爱家。在婚礼上，这 32 个字被雷博一字一句认真诵读，在场的宾客无不为之动容。

杨秋平夫妇营造的家风，是对恩师的尊敬感激。李正德是雷文勇“下海”前所在单位的浓缩饲料厂厂长，在生活和工作上对雷文勇悉心教导，雷文勇将他视为恩师，并将恩师的生日作为自己表达感恩的日子，二十多年一直延续着。

腹有诗书气自华，最是书香能致远。在笔墨书香的熏陶下，杨秋平夫妇传递父爱、铭记师恩，用自己的行动践行了 32 字的雷门家训，营造了充满爱的良好家风。也正是由于他们对书的热爱，因此获得首届“全国书香之家”的荣誉称号。对于一个“以书为魂”的家庭来说，这是给予他们最高的荣誉。

公益行动

产业扶贫现场分红仪式

兼济天下，承担责任热心公益

“穷则独善其身，达则兼济天下。”杨秋平夫妇热心社会公益活动，正是对这句话的生动诠释。

2008 年，汶川发生特大地震后，在铁骑力士遭受重创的情况下，杨秋平组织公司员工开展献爱心活动，先后向灾区累计捐款捐物总价值 300 多万元，并为灾区出资 100 万元新建希望小学。为困难养殖户提供蛋鸡苗 80 余万只、种猪 800 余头，为养殖户送技术、送饲料，与四川省扶贫开发协会共同送科技下乡。为山区孩子送营养早餐，给贫困家庭发红包……

热心公益事业已成为铁骑力士的企业理念，并影响到全体员工。在杨秋平看来，企业的财富来源于社会，企业家要创造正能量和社会价值，让弱势群体得到关爱，让社会更和谐。

2017 年，为根除山区贫困，她提出走精神扶贫的道路。结合公司的产业链优势和成功推广经验，铁骑力士探索出独特、可复制的“1211生猪代养模式”“1+8”生猪产业扶贫模式和“1+4”肉鸡产业扶贫模式等，在促进产业转型升级的同时，带动四川、贵州等地贫困农户脱贫致富。

为武汉一线医护人员捐赠鸡蛋

作为中国女企业家协会副会长和四川省女企业家协会副会长，杨秋平曾带着女企业家们四处走访，用女性独有的细腻、亲和，抚慰需要关怀和帮助的人。女企业家们捐款捐物，不遗余力地奉献着爱心。杨秋平牵头成立了“爱心妈妈”组织，关爱四川贫困山区的留守儿童。

热心公益事业，拥有广阔胸襟，积极承担社会责任，杨秋平用自己的方式让社会更加和谐友爱。

结 语

多年前，杨秋平觉得自己已经过上了玛丽·居里所说的“有用而有趣的生活”：找到可以付出一生并将其传承下去的事业——做中国高端食品领军者；有幸福美满的家庭和可供驻足品味的乐趣——读书。

而如今，她为自己已坚持多年的“座右铭”增添了新的注脚：有用、有趣，更要有爱。这种爱，既包括爱自己、爱家人，也包括大爱，既有对师长的敬重，更有对于社会的一份沉甸甸的责任。

杨秋平创业历程

- 1992 年　铁骑力士以 3.5 万元资金、6 个人起家
- 1995 年　铁骑力士建立第一家工厂，奠定核心人才基础
- 1996 年　提出“创中国铁骑力士、建集团化公司”的战略目标
- 1997 年　成立冯光德实验室
- 1998 年　通过 ISO9002 质量认证，开启铁骑力士质量兴企新征程
- 2001 年　成立第一家子公司——成都铁骑力士饲料有限公司，开启跨区域办企业的历程，并以此为契机，布局蛋鸡产业链，迈向全产业化发展之路，创立“品牌 + 标准 + 规模”运营模式和“公司 + 园区 + 农户”生产模式，打造中国高品质鸡蛋领导品牌
- 2003 年　布局生猪产业，以种猪育种、屠宰分割为两翼，辅之以商品猪繁育、示范养殖，形成猪产业链雏形
- 2009 年　布局鸭产业，形成从饲料、养殖到食品加工为一体的鸭全产业链；建立铁骑力士集团新总部和行业标杆型、专业化饲料公司——绵阳公司
- 2017 年　铁骑力士开始步入全产业链品牌化发展阶段
- 2018 年　建立铁骑力士战略发展研究院、社会责任研究中心、院士（专家）工作站
- 2019 年　成立乡村振兴实验室；在四川、贵州、云南、黑龙江等地实施产业扶贫；启动数字化平台规划项目

荣获全国“书香之家”荣誉称号